21世纪卓越人力资源管理与服务丛书

企业文化

陈国海 高志强 刘苏秦 张 旭 ◎ 编著

U0367164

清华大学出版社
北京

内 容 简 介

"企业文化"是经管学科的一门重要专业课程。本书借鉴了优秀企业的企业文化实践经验,并结合中国企业发展的实际,全面地论述了企业文化的概念、类型、体系、诊断、设计、运行、冲突与整合等,可为现代企业的文化建设与发展提供有益借鉴和指导。本书共有十二章,内容包括企业文化概述、企业文化的类型、企业文化的基本体系、企业文化诊断、企业文化设计、企业文化运行、企业文化冲突与整合、企业文化变革与创新、企业家精神、企业品牌文化、企业的家文化、数字经济时代的企业新文化。

本书适合作为全日制普通院校和职业院校人力资源管理、工商管理等专业的本科和专科教材,也可作为各高校 MBA 企业文化课程和商学院选修课的教材。

图书在版编目(CIP)数据

企业文化 / 陈国海等编著. 一北京:清华大学出版社,2024.4
(21 世纪卓越人力资源管理与服务丛书)
ISBN 978-7-302-66086-6

Ⅰ. ①企… Ⅱ. ①陈… Ⅲ. ①企业文化-高等学校-教材 Ⅳ. ①F272-05

中国国家版本馆 CIP 数据核字(2024)第 072590 号

责任编辑:邓 婷
封面设计:刘 超
版式设计:文森时代
责任校对:马军令
责任印制:刘 菲

出版发行:清华大学出版社
    网 址:https://www.tup.com.cn,https://www.wqxuetang.com
    地 址:北京清华大学学研大厦 A 座 邮 编:100084
    社 总 机:010-83470000 邮 购:010-62786544
    投稿与读者服务:010-62776969,c-service@tup.tsinghua.edu.cn
    质量反馈:010-62772015,zhiliang@tup.tsinghua.edu.cn
印 装 者:小森印刷霸州有限公司
经 销:全国新华书店
开 本:185mm×260mm 印 张:17 字 数:388 千字
版 次:2024 年 4 月第 1 版 印 次:2024 年 4 月第 1 次印刷
定 价:66.00 元

产品编号:095007-01

前　言

　　企业文化是指现阶段企业员工所普遍认同并自觉遵循的一系列理念和行为方式的总和，通常表现为企业的使命、愿景、价值观、管理模式、行为准则、道德规范和沿袭的传统与习惯等。优秀的企业文化会促进企业的长远发展和繁荣，而不良的企业文化或者企业文化缺失则会削弱组织的综合竞争力。

　　本书结构完整、逻辑严密、内容新颖、例证丰富、体例活泼，力图做到每章正文内容少而精、科学严谨，用丰富的例证来说明相应的概念、原理和结论，每章章末设本章小结、课程思政、网站推荐、读书推荐、思考练习题、学以致用以及案例分析。本书的内容设计和编排为教师提供了多样化的课堂教学形式和方法，只要教师课前结合本书适当设计教学活动，就可使师生互动性明显增强，让学生喜欢该课程并给予较高的评价。

　　本书的特色如下：

　　（1）内容定位明确。本书结合企业文化的相关理论和实践，以培养学生的应用能力为目的，在学生掌握最基本的企业文化概念理论的基础上，着力培养学生应用企业文化的基本知识和原理解决实际问题的能力，以满足社会经济发展和经济运行对应用型人才的需求。

　　（2）紧跟学科前沿。企业文化是企业管理领域的一门新兴学科，本书借鉴了当前企业文化学科前沿理论发展，融合了企业文化的新理论、新知识、新进展。

　　（3）注重案例教学。为方便教师教学和学生学习，本书选用了国内外企业文化的许多典型案例，这些案例都是来自相关领域的较新、真实案例，对于缺乏企业实践和工作经验的高校学生有很大的启发，对于具有一定工作经验的企业员工和企业管理层也有重要借鉴和参考意义。

　　本书在编写过程中广泛征求了业界专家、学者、企业高管等专业人士的意见和建议，是集体智慧的结晶。本书由陈国海、高志强、刘苏秦、张旭负责拟定全书的框架并总纂统稿，其中张旭负责本书第八～十二章的初稿撰写。陈国海教授的研究生和助手参加了本书的编写，我们对他们的热心帮助和工作表示衷心的感谢。本书得到了清华大学出版社的大力支持和帮助。在此，我们对所有支持本书编写工作的单位和同人表示诚挚的感谢。

　　由于时间紧迫，水平有限，本书难免有疏漏或不足之处，敬请读者不吝赐教。本书配备有 PPT 演示文稿、教学大纲、考试大纲、习题和考题等配套资料，供有需要的教师、学生和其他读者参考使用。

陈国海

香港大学博士

广东外语外贸大学商学院教授

广东省人力资源研究会常务副会长兼秘书长

2024 年 1 月

目 录

第一章
企业文化概述

> 一旦组织能够存活下来，创业者的信念、价值观和基本假定就已经转变为下属的精神模式。

——"企业文化理论之父" 埃德加·沙因

 学习目标

➢ 了解企业文化的概念及内容
➢ 了解企业文化的历史进程
➢ 了解企业文化的经典理论
➢ 掌握企业文化的五大功能

引例

从小鱼摊到世界闻名的大公司[1]

在美国的西雅图有一家世界著名的鱼市场——派克鱼市。派克鱼市成立于20世纪30年代，当时还只是小鱼摊，在1965年由鱼市员工约翰·横山所接手。这位日裔老板接手二十年后，所经营的鱼摊一直不见起色。鱼摊的生意萧条惨淡，濒临倒闭。约翰·横山每天为经营这个小鱼摊忙得焦头烂额，他一直希望自己的这个小鱼摊能够兴旺起来。

有一天，约翰再也按捺不住了，想通过扩张业务来促进鱼摊的生意，他开始经营渔业批发业务。不幸的是，约翰这次决策让他在短短一年之内几乎赔光了公司的本钱。约翰的朋友知道约翰生意失败之后，建议约翰请一个专业人士进行咨询。约翰犹豫了一下，最终还是咬咬牙，花重金请人来为自己出谋划策。接受约翰委托的是一名叫吉姆的咨询师，吉姆在了解了约翰的小鱼摊的情况之后，每隔半个月会来到鱼摊跟所有的员工开一次例会，会上只做一件事情：激发大家的斗志。吉姆让所有的员工都意识到："老板一直在追求一个更远大的目标，所有的员工也必须努力，齐心协力。"到了第三次会议时，约翰终于明白了："我们要成为举世闻名的公司！""我们可以影响彼此的生活，影响顾客的生活！"作为老板，约翰毫无疑问十分努力和渴望实现公司的最终目标。但是，如何让小鱼摊的员工一起为这个宏大的目标而努力奋斗成了约翰心目中的难题。

在大部分企业之中，老板和管理者几乎都只注重对员工工作方法的培养，提高员工的工作效率，却忽略了给员工灌输企业宏大的工作目标，导致员工在前进的道路上没有形成一股统一的力量。但是在这个不起眼的小鱼摊，约翰设立了相关的规章制度，每当新员工入职达到三个月时，企业员工便会向新员工专门宣传公司的企业文化，以确保共同追求更宏大的目标。这是一个融入公司文化的很重要的培训。大部分公司往往会花大量的时间和金钱去选择能力最强、最优秀的求职者，但是约翰的公司寻找的是与公司"志同道合"的求职者，并帮助员工看到自己在工作中的发展机会。

另外，约翰会特意安排时间，大概每半个月会与全体员工见面，了解员工最近的状况和询问员工是否有新需求。更重要的是，约翰会与他们一起充分讨论公司的目标和如何逐渐实现它。所有的员工都会积极地给出他们的见解、建议，约翰和管理者、员工一起来调节工作方式，大家一直凝聚在一起，为实现公司的目标而努力奋斗。

随着时间的流逝，这个小小的名不见经传的鱼摊已发展成为世界闻名的鱼市，并吸引了许多来自世界各国的游客前去游览。

从上述引例可以看出，企业文化是一个企业的灵魂。它能引领一个企业走向更加广阔的未来，能使一个企业有一个良好的工作氛围，充分激发员工的激情和动力，保持企业的活力。小小的鱼摊如今大名鼎鼎，靠的就是优良企业文化的培育。一个企业成功与否，和它自身所具有的文化有很大的关系。优秀的企业文化能为企业创造良好的环境，能为员工树立正确的价值观，能够带领员工共同奋进。一个企业的良好风气是靠企业文化创造出来的。本章将详细介绍企业文化的概念和影响因素、历史进程、经典理论，以及企业文化的五大功能。

第一节　企业文化的概念和影响因素

企业文化无处不在，但其重要性又常常被管理者所忽略。企业文化影响着企业能否在竞争中存活下来，影响着企业面对风险时的应对能力，影响着企业能否留住自己培养的优秀人才。许多企业之所以能够在不断变化的环境中存活下来并取得发展，主要的原因之一就是它们拥有良好的企业文化。那么企业文化究竟是什么呢？本节将在阐述企业文化含义的基础之上，对企业文化的特征及其影响因素进行深入剖析，为读者初步勾勒出企业文化的大致轮廓。

一、企业文化的含义

进入 21 世纪以来，我国非常重视文化建设及文化产业发展，特别是党的报告中多次提到"文化生产力"的概念，更是充分反映出文化对于一个国家和民族的重要性，也意味着文化将会是新时代的制胜法宝。而企业文化作为文化体系中尤为重要的一部分，深远影响着一个企业的兴衰成败，企业文化建设的重要性也逐渐得到了管理者的重视，成为当代企业管理体系中的重要一环。

"企业文化"是 20 世纪 80 年代由美国学者特伦斯·迪尔和麦肯锡咨询公司顾问艾伦·肯尼迪在《企业文化：企业生活中的礼仪与仪式》一书中提出的，该概念一经提出就引起了众多学者和商人的关注，企业文化研究热潮由此展开，迄今为止仍是企业管理领域的一大研究重点。对于企业文化的定义，国外学者也尝试从不同的角度去进行解释。

沙因将企业文化理解成企业的一种价值观，他认为企业文化是一个企业中员工所共同遵循并认可的一套行为准则或精神体系，并体现在企业中每一个员工或群体的日常工作上[2]。同时，这套行为准则或精神体系将会由企业的老员工传递给新员工，由此形成企业的一种固有的价值观。迪尔等则是从企业的非正式组织角度出发，把企业文化定义为满足企业中以情感、兴趣或需要为基础的，自发形成的成员组织的行为规范，它是一套企业非正式规定的行为规则，但也能像企业的正式制度一样，深刻影响着企业中每一个成员的言行举止[3]。彼得斯则认为，企业文化是企业经营中的一种哲学，是企业管理者通过结合先进的管理思想和策略，而为组织成员设立的一套科学的行为规范和价值观念，以达到为企业创造一个有利于工作的环境的目的[4]。

基于此，我们可以发现国外学者普遍从狭义的角度对企业文化进行定义，即从抽象的角度出发对其进行阐述，将企业文化当作一个企业在经营过程中所培养的观念、气氛、传统、习惯等，而忽略了企业经营和生产过程中的材料、设备、资产等物质因素。

在国内情况相反，我国学者更倾向于从广义的角度出发，不仅将企业文化定义成一种精神财富，还将企业日常运营管理过程中的物质财富纳入企业文化内涵之中[5]。总的来说，我国学者强调，企业文化是企业在建立和运营的日常过程中，所形成的企业独有的精神财富和物质财富的总和。

综上所述，企业文化是指企业在一定的社会文化环境影响下，在长期的生产经营活动中，经过企业领导主动倡导培育和全体员工的积极认同、实践与创新所形成的整体价值观念、信仰追求、道德规范、行为准则、经营特色、管理风格以及传统和习惯的总和[6]。

二、企业文化的特征

企业文化是以人为中心的企业管理方式，以增强员工凝聚力和责任感为目标，是指导企业行为的哲学。这种哲学是在与企业内外部多重条件的融合中逐渐产生的，并指导着企业生产经营和实践的发展。与此同时，企业文化并不是简单的精神或器物的集合，它是多种文化层次有机结合所形成的庞大文化系统，是每个企业独特的文化财富。总体而言，企业文化具有以下九个方面的特征。

1. 融合性

对于企业文化融合性的理解可从以下两个角度进行：①从企业整体层面考虑，企业文化并不是单一的文化产物，而是特定时代背景下企业所处的不同的社会经济、政治、文化条件交汇融合的产物，各种社会要素的相互结合才最终造就了企业独特的文化资产；②从企业员工角度出发，企业内部员工拥有不同的家庭背景、教育背景、工作经历等，使得企业内部员工具有多样性，企业想要将来自不同背景的员工凝聚成一股强大的力量，企业文化就必须具备高度的融合性，只有这样才能成为基层员工多样价值观的有效集合。

2. 人本性

企业在生产经营过程中，无论是价值创造行为、制度制定行为或是企业具体管理行为等都是以人为载体而进行的活动，以人为本一直都是许多现代企业管理的核心原则。员工是企业活动的主体，企业的运作依靠员工齐心协力来完成，每一位员工都是带动企业前进的、不可或缺的力量。企业文化的人本性特征不仅强调员工是企业最宝贵的资源，关注员工的个人价值和贡献，更强调人性化管理，关注员工的需求和心理，为员工提供一个良好的工作环境，让员工感受到尊重和关爱。

3. 整体性

企业文化不仅是企业文化现象的象征，更是一个由多重因素共同构建的有机系统，该系统中的各文化要素既相互区别又彼此相关、互相影响。企业文化是一个由观念层、制度层、行为层和符号层构成的多层次体系，要使该系统顺利运转，必须坚持在观念层的价值指导下进行其他层次构建，并且保证不同层次之间有机协调。

4. 独特性

在融合性特征中我们已经提到，企业文化是特定时代背景下企业所处的各种社会因素相互融合的结果，更进一步，即便企业处于同一社会背景之中，但由于企业的经济基础、人员构成、组织结构、领导者风格等方面具有较大的差异，在此基础上形成的企业文化也都具有各自企业的特色。不仅如此，企业文化是随着企业成长发展而逐步形成的，每个企业基于自身的历史及发展环境而创造出阶段性的独特的企业文化。

5. 社会性

任何企业都建立于社会之中，在社会中发展而又反哺社会。企业的生存与社会的发展相互影响、相互作用，因此企业文化也带有浓厚的社会色彩。企业文化往往能够折射出企业所处社会环境的价值观念、法律法规、社会制度等。虽然不同的企业文化之间存在着巨大的差异，但是它们必须遵循共同的社会规范，必须在社会道德的约束下发展。否则，与社会文化背道而行的企业文化会很快引致企业灭亡，企业文化也将失去其存在的组织基础。

6. 共识性

企业文化并不是简单地由企业领导者自行根据其主观意识确定，而是要在企业中培养和建立，这离不开所有员工的认同和支持。如果企业文化只被企业的管理层认同，那么该企业文化只能被认为是管理者文化；而若该企业文化只被某个部门所认同，那么该文化也只能被称为部门文化。企业文化代表着企业共同的价值观念和行为准则，是大部分员工所形成的共识，需要全体员工共同建设、共同维护。

7. 实践性

从根本上说，企业文化的实践性是其最大价值[7]。企业文化建立起来之后，需要全体成员共同实践，对企业文化进行评估与检验。文化实践能够帮助企业发现企业文化中与现实不相符的地方并及时加以改进，这对确保企业文化与时俱进起着关键性的作用。企业文化的实践性使得企业文化不只是空洞的口号，而是真正能够付诸实际的行动。

8. 传承性

在企业文化日渐巩固的基础上，企业中的老一代员工会将企业文化的行为准则或者价值观念传递到新一代的员工中，新员工通过日常的实践活动不断探索和巩固，在日常活动中逐渐了解并掌握企业文化。企业文化的传承保证着企业日常经营的稳定性，有助于减少企业人员更替对企业生产经营活动的潜在威胁。

9. 创新性

社会是企业存在的基础，现代社会发展日新月异，企业身处的内外部环境也在发生着剧烈变化。为了适应企业发展的需要，企业文化必须不断创新才能帮助企业砥砺前行。只有在发展中不断发扬积极的企业文化因素，摈弃消极的企业文化糟粕，才能彰显企业文化蓬勃的生命力，也只有不断进行企业文化创新活动，才能让企业在持续变化的环境中存活下去。

三、企业文化的影响因素

要想在企业中建设企业文化，需要对企业文化有一个清晰的认知。由于企业所处的社会环境越来越复杂，因此只有厘清影响企业文化的主要因素，管理者才能够发现原有企业文化的不足，不断为企业文化注入新的时代元素。总体上，影响企业文化形成的因素主要有以下六个。

1. 民族因素

不同民族的企业始终会隐含着独属于该民族的思考方式和处事风格，因此其企业文化也总会带有自己民族的独特烙印。民族文化对人们的日常生活具有深远的指导作用，对人们的行为观念产生重大的影响，而员工作为企业的主体，其具有民族特色的日常行为及价值观念便会在潜移默化中为企业文化注入必不可少的民族独特元素[8]。

2. 外来因素

自从中国对外开放以来，国家各方面得到了飞速发展，不仅从其他国家学习到各种先进的技术，也有更多的机会了解更多的国外文化。在经济活动日益全球化的今天，知识文化传播的屏障被逐渐打破，文化交流的频率大幅提升，许多优秀的管理者都会以放眼世界的目光学习和引进西方先进的管理思想，将外来先进文化理念注入原有的企业文化体系之中，以提高企业员工的创新能力、工作效率和团队意识等。

3. 地域因素

一方水土养一方人，不同区域间的历史遗存、社会习俗、生产生活方式等的差异使得地域间存在迥异的文化特色，例如，中国的巴蜀文化、齐鲁文化、西域文化、岭南文化、吴越文化等。而企业最初都是在某一个特定地域发展起来的，正所谓入乡随俗，地域文化在企业创立之初便影响着企业的经营管理理念及日常生产经营行为，因此地域文化的差异自然便造就企业文化间的差异[9]。

4. 行业因素

每个行业都有着各自的准则，在经营模式、客户需求和生产特点上各有不同，因此，每个行业的企业都需要以行业特点为基准来建立企业自身的文化体系，以求适应所处的行业发展，这也使得企业文化必然存在行业间差异。例如，部分能源型企业由于肩负着国家能源安全的使命，其业务直接对国家负责，因而其企业文化风格相对稳健；而科技创新型企业则往往更加张扬个性和年轻活力，注重企业中个人价值的创造。

5. 阶段因素

企业发展会历经不同的阶段，在不同的发展阶段中，阶段性目标的不同决定了企业将面临不同的发展状况和焦点问题，进而影响企业文化的阶段性变化[10]。在企业创立初期，为了快速抢占市场、提高行业地位，其企业文化可能会表现出较为激进的特点；而到了企业的成长期及黄金期，为了维护其市场地位，其企业文化可能会变得相对稳健，以避免过分冒进而失去现有市场地位。

6. 个人因素

企业内部个体来自五湖四海，无论是企业管理者，还是基层员工，都具有不同的背景和成长环境，其工作经验和经历也存在明显差异，因此思想观念、行为习惯等都会有所不同，而企业文化的构建离不开企业每一位员工的共同努力。因此，个人因素也是影响企业文化的重要部分。

例证 1-1

沃尔玛奇迹诞生的文化根基[11]

第二节 企业文化的兴起与演进

企业文化是有生命的，从企业成立之日起，企业文化便随之诞生，其成长过程与企业的成长历程保持高度一致。任何类型的企业文化，其形成和发展都具有一定的规律。科学的进步和时代的发展使得企业文化不再是一个普通的概念，而是与企业经营活动密切相关，渗透在企业的每一个环节之中，成为关乎企业兴衰成败的关键因素。

一、企业文化思想的起源与发展

在 20 世纪上半叶，工业革命时代背景下，企业发展的步伐在不断加快，企业更加关注实现其自身的"利润最大化"目标，而相对忽略了企业文化建设在企业发展中的作用。直到 20 世纪 80 年代，企业文化这一概念正式被学者提出，该概念的提出立即引起学界和实践界的广泛关注。同时，经济全球化趋势逐渐萌芽发展，文化交流范围的扩大也为企业文化思想的发展奠定了一定的基础。

日本企业的高速发展，正式拉开了世人高度关注企业文化的序幕。20 世纪 80 年代末，日本国内生产总值超越苏联，一跃成为世界经济第二大国，直接对当时的世界经济霸主美国发起挑战。日本在短短的时间内从二战战败国崛起成为世界第二大经济强国，这离不开日本企业的共同努力。二战之后，日本经济陷入低迷，然而其国内企业抱着虚心的态度，学习研究其他西方国家企业的先进经验，并将其与日本民族的传统文化相结合，最终锻造出独具日本特色的日本企业文化，进而推动日本企业及经济的迅速腾飞[12]。

日本企业的强势崛起也引起了美国学者的重视，他们开始将研究的目光投向日本企业，以探求美国企业为何在与日本企业的竞争中节节败退。1981年，美国加利福尼亚大学教授威廉·大内出版了《Z理论——美国企业界怎样迎接日本的挑战》一书，书中详细分析了企业管理与文化之间的关系与作用，将美国和日本的企业文化进行归类，提出了"Z型文化""A型文化""J型文化"等概念，把日本的企业文化称为"J型文化"，美国的企业文化称为"A型文化"，而美国企业之中与日本企业相类似的企业文化称为"Z型文化"。同年，理查德·帕斯卡尔和安东尼·阿索斯编写了《日本企业管理艺术》，总结出日本企业管理的七大要素及它们之间的相互关系，最终发现其实在当时造成日美两国企业差距越来越小的主要原因是两者截然不同的企业文化取向。紧接着，特伦斯·迪尔和艾伦·肯尼迪出版了专著《企业文化：企业生活中的礼仪与仪式》，其标志着企业文化理论的诞生。他们认为，每一个企业的内部其实都存在着一种文化，无论是软弱的文化还是强有力的文化，在整个组织内部，包括领导与员工之间或者员工与员工之间，企业文化都会发挥巨大的影响。他们在书中进一步提出了著名的企业文化五要素论。在这之后，由美国麦肯锡管理咨询公司的研究人员托马斯·彼得斯和小罗伯特·沃特曼合著的《寻求优势——美国最佳管理企业的经验》问世，他们通过研究并总结优秀革新型公司的管理过程，得出了"企业文化是推动企业发展的动力"的结论。上述四本书被认为是企业文化研究的四大著作，它们大大推动了企业文化理念的传播，也标志着全球企业文化启蒙运动的开始[13]。

20世纪80年代，学者们对企业文化进行了大量的研究，其研究范式以质性研究为主，主要是围绕企业文化的概念、内容、类型等进行探究。以埃德加·沙因为代表的学者倾向于深入企业内部进行访谈、观察，以探索企业文化的本质，并针对其深层结构进行系统的完善。但是由于定性研究方法缺乏足够的科学性和客观性，其研究范围也难以大规模扩大，因此其应用难以得到广泛普及。相反，以罗伯特·奎恩为代表的学者选择定量研究方法，专门针对企业文化的特征及影响因素等进行量化测度和评估。当然，由于定量研究自身的局限性，以数据衡量企业文化状况往往只能探求到企业文化的表层特征，该类方法的数据质量真正决定了方法应用是否能够有效探索并研究企业文化的系统结构和深层意义。总的来说，定性研究和定量研究对企业文化的发展都起着巨大的推动作用，在两种方法的相互结合应用之下，现代企业文化的理论研究框架日渐趋于完善。

二、企业文化的中期衍生

20世纪90年代，企业文化的重要作用已经普及，在全球大大小小的企业中，许多管理者开始尝试培育企业特色文化，用以打造良好的企业形象，提升企业核心竞争力。对企业文化的研究，也从这时开始更多地由理论探讨转移至应用方向上，例如，如何通过企业文化提高组织气氛、如何通过企业文化优化企业人力资源管理、如何通过企业文化促进企业创新等，都成为此时企业文化领域的重点研究议题。

20世纪90年代初，本杰明·施耐德编写了《组织气氛与文化》一书，他在书中构建了一个关于社会文化、组织文化、组织气氛与管理过程、员工的工作态度和工作行为及组织效益的关系模型。本杰明·施耐德认为，组织文化能够通过影响组织内部的管理活动和组织气氛，从而影响员工的工作态度、工作行为以及对组织的奉献精神，最终影响组织的生产效益。其中，人力资源管理对组织效益也有着直接的影响。

在这之后，海尔特·霍夫斯泰德基于先前民族工作文化研究经验，将其四个特征应用到对企业文化的研究之中，在经过实验之后，补充并添加了几个与企业文化息息相关的维度，最终构建了学界普遍认可的企业文化研究量表，至今仍被广泛使用。

1997年，埃德加·沙因经过不断完善和实践之后，出版了《组织文化与领导力》一书，他在书中着重阐明了企业在不同的阶段应该如何构建和培育异质性企业内部文化，同时企业的管理层又应如何发挥企业文化的作用去推动企业员工齐心协力完成企业目标，履行企业使命等。

1999年，特伦斯·迪尔和艾伦·肯尼迪合作编写并出版了《新企业文化》一书，书中主要突出了稳定的企业文化对于一个企业的重要性。他们认为，在新时代的背景下，企业管理人员不可忽视的一大挑战是如何在企业内部建立令员工满意的企业管理机制，同时能够提高企业的经营业绩。企业管理人员只有找到保持企业高生产效益和满足工人的需求之间维持平衡的方法，才能有助于构建稳健的企业文化。

随着中国改革开放进程的不断加快，20世纪末，企业文化系统理论开始逐步被引入中国，国内学界和实践界开始逐渐注意到企业文化构建对于企业发展的重要影响之后，企业文化建设工作也开始逐渐落实到企业的实际管理工作当中，各企业管理者开始有意识地开展企业文化建设工作。例如，广东梅山实业总公司在20世纪80年代就已经制定了相关的规章制度，把企业文化建设工作视为企业的首要任务，并且科学地制定了有关企业文化建设工作的战略；位于湖北的第二汽车制造厂（二汽集团）还专门在企业内部建立了企业文化研究会，目的是打造出一套成熟的企业文化体系，为二汽集团之后的发展奠定基础；除此之外，全国一些知名企业，如朝阳重型机器厂、广州白云山制药厂、北京第四制药厂等也纷纷在企业文化建设工作上取得了不俗的成效。

三、企业文化的现代演进

在经济全球化的今天，全球不同国家之间经济、社会、文化的交流越来越密切，跨国公司的数量与日俱增，民族之间、国别之间的文化碰撞也逐渐在企业内部不断出现，一贯以物为本的西方管理文化与一贯以人为本的中国管理文化在企业文化发展的过程中也开始产生化学反应。随着我国改革开放的不断深入，中西方企业文化之间的融合度也越来越高。过去在同一民族文化背景下机械刻板的组织管理方法已经不再适用，在多民族跨文化的背景之下，跨国公司要想实施有效的管理，提高员工的工作效率，就必须深入地了解民族文化之间的差异，根据不同公司所在国的文化采取尊重和包容的态度，合理解决文化之间的冲突和矛盾，打造属于自身的企业文化。

我国提出的"一带一路"倡议是在道路建设的基础上进行国际商业合作，这种合作的基础是我国企业的团结与合作。只有"一带一路"沿线的中资企业积极合作，拧成一股绳，才能推动我国企业走向国际化，提升我国企业在国际上的影响力和竞争力。在"一带一路"建设中，企业文化的建设必不可少。企业文化是企业发展的重要基础，可以有效促进企业自身管理体系的完善，也可以促进企业在不同文化背景下的发展。目前，"一带一路"文化建设的要求包括如下五个方面 [14]。

（1）本土化战略。在企业的国际化发展中，需要将"一带一路"倡议有效结合起来，实施本土化战略，加快建设企业文化，比如聘请当地员工，通过地区文化改善企业的文化建设等，这有利于企业扩大产品的市场占有率并推广产品。

（2）文化融合。企业在推进国际化的进程中，需全面考察其他国家的文化、目标市场的文化以及各个企业的文化，为建立和提升自身的企业文化奠定基础。同时，需全面研究当地的政策和法律，促进企业自身的管理发展。

（3）文化创新战略。企业在国际化发展过程中，不仅需要融合自己的文化和当地的文化，而且需要在融合后的文化上进行创新和改良，以提高消费者的认同度，促进企业的发展。

（4）重视差异化文化。受到不同国家和地域的影响，不同企业的文化可能会存在较大差异，如果企业在该地区开设分公司，则不仅需要全面调查当地的习俗，还需要结合当地的风俗和文化进行企业文化的融合与改良，只有这样，企业才能够得到当地国家和市场的认同。

（5）嫁接第三方文化。"一带一路"沿线涉及多个国家，这些国家的文化彼此间存在差异，由于受到时间、管理人员等多方面的影响，"一带一路"沿线的企业在进行文化融合时需要采用文化管理中的嫁接管理对策以促进企业快速融入当地，同时方便母公司对在"一带一路"沿线的分公司进行有效管理。

例证 1-2

联想的企业文化融合[15]

第三节 企业文化的理论基础

企业文化理论在 20 世纪 80 年代初起源于西方，它和先前的古典管理理论、行为科学管理理论、管理丛林理论有所不同，它的出现引发了西方企业界一场意义深刻的革命。

许多企业管理者和学者开始积极投入企业文化理论与实践应用中，从不同的角度提出了各具特色的科学理论，逐渐形成了较为成熟的理论体系框架。本节重点介绍 Z 理论、沙因组织文化理论、企业文化五因素论、"7S"管理理论以及革新性文化理论。

一、Z 理论

Z 理论是美国威廉·大内教授于 1981 年在《Z 理论——美国企业界怎样迎接日本的挑战》一书中提出的，该理论认为只有将日本企业和美国企业成功的管理经验相融合，才能有效促进企业的发展。威廉·大内在对美、日企业进行仔细比较分析之后，将企业的管理模式分成了不同的类型。他把日本企业日常的运作模式定义为 J 型，把美国大部分企业日常的运作模式定义为 A 型，而把跟日本企业运作模型相类似的美国企业运作模式定义为 Z 型，如 IBM 公司和宝洁公司便属于 Z 型公司范畴 [16]。他认为，美国在此之前忽视了对企业管理的研究，美国企业应该充分学习日本的企业文化，把企业职工当作复杂的"社会人"来看待。威廉·大内在书中详细分析了美国盛行的"A 型组织"和日本赖以成功的"J 型组织"的各自特点和彼此之间的差异后，创新性地提出了名为"Z 型组织"的新模式。想要在企业中建立"Z 型组织"，就必须在全企业范围内倡导一种"Z 型文化"。"Z 型文化"从员工的角度出发，要求企业管理者真正关注和满足员工的需求。"Z 型文化"的提出深刻揭示了经济与社会、管理与文化的内在联系，从而为企业文化的理论发展奠定了基础。具体而言，"Z 型文化"具有以下六大特点。

（1）实行长期或终身雇佣制，在给予员工工作保障的前提之下，让员工真正与企业融为一体，使员工能够做到真心为企业服务。

（2）对员工采取长期考核和合理的晋升制度，促进员工不断推动自身进步。

（3）主张培养发展全面的专业人才，让员工变得更加优秀。

（4）制定严格的规章制度，注重对人的经验和潜能进行细致有效的启发诱导。

（5）采取集体研究与个人负责相结合的"统一思想式"决策方式，有效提升员工的士气。

（6）以公平公正的原则对待一切员工，保证上、下级之间稳定融洽的关系。

二、沙因组织文化理论

20 世纪 80 年代，日本企业的竞争力不断增强，来自美国麻省理工学院斯隆商学院的沙因教授对日本企业文化进行了深入的研究。沙因教授对企业文化的本质、形成、演化进行了细致的梳理，并提出了企业文化三层次理论，把企业文化的本质归结为以下五个方面 [17]。

（1）自然和人的关系，即企业中的员工如何看待企业和企业所处环境之间的关系。这些不同的看法代表着不同的假定，会对企业的发展方向造成一定的影响，企业及其员工必须对企业自身所处环境有一定的认识，同时能够具备随环境变化而调整的能力。

（2）现实和真实的本质，即企业对于什么是真实的，什么是现实的，判断它们的标准是什么，如何论证真实和现实，以及真实是否可以被发现等一系列的假定，同时包括企业行动方面的特点、时间和空间上的基本概念。沙因指出，现实包括客观的现实、社会的现实和个人的现实。而在判断真实时，企业可以采用道德主义或现实主义的尺度。

（3）人性的本质，指企业活动中哪些行为属于人的本能、哪些行为并非人的本能等关于人的本质假定，以及个人与组织之间的关系应该是怎样的等假定。

（4）人类活动的本质，关于人类活动的本质，企业需要回答哪些人类行为是正确的，人的行为是主动的还是被动的，什么是工作或什么是娱乐等。

（5）人际关系的本质，企业需要明确界定企业中的权威来自何处，与此同时，企业内部权力又是根据怎样的标准进行分配的，员工的关系究竟如何。以上问题的回答便是企业人际关系的本质所在。

三、企业文化五因素论

美国学者特伦斯·迪尔和麦肯锡咨询公司顾问艾伦·肯尼迪在《企业文化：企业生活中的礼仪与仪式》中提出企业文化由企业环境、企业价值观、英雄、传统与习俗、文化网络五个因素所组成，各个因素的作用各不相同[18]。

1. 企业环境

企业环境并不是单单指企业内部环境，还包括企业所处的外部环境。企业环境是形成企业文化最主要的影响因素，而企业文化则是企业在特定环境中为了获得成功所必须采取的全部策略的体现。要塑造良好的企业文化，就必须认真分析影响企业文化生成的环境因素。企业文化环境由宏观环境和微观环境构成，影响企业文化的宏观环境主要包括社会政治制度、社会经济发展状况、社会科技发展水平、民族文化传统、自然地理条件等；而影响企业文化形成和发展的微观环境则主要包括行业特征、市场竞争规模、企业内部环境等。一个企业只有很好地把握了企业内部和外部环境的特性，才能提出有效的企业文化建设方案，从而推动企业文化的健康发展。

2. 企业价值观

企业价值观是企业长期实践并总结经验，根据实际情况凝练而成的。对于任何一个企业而言，只有当企业内绝大部分员工的个人价值观趋于一致时，整个企业的价值观才可能存在凝练的群众基础。与个人价值观主导人的行为一样，企业所信奉与推崇的价值观也是企业的日常经营与管理行为的内在依据。企业价值观建设的成败决定着企业的生死存亡。因此，成功的企业都很注重企业价值观的建设，并要求员工自觉推崇与传播本企业的价值观。而为了让企业员工充分理解企业的价值观，企业价值观应该用具体的语言表示出来，过于抽象的价值观语言表达将导致员工难以理解企业价值观内核，自然也无法深刻认同其内涵。

3. 英雄

英雄是企业价值观的化身，是企业的支柱和希望。一个企业的英雄人物是企业为了宣传和贯彻自己的价值系统而向全体员工树立的可以直接仿效和学习的工作榜样或是精神标兵，他们是企业价值观的人格化体现，更是企业形象的象征。企业英雄有着不可动摇的个性和作风，他们的行为虽然超乎寻常，但离常人并不遥远，企业英雄往往向人们展示"成功是人们力所能及的"，其行为可以起到提升员工责任感的作用。

4. 传统与习俗

传统与习俗是企业文化的外在形式，是并没有明文规定但员工必须一致履行的行为准则。它们是通过有形形式表现出来的文化因素。传统与习俗给全体员工施加普遍的影响，使他们的语言文字、公共礼节、行为交往等都得以规范化，从而易于向每一位员工输送企业的价值观、信仰、英雄形象等，并将它们深深地印入全体员工的脑海中。

5. 文化网络

文化网络是指企业内部以轶事、故事、机密、猜测等形式来传播消息的非正式渠道，是和正式组织机构相距甚远的隐蔽分级联络体系。文化网络是传播消息的非正式渠道，管理者不应该避免牵连进去，而是必须充分认识到该非正式渠道的重要性，通过合理的方式灵活地运用以加强对员工的管理。强文化企业通过开发文化网络，能够有效加强管理者与员工的联系，形象地灌输企业的价值观，巩固组织的基本信念，提高英雄的象征性价值，加强人际交流，增进友谊，增强内部凝聚力。

根据迪尔和肯尼迪的企业文化五因素论，企业文化建设事实上应遵循以下五个步骤：①根据企业实际环境明确企业文化建设的方向；②通过树立英雄人物使全体职工认同企业价值观；③利用传统及习俗巩固员工心中的企业价值观；④通过非正式组织传播企业价值观；⑤完成企业文化建设的工作。

四、"7S"管理理论

美国斯坦福大学教授理查德·特纳·帕斯卡尔和哈佛大学教授安东尼·G.阿索斯提出了一种由 7 种关键要素构成的"7S"管理模式，即战略、结构、制度、共同价值观、技能、风格和人员[19]。

（1）战略（strategy），指企业为谋求自身生存和发展的规划和决策。

（2）结构（structure），指一个企业的内部组织形式。

（3）制度（systems），指信息和决策在企业内传递的程序和系统。

（4）共同价值观（superordinate goals），指能真正激励员工，并将其个人目标与企业发展目标结合在一起的信念或目标。

（5）技能（skill），指企业员工所特有的工作能力。

（6）风格（style），指企业员工的行为方式，也包括企业的传统作风。

（7）人员（staff），指企业内各方面的人员构成及其素质。

根据"7S"模型，帕斯卡尔和阿索斯两位教授指出，美国企业在管理过程中过分重视前三个硬性的"S"，即战略、结构、制度，而这在现代社会中已渐渐不适应管理过程中日益复杂的行为，美国企业应像日本企业那样，在不忽视这三个硬性"S"的前提下，更好地兼顾其他四个软性的"S"，即重视企业文化。

五、革新性文化理论

美国麦肯锡咨询的研究人员托马斯·J.彼得斯与罗伯特·H.沃特曼运用企业文化理

论框架研究了 43 家美国优秀企业的成功经验，并提出了著名的革新性文化理论[20]。他们认为杰出的企业会拥有独特的文化品质，这些品质会促使这些企业在市场竞争中脱颖而出。

革新性文化理论指出，这些优秀企业之所以出类拔萃，就是因为都具备"革新性"的文化力量并始终坚持文化在管理中的主导地位。而这种革新性文化的根本标志就是与"人"紧密相关的八种品质，即"敏捷果敢，贵在行动""亲近顾客，仰赖上帝""鼓励革新，容忍失败""尊重职工，以人促产""深入现场，以价值观为动力""不离本行""人员精干，注重实效""宽严相济，有张有弛"。

美国电话电报公司的一位副总经理评论说："革新性文化理论将对新企业成功起到根本性的作用。"彼得斯和沃特曼指出："我们愈加探索，对那些充满神奇传说的优秀企业就愈有认识。我们开始认识到，这些企业和任何一家日本企业一样具有牢固的文化传统。无论身处哪一行业，这些优秀企业大多是殊途同归，保证所有的雇员都成为其文化传统的一员。"

例证 1-3

世界级优秀公司——通用电气公司[21]

第四节 企业文化的功能

企业文化是企业持续发展的内在动力，它不仅在企业内部起到凝聚员工心气、约束员工行为的功效，其功能也能够突破企业边界，帮助企业在全社会范围内树立良好的企业形象。企业文化具有以下五大功能：激励功能、凝聚功能、约束功能、辐射功能、导向功能。

一、激励功能

企业文化能够鼓舞企业员工的士气，为员工指引前进的方向，使员工真心为企业奋斗。企业的每一个成员在精神和思想上都能够被企业文化指引和影响，如果企业管理者想要激发企业员工的工作积极性、创造性，树立良好的企业文化是关键的一步。企业文化对员工不仅拥有着一种无形的约束力，也有一种无形的驱动力。在企业管理工作中，人力资源管理是重要的一环，对员工的管理离不开管理员工的思想和行为。发挥企业文化的激励功能，能够让员工产生工作责任感和使命感，以高昂的士气去实现更加远大的目标。

只有在企业员工完全认同并践行企业价值观时，他们才能相互协作、努力奋斗，为实现个人理想和企业发展目标做出贡献[22]。企业文化的激励功能除了能够对员工思想和行为管理产生积极作用，还能够为企业建设一个良好的工作环境和优化日常工作的管理模式。通过学习企业文化，企业员工能够对企业发展情况进行全面了解，这能帮助员工增强工作信心，有助于激励员工在企业中不断实现自身价值。为了充分发挥企业文化的激励作用，企业管理人员应该从建立和完善企业制度文化着手。目前，许多企业会选择建立科学的职位晋升机制和薪酬福利体系，为企业员工提供充分的物质和精神奖励，肯定员工的努力和付出，进一步激发他们的工作热情，为其更好地创造个人和集体价值奠定基础。

二、凝聚功能

凝聚功能是指企业文化在发展和应用环节，能发挥出提高企业内部凝聚力，增强企业员工归属感，形成团体意识和合作氛围的作用。在企业管理当中，企业文化的凝聚作用主要体现在基于企业文化环境引导和管理企业价值观以及行为方式方面。在实践工作中，企业管理者应该合理应用企业文化，让员工在认同企业文化的基础上树立良好的价值观念，进而形成与企业发展目标具有一致性的个人奋斗目标，实现个人目标与集体目标有机结合。

在企业文化中，凝聚力展现在情感、组织和思想三个方面。在实际工作环节，企业应该建立明确的组织结构和关怀机制，让员工之间的感情得以加深。比如，通过以老带新、尊重上级和关怀下级、企业部门定期团建等方式，让企业文化的温情得以充分展现。企业的各级管理者都应该牢记"以人为本"的宗旨，在管理工作中积极践行企业的规章制度和发展战略，展现个人的人格魅力，使组织内部更加具有凝聚力。同时，在企业管理中，还应该从优化工作环境的角度来发挥企业文化的凝聚作用，让企业思想真正融入员工的脑海中。

例证 1-4

阿里巴巴的企业文化[23]

三、约束功能

企业文化中的制度文化是企业所有规章制度的集合，通过一系列的规章制度的约束，企业文化可以为企业管理工作的开展提供制度支撑，从而起到约束员工行为的作用[24]。在这一层面，企业管理者既需要利用企业文化潜移默化地影响企业员工，也需要借助企业文化直接约束员工，要以规范企业员工思想行为为目标，合理地应用企业文化。

一方面，企业文化的约束作用表现在规范员工行为上。企业文化包含企业内部共同的行为准则和规范，它通过公司价值观、行为规范、管理制度等方式来约束和规范员工的行为举止。员工通过与企业文化的接触和学习，逐渐形成自己的行为习惯，从而养成良好的工作素养和行为规范。如果员工没有相关规范或者行为准则的约束，那么企业的正常运行将受到威胁。例如，如果员工有严重的旷工、迟到早退、工作拖延等问题，将导致企业运行不稳定，严重时可能直接影响企业的生产和经营状况，甚至导致企业灭亡。

另一方面，企业文化的约束作用表现在提高员工团队合作方面。企业文化不仅涵盖个人的行为规范和价值观，还包含团队合作的重要性。企业文化的核心价值观通常基于团队协作和协同工作，员工通过团队合作和共同完成任务来实现企业目标，以充分发挥企业团队的合作精神和凝聚力。通过企业文化的约束作用，员工可以更好地协调各自的工作分工，避免出现矛盾和利益冲突，充分发挥整个企业团队的协作力和创造力。

四、辐射功能

企业文化浓缩着企业的经营理念、战略目标，是其价值观的体现，因此，企业文化无时无刻不在辐射着身边的事物，影响着企业内外的环境。利用企业文化的辐射功能，对内能够强化员工自身的认同感，对外能够塑造良好的品牌形象[25]。对于企业而言，拥有充满正能量和文化底蕴的企业文化，更有利于其塑造市场形象，提升品牌价值和消费者认可度。

企业文化是企业形象、品牌形象的重要基础，其能够促进企业的品牌升级和业务范围的拓展。在企业内部和外部，企业文化也可以从多种角度助力企业的推广和宣传，提高企业的知名度和市场占有率。以百度公司为例，该企业的核心价值观是"简单可依赖"，使命是"用科技让复杂的世界更简单"。这种企业文化不仅赋予了企业员工责任感和使命感，也向外界展现了一个勇于创新、敢于承担社会责任和乐于服务大众的企业形象，优秀的企业文化也推动百度成为全球最大的中文搜索引擎。

不仅如此，企业文化是一个企业与社会联系的桥梁，它可以提高企业的社会责任感和公益意识，使企业更好地履行自己的社会义务和责任。企业的公益行动不仅能够造福社会，也能够带来良好的社会评价，并为企业的发展和成长奠定更坚实的基础。

五、导向功能

企业有了明确的企业文化，就能够对企业整体和每一个成员的价值取向以及行为取向起引导作用，使得每一个企业成员的言行和思想都能够符合公司所确定的标准。第一，企业文化能够为企业提供稳定的理念和价值观。企业文化是内隐价值观，企业在决策方面不会出现频繁的变化，公司的理念与价值观长期稳定，能引领员工明确公司的发展目标，对于员工而言，这是参与公司事业的一大动力。优秀的企业文化可以引导员工在面临复杂的决策时，考虑到企业的长期发展和利益，遵守规则和道德准则，做出正确的决策。第二，企业文化是企业的准则和标志性行为，是引导企业行为的内在机制。企业文化所传播的企业宗旨和价值观是企业的行为准则和规范，可以指导员工的行为规范和道德修养。同时，企业文化还是企业的标志性行为，其表现如何也会引导多重利益相关者不断强化对企业的真实看法。

 例证 1-5

可口可乐公司的企业文化[26]

 ## 本章小结

1. 企业文化是指企业在一定的社会文化环境影响下，在长期的生产经营活动中，经过企业领导主动倡导培育和全体员工的积极认同、实践与创新所形成的整体价值观念、信仰追求、道德规范、行为准则、经营特色、管理风格以及传统和习惯的总和。

2. 企业文化的特征可归纳为以下九个方面：①融合性；②人本性；③整体性；④独特性；⑤社会性；⑥共识性；⑦实践性；⑧传承性；⑨创新性。

3. 影响企业文化形成的因素主要有以下六个：①民族因素；②外来因素；③地域因素；④行业因素；⑤阶段因素；⑥个人因素。

4. Z 理论、沙因组织文化理论、企业文化五要素论、"7S"管理理论以及革新性企业文化理论为企业文化的开发奠定了基础。

5. 企业文化具有五大功能：①激励功能；②凝聚功能；③约束功能；④辐射功能；⑤导向功能。

课程思政

1. 企业文化是企业长期经营中形成的宝贵财富，是企业的精神反映，影响着企业的发展方向和员工综合素质水平。在传统企业文化建设中，企业较为重视员工的吃苦精神、团结精神、爱集体精神等的培养。

2. 企业文化中渗透思政教育最关键的是提高企业员工思政教育的主观意识，有针对性地在企业文化中渗透思政教育，将员工的思政教育与企业文化相结合。例如，结合企业发展开发具有地方特色的产品，将地方文化融入企业文化当中，进而使员工在体验企业文化中感受到爱国、爱民等思想，进而提高员工的思政水平。

网站推荐

1. 中国企业联合会：http://www.cec1979.org.cn。

2. 中国中小企业协会：http://www.ca-sme.org/。

读书推荐

《文化罗盘：企业文化十大原理》

本书由蒙牛集团前总裁助理、"企业生态圈"理论提出者国夫（本名张治国）编著，于2022年由机械工业出版社出版。

本书深入浅出地向读者介绍了企业文化中的十大原理，包括文化九变原理、文化拼图原理、文化选择原理、文化矛盾原理、文化演化原理、文化主体原理、文化基因原理、文化传播原理、文化生态原理、文化效能原理。通过全面地阐述原理，为读者勾勒出一幅企业文化的全面画像，通过对企业文化的本质及操作实务进行解读，带领读者开拓企业文化研究的新天地。

推荐理由：正如个体文化程度对一个人命运的巨大影响，一个企业的命运往往取决于企业文化。两家相互竞争的企业，不管硬件资源的差别多么巨大，最终决定它们兴衰的往往是软件资源——企业文化。而国内现有企业文化理论往往是对舶来的西方企业管理思想进行细微改造，难以指导企业文化建设实践。该书在阐述企业文化基本机理的同时，充分结合国内知名企业文化建设案例，对国内企业的企业文化培育工作具有极高的参考价值。

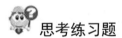

思考练习题

一、选择题

1. （　　）不是企业文化的特征。

    A. 人本性　　　　　　　　　　B. 创新性

    C. 社会性　　　　　　　　　　D. 固定性

2. （　　）不属于企业文化的功能。

    A. 定型功能　　　　　　　　　B. 激励功能

    C. 凝聚功能　　　　　　　　　D. 导向功能

二、简答题

1. 简述企业文化的定义。
2. 简述影响企业文化形成的因素。

学以致用

选一个你熟悉的、典型的，或者你家人和朋友正在工作的公司，尝试运用在本章学习的知识，分析这个公司当前的企业文化及其存在的问题，并给出你想到的所有改进建议。

案例分析

埃尔德集团^[27]

讨论题：

1. 请运用所学知识，分析埃尔德集团的成功经验。

2. 埃尔德集团的企业文化是否值得其他的企业借鉴？

 参考文献

[1] 孙宗耀，荆春丽，周鹏. 管理学基础[M]. 北京：北京理工大学出版社，2020.

[2] SCHEIN E H. Organizational culture and leadership[M]. New York: Jossey-Bass, 2010.

[3] DEAL T E, KENNEDY A A.Corporate cultures: the rites and rituals of corporate life[M]. New Jersey: Addison-Wesley, 1982.

[4] 彼得斯，沃特曼. 追求卓越：美国杰出企业成功的秘诀[M]. 天下，译. 北京：光明日报出版社，1986.

[5] 陈春花. 企业文化的改造与创新[J]. 北京大学学报（哲学社会科学版），1999（3）：51-56.

[6] 李少惠. 企业文化[M]. 上海：上海交通大学出版社，2011.

[7] 徐耀强. 企业文化力"六大特征"探析：下[J]. 当代电力文化，2019（7）：58-59.

[8] 林钰阳，张守红. 中国企业文化模式变革及影响因素研究[J]. 现代营销（学苑版），2014（2）：11.

[9] 宋莉，张德. 企业文化的影响因素及形成[J]. 特区经济，2005（10）：194-196.

[10] 邢以群，叶王海. 企业文化演化过程及其影响因素探析[J]. 浙江大学学报（人文社会科学版），2006（2）：5-11.

[11] 贾文红. 沃尔玛文化对构建中国特色企业文化的启示[J]. 上海经济研究，2008（12）：112-116.

[12] 袁凌. 西方企业文化理论的兴起与我国企业文化模式的重构[J]. 国外财经，2001（4）：71-74.

[13] 李敏. 西方企业文化理论述评[J]. 辽宁行政学院学报，2012，14（11）：77-78.

[14] 迪拉娃尔·吐尼亚孜. 文化建设对一带一路沿线企业发展的影响[J]. 中国产经，2020，239（7）：108-109.

[15] 周传运，王秀芳. IT企业文化与职业素养[M]. 北京：北京理工大学出版社，2018.

[16] 大内. Z理论：应付日本经济挑战的立论基础[M]. 黄明坚，译. 北京：中国社会科学出版社，1982.

[17] 沙因. 组织文化与领导力[M]. 北京：中国人民大学出版社，2011.

[18] 段磊，刘金笛. 企业文化：建设与运营[M]. 北京：企业管理出版社，2021.

[19] 李瑞泉，宋亚格，李春光. 旅游公共关系[M]. 北京：中国言实出版社，2020.

[20] 韩平. 组织行为学[M]. 西安：西安交通大学出版社，2017.

[21] 阳范文，章喜明. 医疗器械研发管理与创新创业实践[M]. 广州：华南理工大学出版社，2021.

[22] 齐冰冰. 企业文化与企业管理的相互关系探讨[J]. 中国商论，2017（3）：165-166.

[23] 罗芳，龙春彦. 企业管理指导手册：技巧+风险+福利+范例[M]. 北京：中国铁道出版社，2020.

[24] 周小波，刘慧敏. 浅议企业文化的作用[J]. 科学与管理，2008（4）：47-48.

[25] 汲航宇. 浅谈企业经营管理中企业文化的作用[J]. 中国商论，2016（24）：75-76.

[26] 严威，闫英. 求义存利[M]. 北京：中国广播影视出版社，2019.

[27] 夏楠. HR企业文化经典管理案例[M]. 北京：中国法制出版社，2018.

第二章
企业文化的类型

劳心者治人，劳力者治于人。

——《孟子》

 学习目标

➢ 了解不同视角下的企业文化分类理论及相应类型
➢ 掌握肯尼迪和迪尔提出的四种企业文化类型
➢ 了解中外企业文化的差异
➢ 了解不同类型的企业文化的优缺点

引例

阿里巴巴的企业文化[1]

1999 年，在杭州一所普通的公寓内，马云带领 18 人团队创立了阿里巴巴。到 2017 年，该集团旗下企业已拥有超过 20 400 名员工，分布在不同国家和地区的 70 多个城市，用户覆盖全球 240 多个国家和地区。阿里巴巴集团于 2014 年 9 月 19 日在纽约证券交易所上市，每股 68 美元，融资 250 亿美元，成为世界第二大互联网公司，其创始人马云也因此一度问鼎中国首富。

回顾阿里巴巴的文化发展历程，其独特的企业文化管理模式的形成经历了以下三个阶段：第一阶段的文化管理模式是可信、亲切、简单，形成于 2000 年 3 月至次年 3 月，这一阶段称为湖畔花园创业时代，也常被称为"西湖论剑"阶段。可信就是诚信，之后成为阿里巴巴集团的核心价值观，并由此衍生"诚信通"产品；亲切则突出人性化、人情味的特点，企业的员工、企业与客户之间都亲如一家；简单指阿里的页面、软件操作简单，更意指企业内人际关系纯洁简单。第二阶段形成于 2001 年 4 月至次年 7 月的华星时代，该阶段的文化管理模式是"独孤九剑"。所谓的"独孤九剑"指九大价值观，即"群策群力、教学相长、质量、简易、激情、开放、创新、专注、服务与尊重"。第三阶段的文化管理模式则是"六脉神剑"，这一价值观在阿里巴巴集团成立五周年时被正式提出，它的实质是客户第一、团队合作、拥抱变化、激情、诚信、敬业。

为何花费如此漫长的时间才逐步将企业的文化管理体系搭建成型？这是因为阿里巴巴坚信，企业制度不一定能规范到内部的每一个角落，相反，企业文化却能有效地做到这一点，文化往往能通过其强大的力量弥补企业制度的相对缺憾，因此在企业文化构建上投入大量的时间与精力尤为必要。阿里巴巴同时相信，企业文化在不同公司之中并非大同小异地"喊口号"，要想企业文化发挥真正功效，必须根据企业的实际情况对企业文化的独特性加以体现。

具体而言，阿里巴巴的企业文化独特性主要体现在以下四个方面：①相对于现代企业以股东利益最大化为目标的经营思想，阿里巴巴集团始终将客户置于员工和股东之前，认为客户是集团安身立命的根基，如果离开客户，集团便失去了存在的可能，因而客户至上是必须的。②武侠精神也是阿里巴巴企业文化的一大独特亮点，这从其企业文化管理模式形成的"西湖论剑""独孤九剑""六脉神剑"三大阶段中便可见一斑，不仅如此，马云还将太极思想融入企业管理之中，这也成为阿里武侠精神的一大彰显。③阿里巴巴不仅致力于实现企业的自我价值，更秉持"让天下没有难做的生意"的宗旨，努力为中小企业卖家提供优质平台服务，更向全社会提供互联网综合服务，不断实现其社会价值。④阿里巴巴认为员工不仅要有绩效产出，在价值观上也要符合企业发展需求，因此在绩效考核中，除业绩考核外，价值观考核也应该是员工考核的一大重点。有业绩而无价值观的员工在阿里内部被称为"野狗"，该部分员工虽然能够为企业带来客观业绩，但仍需要进行自我调整，只有当业绩和价值观同时达标时，员工才能与阿里的企业文化完全适配。

从上述引例中可以看出，阿里巴巴的成功离不开独特的企业文化的支持，适宜的企业文化能够让其员工对企业产生归属感，确保员工全心全意地为企业做出贡献。然而，企业文化的类型繁多，如何根据企业具体情况选择最适合的文化类型进行深度培育，对一个企业的长远发展具有深远的影响。本章将从理论体系、文明体系与应用价值这三个视角分别介绍企业文化相应的类型。

第一节　企业文化类型

由于各个国家、民族、地区的经济、政治、文化以及社会发展的条件和状况各有差异，因此，企业文化理论和实践的发展水平也不尽相同。本节将介绍三种经典的企业文化分类理论。

一、肯尼迪和迪尔的企业文化四分法

1982 年，特伦斯·迪尔与艾伦·肯尼迪《企业文化：企业生活中的礼仪与仪式》一书中根据企业经营活动风险的大小、信息反馈的快慢，对当时的西方企业文化进行了分类研究。他们结合风险程度和信息反馈速度两大因素将企业文化划分为硬汉型文化、并重型文化、赌注型文化及过程型文化四种类型[2]。

如图 2-1 所示，肯尼迪与迪尔以风险程度和信息反馈速度为标准划分的四种企业文化，能充分考虑行业特殊性对企业文化的影响，使得企业文化在适应行业特征要求的基础上被放置到恰当位置。不过，在现实中奉行单一企业文化的企业是极其罕见的，许多企业往往是多种文化类型的综合体。不仅如此，在同一企业内部，不同部门因为其工作的特殊性，也有可能秉持迥异的文化风格。例如，决策营销部门可能奉行硬汉型文化，生产部门可能奉行并重型文化，研发部门可能奉行赌注型文化，而财会部门则可能更加推崇过程型文化。

图 2-1　企业文化四分法

（一）硬汉型文化

硬汉型文化是一种风险高且反馈快的文化。这种文化蕴含着个人主义色彩，通常存在于证券、广告、影视、出版、公关、体育等行业之中。比如，好莱坞的影视行业，每拍一部电影几乎都要耗费成千上亿美元，而这样巨大的投入是否能够带来更大的盈利，通常可以在一年甚至更短的时间内，根据票房反映进行直观观察。硬汉型文化要求企业家和员工具备坚强的意志，养成承担风险、不畏考验的性格，培育极强的竞争意识和进取精神，需要对成功和挫折的考验都具有极大的承受力，因此该企业文化类型的最突出特征是追求"最大""最佳""最伟大"。

硬汉型文化鼓励员工不断振作精神，努力进取，鼓励竞争与创新，并主动冒险和迎接挑战。硬汉型文化的主张者常常是讲速度而不讲耐力的年轻人，他们总是以成败论英雄，为了成功不惜做各种冒险尝试。不仅如此，他们认为长期项目没有价值，因此对长期投资的重视程度相对不足。因此，硬汉型文化的优点是对高风险的事业和环境有很强的适应性和承受力，不怕失败，敢于决断。然而，该类企业文化由于过度追求短期行为和效益，要求成员争做个人英雄，因此常常导致企业成员生产经营缺乏理性，日常工作急功近利且缺乏思考，这会使企业处于极高的生产经营风险之中。

（二）并重型文化

并重型文化是一种风险较低且绩效反馈极快的、强调工作与娱乐并重的文化。它通常存在于生机勃勃、运转自如的销售企业，如房地产公司、经纪公司、计算机公司、汽车批发商以及各类零售商等。秉持并重型文化的企业往往能够迅速根据经营业绩做出相应的调整。例如，某房地产公司开发建造了一幢结构合理程度相对较低的住宅，出于提升销售业绩的目的，公司并不会静等消费者主动前来购置，而是会通过一定程度的降价手段，吸引消费者前来购买。这类企业文化强调生产经营动态性，并非以一次成败论英雄，而以经营业绩为最终目标，对生产经营行为进行连续动态调整，从而达到理想的绩效结果。不仅如此，"工作时拼命干，空闲时拼命玩"也是并重型文化的一大突出特征。在秉持并重型文化的企业中，员工都遵循行动至上的宗旨，认为只要通过辛勤工作便能达到理想的绩效水平，因而在工作时常以"经济人"自视。而在工作之余，奉承并重型文化的企业认为员工若已经达到了目标绩效，便应该将业余时间完全投资到员工自身之上，此时只有将员工作为"社会人"看待，员工才能感受到来自企业的关怀，也才更有可能以更加饱满的精神状态投入到新一轮的工作之中。

一般而言，秉持并重型文化的企业具有较为轻松的工作氛围，这有利于充分调动员工的主观能动性和思维活跃度。然而，并重型文化并非完美无瑕。该类企业文化不仅强调员工可凭激情工作，同时也强调员工之间应亲近相处，以集体精神为重要工作准则，这两者在实际工作之中往往难以折中。在集体工作中，个人价值观往往需要服从于集体价值观，但对员工工作激情和直觉的极力提倡将使得团队工作常常出现较大的分歧，此时，员工个体主观能动性的发挥反而会成为团队工作效率提升的一大阻碍。

（三）赌注型文化

赌注型文化是一种风险高且反馈较慢的文化，通常存在于石油开采、矿产开采、航空航天、原创性新产品开发等行业。秉持赌注型文化的企业有时需要多达几百万元甚至数十亿元的项目投资，但由于所涉及项目规模较大，需要经过较长的时间才能检验项目投资的最终成果。因此，这种企业文化要求管理决策须经深思熟虑并反复权衡，一旦做出决策，便要坚持到底、强力推进，即使没有即时的绩效反馈也必须坚持到底，就此一搏。赌注型文化敬重条理性、逻辑性、技术能力和权威，在长时间得不到反馈的情况下，这些因素成为支撑员工持续探索开发的精神力量。

赌注型文化的优点是知识含量高、成果较为重大，适用于产生长远结果的高风险、高收益企业。与此同时，奉承赌注型文化的企业以长期投资为导向，认为相对于一时的大额投资，未来的高盈利率和技术复杂度才是企业基业长青的关键，也正是在这种思想的影响下，该类企业尤其注重对人才的吸纳和投资，认为人才是促进企业乃至国民经济发展的重中之重。但是，由于该文化背景下企业项目周期相对较长，部分企业若在前期对自身的评估出现偏差，企业实力可能无法应对长周期项目的潜在风险，若企业资金流突然中断，不仅可能导致项目投资前功尽弃，更有可能致使企业面临巨大的生存危机。

（四）过程型文化

过程型文化是一种风险较低且反馈较慢的文化，又被称为"按部就班型文化"。这种文化一般存在于特别注重过程的行业，如银行、保险、金融服务、公共事业等行业。这些行业中各个企业的单次销售行为对于公司的生存发展影响较小，员工也无法从单次销售中得到及时有效的反馈。在过程型文化中，企业崇尚流程和具体细节完全正确，强调严格按程序办理。在该类企业中，员工必须严格遵守企业规章制度，谨慎周到，不允许犯不必要的错误。过程型文化着眼于工作如何做，但缺少工作结果的及时反馈，因此在这种环境下，"稳定""可靠""不求有功，但求无过"成为员工的普遍心态。

过程型文化的优点是强调了过程的重要性，要求企业员工行事周密细致，并在工作中把保障稳定、降低风险放在首位，虽然企业因牺牲速度而难以谋得短期的快速发展，但能够通过质量保障逐步在消费者群体中树立良好形象。当然，由于对工作细节过分拘泥，这种文化也可能使得员工在工作之中容易迷失奋斗方向，企业也极有可能忽视组织长期规划的明确制定。不仅如此，过程型文化中，员工完全通过理性支配个人工作行为，这使得组织缺乏足够的激情，因而导致员工在长期工作之中逐渐丧失积极性和主动性，企业也会因此丧失业绩增长的有效动力。

二、科特和赫斯克特的企业文化三分法

不同于迪尔与肯尼迪的风险程度和信息反馈速度标准组合，美国哈佛商学院的约翰·科特和詹姆斯·赫斯克特在合著的《企业文化与经营业绩》一书中，从企业文化与企业经营业绩关系的角度，把企业文化分为强力型文化、策略合理型文化和灵活适应型文化[3]。

（一）强力型文化

强力型文化是企业文化中研究最为深入的一种文化类型。在强力型文化中，几乎每一个管理者都有一系列基本一致的共同价值观念与经营方法，企业的新成员也会很快接受这些观念和方法。因此，如果企业管理者犯下工作错误，不仅直系上级会及时指出错误所在，管理者的下属也将向其提供相应的建议。奉行强力型文化的企业常常将组织的价值观念通过规则或职责规范的形式公之于众，敦促企业内部所有人员遵从这些规定。值得一提的是，强力型企业文化不会因管理者和领导者的更替而轻易改变，主要原因在于该文化类型在长期思想培育中充分凝聚员工，使其达成共识，因而无法在短时间内随意修改。

强力型企业文化具有以下三点作用：①强力型企业文化可以促使企业上下各级人员目标统一，确保所有员工步调一致。②该类企业文化能够激发企业员工非比寻常的积极性。③强力型文化提供了必要的企业组织机构和管理机制，从而成功地避免了企业对那些有可能抑制企业活力和改革思想的官僚的依赖。

但是，强力型企业文化也存在着一些缺陷。由于强力型文化在企业中根深蒂固，因此当企业面临的市场环境发生剧烈变化时，企业文化无法顺应市场需求及时进行相应调整，而规范性极强的企业价值观又会导致员工无法及时进行工作行为转变，个人绩效提升空间受到极大限制，此时强力型文化的韧性反而会成为提高企业经营业绩的"绊脚石"，这一点必须引起相关企业的重视。

（二）策略合理型文化

策略合理型文化认为，完美的企业文化是不存在的，也不存在一种企业文化能够在任何情况下都能适应企业需求。企业文化只有充分适应企业环境，才是好的、有效的文化。也就是说，与企业经营业绩相关联的企业文化必须和企业环境、企业经营策略互相适应。企业文化的适应性越弱，企业的经营业绩就越差，相应地，企业文化的适应性越

强，企业的经营业绩就越好。

策略合理型文化允许不同企业根据自身所处实际环境制定相应经营策略，这让企业文化在不同企业之间的构建具备了很大的灵活性；同时，这也为多元化业务企业的多元企业文化组合构建奠定了理论基础。但是，策略合理型文化也存在一定的缺陷。这种文化的分析模式基本上是静态的，当企业环境发生变化时，具有战略意义的企业文化将缓慢变化，无法迅速适应新的企业环境，这将不可避免地导致其经营业绩大幅下降。

（三）灵活适应型文化

科特和赫斯克特认为，只有始终了解企业外部市场运营环境变化状况的员工，才能在长时间内与企业运营绩效进行有效互动[3]。如果企业大部分员工具有这种品质，那么企业内将逐渐形成灵活适应的文化氛围。这种企业文化特别注意适应企业环境，倡导变革、承担风险和坦诚沟通，并要求管理者专注于领导艺术，而员工则专注于行为方式。员工需要努力做到热情工作、勇于创新、互相支持、彼此信任，并且乐于发现和解决问题。在具有高度组织文化适应性的组织中，组织中各级管理层不仅可以随时满足客户、员工和股东的需求，而且需以组织多重利益相关者的综合需求为宗旨，充分发挥领导艺术和领导才能，结合企业内外部环境适时进行业务战略或策略调整。

从上述三种类型的企业文化中不难看出，若仅仅强调建立强大的企业文化，或简单地根据企业初始战略营造前期适配的企业文化氛围，并不能使企业绩效提升得到充分保障。一种企业文化只有具备适当的灵活性，才能确保企业的可持续发展。

例证　2-1

以企业文化引领"管理+技术"创新[4]

三、汉迪的企业文化四分法

英国当代著名的管理思想家查尔斯·汉迪是对组织文化谈及较多的管理大师之一。汉迪的管理思想的主要特征是着眼于不同管理文化的有机融合，他本人将其称为"文化适应性理论"，这意味着文化驱动管理，而管理则发展文化。具体地，他将企业文化分为霸权管理文化、角色管理文化、任务管理文化和个性管理文化四种类型[5]。

（一）霸权管理文化（宙斯式管理文化）

奉行霸权管理文化的组织高度依赖动力资源中心，该资源中心由极少数人甚至一个人组成。霸权组织通常会迅速而异常地做出决策。在这种管理模式下，任何需要高速完成的事情都可以成功完成。当然，速度并不能保证质量，决策质量取决于霸权掌控者和与他最接近的人才。一个无能、平庸、古老而冷漠的霸权掌控者将迅速退化并逐渐摧毁整个网络组织。因此，在这种类型的组织中，"领导者"和"继承人"是决定组织能否正常运作的重要因素。

由于更加强调速度而非准确，并且认为犯错误的代价可以在日后进行弥补，因此霸权文化型组织对外部的威胁和机会都能做出迅速反应，从而保证了工作的顺利进行。与此同时，霸权文化型组织在工作中通常给予个人很多信任，让个人能够充分发挥自身的才能。但是，在霸权文化型企业中，组织往往通过工作的结果来判断员工的绩效，却很少关心达到结果所采用的手段。与此同时，霸权文化型企业若想吸纳新人，必须经过熟人的引荐，这虽然减少了人力资源搜索成本，但也容易在组织中形成严重的裙带关系，使得原本并不民主的组织环境雪上加霜。

（二）角色管理文化（阿波罗式管理文化）

阿波罗崇尚理性、遵守秩序、注重逻辑，以他为代表的角色管理文化假设人们是理性的，一切都可以并且应该以概念逻辑的方式进行分析和研究。角色文化型组织通过组织文档和规章制度进行工作，其权力和影响力主要来自职能部门，如财务部门、技术支持部门和人力资源部门。对职能部门工作的控制主要通过以下几种方法进行：一是明确的角色定位，即确定各职能部门对于整体组织运行的功效和位置；二是详细的工作描述，对部门的具体工作内容和职责做出详尽的规定；三是权威的认定，组织体系内会使用特定的工作职别界定各部门及员工的具体角色；四是特定的沟通渠道和方式，部门间及部门内的沟通交流渠道由组织统一设置，不允许通过个体私自搭建的渠道进行信息传递；五是解决争议的规则和申诉的流程，这在奉行角色管理文化的企业中也具有详尽的明文规定。职能部门的管理由一个由高级经理组成的小团队负责。这些高级经理是根据组织规则、流程和计划，对每个部门进行协调的管理者。

角色文化型组织非常适合以下环境。首先是稳定的环境，即变化很小并且可以预测的环境。其次是组织可以控制的环境。当环境需要变更时，基于角色的组织行为会更慢。有时，角色文化型组织为了适应技术变革，其自身也进行变革，并且没有任何风险。因此，当市场、产品、服务或其他环境发生变化时，基于角色的组织可能会保持不变，直到该组织倒闭或更换高层管理人员。

（三）任务管理文化（雅典娜式管理文化）

任务文化型组织致力于将适当的资源和人员有机地结合在一起。在该类组织中，权力和影响力主要来自专家的权威，而不是职位或组织授予的个人权力。当然，职位权力和个人权力也有一定的影响力，但与其他文化类型的组织相比，它们的影响被广泛地分散和稀释。在基于任务的组织中，每个人都倾向于认为自己具有影响力的任务文化就是团队文化。他们认为工作是所有人的共同目标，而不是某一个人的目标，这能有效地消除员工在地位和工作方式上的许多差异。基于任务的组织强调，只有在团队中进行个人工作才有意义，从而利用团队的统一力量来提高效率。

任务文化型组织的适应性很强，可以根据环境变化及时重组或取消针对特定目标而组成的团队。从理论上讲，任务文化型组织里的每个团队都具有内部所需的决策权，并且个人对其所负责的工作具有高度的控制权，因此任务文化型组织可以对环境的变化迅速做出响应。任务文化型组织中的专家一般为通用型人才，必须解决组织出现的各种问题，因此与角色文化型组织中的同行相比，他们的专业化程度相对较低，但是他们能够使得任务文化型组织的适应性提高。

（四）个性管理文化（狄奥尼索斯式管理文化）

个性文化型组织并不多见，在大部分组织中都没有它的踪影，但许多人仍坚持肯定这种组织的文化价值。在个性管理文化中，个人是中心，部门或组织的存在仅仅是服务个人的。汉迪认为，在其他三种组织文化中，个人都从属于组织，被用来帮助组织达成目标。而在狄奥尼索斯式管理文化中，却是组织来帮助个人实现梦想，组织是员工的下属，组织的生存也依赖于员工[5]。很显然，很多组织不能持有这种文化而存在，因为它们往往有超越员工集体目标的组织目标。这种文化最常见于俱乐部、协会、专业团体和小型咨询公司。

个性文化型组织中通常没有控制或管理级别。员工对组织的忠诚度低，通常将组织视为对自己有益的地方，具有这种个性文化倾向的人通常难以管理。组织为个人服务并依靠个人生存，个人可以离开组织，而组织通常无权驱逐个人。个性文化型组织的影响力来自共享，权力通常基于专家的身份。个性文化型组织有时会变成以任务为导向的组织，但它们通常会演变成霸权或角色管理文化类型的组织。

例证 2-2

海尔的强势企业文化[6]

第二节　不同文明体系下的企业文化

不同民族文化背景下的企业文化有很大差异。本节将介绍文明体系对企业文化的影响，以及不同文明体系下企业文化的特点。

一、文明体系对企业文化的影响

文明体系即民族或地域文化，是指一个国家的某一民族或某一特定区域范围的民族所构建的文化传统。民族文化包括一个民族的信仰、道德、文艺、生活及思维方式。民族文化既有人类文化中的共同点，又有本民族的特点，也正是因为有了民族文化的鲜明特点，人类社会才变得更加丰富多彩[7]。

（一）文明体系对企业文化建设的理论价值

1. 企业文化建设的基础是文明体系

民族文化是一个国家在长期发展过程中逐步形成的，它具有很强的渗透力，是企业文化建设的基本土壤。企业文化是一种管理理论方法，是企业的文化内涵。构成企业组织的个体成员不仅是企业的雇员，更是企业所在特定区域的社会成员。既然是这一区域内的社会成员，也就不可避免地受到这个区域内的民族文化的影响。员工进入企业后，尽管他们必须接受企业文化的洗礼，但因为他们在该特定地区生活了很长一段时间并且将继续生活在该地区，所以他们固有的民族文化仍将起到重要甚至关键的作用。因此，企业在建立企业文化时，必须注意整个民族文化的影响，要避免与民族文化的主流部分相冲突，同时也要积极探寻企业文化在民族文化大背景下的有效适应方式。

2. 企业文化的内容和特色受文明体系的影响

由于旧时代下交通条件的限制，原始文明体系的形成环境实际上是相对隔绝的，正是因为这样，民族文化才能各具特色。由于企业领导和员工工作作风受到民族文化潜移默化的影响，因此在此基础上形成的企业文化便带有浓厚的民族色彩。例如，大多数美国企业所体现的企业文化强调制度和规则，鼓励个人创造性的发挥；多数日本企业则更讲究服务，强调对岗位中资历较深的同事的尊重，也更注重团队的力量；而德国企业具有严肃、准确、理性等文化特征，其产品精致、严谨。

3. 企业文化创新的持续动力是民族文化

企业文化需要与时俱进，这就离不开创新。民族文化是企业文化创新的持续动力，优秀的民族文化更是企业文化创新的土壤，在企业文化建设中发挥着不可替代的作用。脱离了民族文化的创新是不可能长久和有效的，因此企业文化在创新的过程中要注重与本国的文化历史相融合。

（二）文明体系对跨国公司文化建设的实践价值

1. 跨国公司在全球化时代的兴起

20 世纪 90 年代，世界进入了全球化经济时代，跨国公司也逐渐兴起。全球经济时代的到来实际也是世界经济发展的大势所趋。随着经济的发展，世界各国的经济交往越来越多，各个国家也逐渐在经济上具有了相互依赖性。在这种环境下，国际化大企业及跨国公司兴起并且发展得越来越成熟。根据联合国于 1974 年做出的决议，跨国公司是指由两个或两个以上国家的经济实体所组成，从事生产、销售和其他经营活动的国际性大型企业。这当中无地域及国家国界分割的企业要面临具有不同民族文化的员工，如何化解内部员工因各民族文化不同所造成的不同价值观及思想管理的冲突，是企业不得不面对的重要问题。

2. 民族文化和跨文化管理

一方面，一个企业建立企业文化就是要增加内部员工的凝聚力，激励员工为企业创造更多的价值，并能够被所在地的社会所接受，这样看来，企业文化的建立要以所在地域的民族文化为基础。如果企业文化的建设背离了所在地域的民族文化，就必将受到内部员工和当地消费群体的排斥，导致文化上的冲突与摩擦。这些问题如果不能有效地解决，跨国公司就很难发展，最终导致企业的失败。相反，如果跨国公司能够妥善处理民族文化与企业经营之间的关系，这将促使企业更快融入当地文化之中，大大提升企业经营的本地合法性，以本土文化环境为基础，不断开拓当地市场，从而达到提升企业绩效的目的。

另一方面，随着跨国公司的发展，企业内部员工的民族多样性逐渐提升，企业内部环境同样面临着多种民族文化的冲击。如何融合员工的民族多样性以加强企业文化建设同样是跨国公司面临的一大问题。如果能够对民族文化多样性进行有效整合，这将形成一种包容的良好企业文化氛围，并以此为企业经营提供更加多样的知识来源，在企业内部形成良好的知识交流和整合气氛。

二、东方文明塑造下的企业文化

1988年1月，诺贝尔奖获得者在法国巴黎召开会议。在会议结束时发表的《巴黎宣言》中指出："如果人类要在21世纪生存下去，必须回到2500年前，去吸取孔子的智慧。"东方文化博大精深，而东方企业文化的建设离不开东方文化的土壤。真正认识和挖掘东方文化本身的价值，在东方文化传统的基础上吸收世界企业文化的精髓，建立合理的方法论，是东方企业文化建设的必经之路。在东方，儒家文化是最具影响力的一种文化体系。起源于中国的儒家文化对中华民族的行为方式影响深远，这也折射到中国企业的经营管理活动之中；而韩国和日本也是深受儒家文化影响的国家，在儒家文化的影响下，这两个国家的企业发展也取得了令世人瞩目的成就。下面将分别对中国、韩国与日本的企业文化进行剖析。

（一）中国企业文化的特点

在西方企业文化理论被逐渐引入中国企业之后，为增强企业与员工价值的一致性，中国企业不断将中国文化元素深度嵌入企业文化之中，以确保员工更加容易接受并认可相关企业文化，因此，中华五千年文化尤其是儒家文化的思想精髓与行为路径在中国企业文化中体现得淋漓尽致。总体上，中国企业文化具有以下三个特点[8]。

1. 敬业报国

中国企业文化的首要特点是敬业报国。中国企业普遍倡导的理念是：企业人员要本着为国家和社会服务的精神，爱岗敬业、注重全局、自力更生、勇担责任，不断追求更强。中国企业文化具有强烈的社会责任感，主张用统一的思想去探索标准模式。在中国企业文化中，市场竞争的概念是狼、鹰、狮和龙马的精神。例如，中石化的价值观是人本、责任、诚信、精细、创新、共赢；华为的使命是聚焦客户关注的挑战和压力，提供有竞争力的通信解决方案和服务，持续为客户创造最大价值。

2. 人本主义

以传统儒家文化为主流的价值观体系崇尚以人为本、重视人才、重情重义、重义轻利，讲伦理道德。以人为本体现在选人、用人、育人、爱人等方面。重视人才讲究用人之道，体现了"人和""亲和"精神，鼓励员工参与管理，培养员工的主人翁意识。重情重义体现在尊重人格、促进沟通、实施人性化管理，把"义"作为职业道德、信誉投资、责任和义务。重义轻利体现在让利于顾客、伙伴、员工。讲伦理道德是让人治、情治与法治相结合。较强的人治特色往往会导致倾向于感性的软管理，缺乏理性和法治的精神。此外，人本主义企业文化也容易讲究实用、功利、形式，较重经验主义。

3. 全局观念

中国企业文化提倡集体主义、全局观念。集体主义和全局观念倡导个人对家庭、社会、国家的责任感，注重协调人与人、人与物和人与自然之间的关系，主张和谐、协调的总体观念，讲究奉献、敬业、团结、合作、和谐等软文化。在这种文化影响下，中国企业的决策注重在集思广益的基础上形成群体决策，民主集中的决策机制也意味着推崇群体至上，主张从总体上去把握事物。

（二）韩国企业文化的特点

中韩两国的企业文化虽然均受儒家文化的深刻影响，但是由于两国经济发展阶段和制度背景存在较大差异，因此两国的企业文化表现形式存在很大的不同。韩国企业文化的最大特点在于讲求员工团结，着力培养共同奋斗目标并形成共同体式，这是以儒家文化中社会伦理秩序、集体主义等为思想根基而产生的[8]。

1. 团队精神

韩国企业文化具有强烈的团队精神。韩国企业重视信念、奉献精神和远见卓识，将个人、公司和国家的利益联系在一起，以个人财富、公司繁荣和国家利益为最终目标。它们进行精益生产以发现并解决问题，通过不断改进产品设计和制造过程来打造高质量的产品。韩国企业经常使用创始口号和座右铭来增强团队奋斗意识，如三星的核心价值观是人才第一、最高志向、引领变革、正道经营、追求共赢。

2. 家庭情感主义

韩国企业文化的家庭情感主义意味着公司像家庭一样，公司善于运用各种方式表现对员工及其家庭的关心，如它们尽力给员工以安定的职位，从而培养员工对公司家庭式的情感。家庭情感主义熏陶下的员工通常重视尽忠职守，主张对家庭、对社会、对部下、对自己负责。更为重要的是，在家族情感主义的影响下，韩国形成了独特的财阀企业治理制度，集团中的最高层职位大都由家庭成员所控制，具体的业务职位则会对非家族成员进行不同程度的开放，在企业经营过程中，家族则会通过交叉持股的手段确保对财阀企业的控制。

3. 准军事化管理

儒家思想中的"家"文化十分重视差序格局的存在，认为服从长辈是必须做到的，当这种文化思想被企业普遍接受并移植到企业文化中时，企业便会非常注重构建垂直控制的管理模式，确保管理者的绝对权威，这也使得韩国企业具备准军事化管理的特点。它们具有进取意识，多数公司采取军队式的组织形式经营。企业会向员工灌输服从意识，培养员工的责任观念，提高领导者的统御能力。

例证 2-3

三星集团任重而道远的文化转型之路[9]

（三）日本企业文化的特点

由于自然灾害频发，且又处于"边缘文明"地带，双重压力的作用下促使日本民族培育了很强的危机意识和忧患意识，这使得日本企业不仅善于吸取儒家文化精髓，而且从西方文明中博采众长，实现了东方儒家文明与西方科学管理文化的有机融合。总体而言，日本企业文化具有以下四大特点[8]。

1．"以社为家"

儒家文化不仅得到日本企业的认可，其文化精髓更是在日本企业中得到适应性发展。日本的企业文化普遍认为企业不仅仅是一个获取利润的经济实体，更应该是满足员工物质和精神需求的重要场所。因此，不同于中国、韩国家族企业中的血缘"家"文化，日本企业更加注重的是财产"家"文化。日本企业强调把员工视为家庭成员，着力对员工的热情和忠诚进行培养，运用家族化管理方式构建企业—员工命运共同体，在提供团结心理基础上重视企业业绩的提升。可以说，与血缘"家"文化相比，日本企业文化中的"以社为家"文化元素更加具有社会意义，这一特点也很好地解释了日本企业令人称道的强大凝聚力[10]。

2．"和魂洋才"

"和魂"是指儒家"倡导爱人、和谐、互助，强调为社会经营，以社为家，国家至上"的精神。"洋才"是指综合欧美的技术和日本企业善于采撷众长的品质，追求兼容并包、精益求精，强调综合即创造，建立日本式的"多元合金文化"。"和魂洋才"是指日本企业以"和"精神为主导，在提倡"礼义"和"仁爱"的同时，深度培养广采博取的学习精神，不断吸收和消化外来文化。也正是由于这一特点，二战后的日本企业在欧美先进技术的基础上不断进行嫁接、改良与创新，新产品的市场竞争力不断提升，最终促使战后的日本经济迅速得到恢复和发展，在激烈的国际竞争中脱颖而出。

3．集团竞争意识

日本企业追求经济效益和社会效益双重目标，提倡"利润第一，现金为王"，直面全球性挑战。它们的群体意识和群体价值观强，讲究团结协作、共存共荣，能够为团队、民族和国家不计个人得失，勇于奉献和牺牲。在日本企业中，员工具有极端的敬业精神，在他们心中，工作是第一位的，组织的整体利益高于个人利益，个人主义从属于集体主义，个人要绝对服从组织。他们倡导个人对组织群体的归属和忠诚，能够与组织共存亡，形成一个命运共同体。在此基础上，日本企业形成了终身雇佣制、年功序列制和企业工会等特色运行机制。

4. 精益生产

企业犹如"金矿",需要精益管理,不断从市场深处挖掘利润。日本企业推崇精益生产,讲求技术立市、质量立市,强调精品意识、精致意识、危机意识、趋势意识和未来意识,以此为思想指导,在日常经营管理中普遍实行走动式管理。

例证 2-4

京瓷企业文化哲学[11]

三、西方文明塑造下的企业文化

儒家文化更多地强调生命存在的整体意义。与此相反,西方文明在现实生活中更加重视功利主义精神,并且提出与儒家"天人合一"截然相反的"天人分立"观点,认为个人才是完成一切任务的关键。在西方世界的处世哲学中,享受当下生活、追求个性发展、重视理性而非感性等思想都不断确保个体的地位逐步攀升。在西方文明的指导下,西方企业文化也表现出与东方企业文化截然不同的特点,接下来我们将阐述美国和欧洲国家企业文化的具体特点。

(一)美国企业文化的特点

由于美国建国历史较短,多源移民模式不仅使美国不必背负沉重的文化包袱,还促使美国会集了全球众多优秀人才,并在此基础上形成低度关系文化,人生而平等的思想也深入贯彻到美国企业文化建设之中。一般而言,美国企业文化具有以下四个特点[8]。

1. 个人主义

作为一个多种族的移民国家,美国极力提倡个人主义,其主要表现是:相信个人能力,鼓励基于自身能力的个人奋斗和冒险,主张个人决策并履行个人责任,强调个人成就和个性精神,并尊重唯心主义、英雄主义和威权主义。在美国的精英阶层中,个人主义理念尤其盛行,他们将人才视为发展的"第一资本",把个人的胜任力作为黄金法则,拒绝让家庭背景、资历和年龄等外在条件成为后盾。同时,他们强调事实的客观性和公正性,反对把学历和文凭作为晋升的凭证,并认为能力、地位和收入应当是平衡的。

2. 创新精神

美国人敢于冒险、乐于竞争的民族性格塑造了美国企业强烈的创新意识。美国企业追求的竞争是一种在个人自由、机会均等的基础上进行的完全竞争,它强调先知、先觉、先行,重视先导性、开拓性、领导性的价值,主张争做弄潮先锋、企求王者风范。美国创造了很多世界著名品牌，这些品牌正是凭借产品优良的创新品质不断跨越文化与地理疆界，一步步走向全球市场。

3. 实用主义

美国企业文化提倡实用主义，强调以人为本、顾客至上、实干精神。在实用主义的指导下，美国企业运作呈现出目标程式化、福利货币化、人格个性化、竞争膨胀化等特点。在美国企业中，"硬性3S"原则得到高度重视，三个"S"分别为策略、结构和制度。美国企业文化十分强调管理中的技术和理性，认为只有"硬性3S"才便于进行务实的、数学化的、合乎逻辑的、有条理的分析和研究，这正是典型的实用主义的表现。

4. 理性主义

美国企业文化注重理性主义，其表现在以下方面：首先，美国企业注重法治意识和合同契约形式，尤其注重专利权保护，以明确法规维护技术能力所形成的独家市场；其次，美国企业分工明确、责任清楚，企业内部实行垂直领导制，等级关系明确；再次，美国企业管理的态势呈现严密化、定量化和硬科学化，在管理技术上倾向于企业的战略计划、组织结构、制度等管理硬件，在管理实践中注重社会的契约化、法律化、利益化和理性化；最后，美国企业办事讲究客观依据，强调数据与实证的重要性，讲求程序和秩序，并坚持公事公办的原则。比如，通用电气的价值观便是痛恨官僚主义、开明、讲究速度、自信、高瞻远瞩、精力充沛、果敢地设定目标、视变化为机遇、适应全球化。

（二）欧洲企业文化的特点

欧洲文化受基督教影响深远，在宗教文明的熏陶下，欧洲文化更加崇尚个人价值观以及高层次需求，对精神自由和科学民主的追求也成为欧洲文化的一大重点内容。受此影响，欧洲企业文化呈现出以下三大特点[12]。

1. 精神性与人文性

欧洲人追求传统，超越现实，强调理性，尊重民主，强烈的人文精神要求员工之间要形成充满爱与和谐的关系，并实施员工参与和福利制度。在精神性和人文性的指导下，欧洲每个国家的企业文化都独具一格。如英国人有很强的世袭观念，他们并不推崇盲目冒险，而是更加注重社会地位和阶级的差异，渴望通过努力进入贵族阶层，因此在企业经营中墨守成规，冒险精神差；而法国人最突出的特点是民族主义、自大、势利和优越感，因此法国企业管理表现出封闭守旧的观念；意大利人则提倡自由和以自我为中心，因此意大利企业纪律性较差，公司组织结构略微散乱。

2. 理性和民主性

欧洲企业强调理性，逻辑推理和理性分析被认为是企业取得优良绩效的重中之重。以此为思想指导，欧洲企业的管理致力于程序化和制度化建设。例如，德国企业具有强烈的官僚意识、严格的组织纪律和强大的公司执行力。它们有着强烈的质量意识，非常重视员工培训，主张集体共同决策，不愿冒险，信守承诺，注重秩序，勤奋求真。在高度纪律的企业文化中，德国企业形成了具有敏锐的市场观念、强大的技术实力以及勇于抓住机遇的勇气等特点。

3. 商业激情

欧洲企业具有突出的商业激情，虽然北欧公司通常比较低调保守，但它们有与生俱来的商业激情。在中世纪，北欧就是海盗的天堂，激情自古便刻在了北欧人的基因之中。北欧企业正是运用自身的商业激情不断开拓品牌的海外市场，结合强劲的科技实力，近一百年来，诸如爱立信、诺卡、沃尔沃、萨博等北欧品牌早已享誉全球。

下面列举欧洲一些国家的企业文化特点：①英国人推崇公司文化。他们认为只有真正融入公司文化，才能把个人发展和公司发展融合为一体。他们处世观念比较平和，老板不会随便对员工发火，同事之间也很少会出现激烈的辩论。②德国人严谨认真，注重时间观念。如果老板让员工加班，员工可以当着老板的面讲清楚加班条件，这种做法会得到德国上司的称赞，因为这样的行为极具商业意识。在选拔本土人才时，德国企业更青睐拥有严谨、讲究逻辑特质的应聘者。③法国人追求高质量和独特性。法国企业普遍关注社会责任，在经营过程中注重环境保护、员工福利和社会共享；倡导员工工作和生活平衡，提倡适当的工作时间和休假制度。④意大利人相对欠缺时间观念，他们认为迟到不一定表示不尊重；喜欢当面探讨，不喜欢借助电话和电子邮件等。

四、中外企业文化的比较

东方文化以儒家文化为主要思想基础，是一种以农耕经济为根基的农业文化，相对而言，西方文化以宗教文化为基础进行延展，形成以平民为主的商业文化。受东西方文化差异的影响，中外企业文化之间也存在着较大差别。整体上，中国企业文化更加重视群体、实用性与道德，而外国企业文化则更重视个体、理性与科学。关于中外企业文化的具体差异，下面将着重从经营理念、行为规范、企业形象、团队精神这几个方面进行阐析[13]。

（一）经营理念的差异

中国文化归根到底发源于数千年的农耕经济，因此，中国企业文化中往往带有小农思想的痕迹，加之到目前为止我国市场经济体制仍不够完善，因此国内企业总是强调以盈利为最大目标，认为只有快速实现既定的盈利目标才能确保企业在市场上长期生存。但是，这种隐含"薄利多销"的经营思想具有一定的局限性，企业往往会局限在自己的经营范围内开展市场工作，而认为开源工作和新产品研发工作会大大浪费企业的时间和金钱，这显然不利于企业的可持续发展。相比较之下，虽然西方企业也以利润最大化为自身的经营目标，但该目标的提出和实现是建立在良好的市场制度环境以及前期充分的市场平台构建工作之上的，而在企业内部，西方企业则认为为实现利润最大化，仅仅通过开拓市场和加大市场营销力度并不能确保企业的长远发展，新产品的开发对企业而言才是最为重要的一项投资。

（二）行为规范的差异

差序格局社会结构是中国文化的社会基础，这种社会结构的基本单元是以血缘关系为纽带的家庭，因此维持这种宗法制度的不是明文规范，而是内化于心的伦理道德。在这种文化背景下，中国企业文化更加重视人际关系的处理，企业更偏向于人治而非法治。传统中国企业认为设立制度以规范员工行为的有效性远不如树立令员工信服的领导威信，因此心理契约在中国企业中更为普遍。相反地，契约精神在西方文化中尤为重要，西方企业更愿意形成正式合同、协议等文件以对员工行为进行规范化管理，更加注重以"法"而非"人"为核心，强调利用规章制度明文规范员工的行为准则，以此提高企业管理的科学性。

事实上，中外行为规范模式各有优劣。对于中国企业而言，人治思想为企业带来充分的适应性和灵活性，但是对管理者的知识、能力和道德等要求极高，一旦管理者在行为规范相关事宜的处理上有失偏颇、脱离实际，辛苦建立起的管理者威信就会付诸一炬，企业内部上下级关系也极易产生裂缝，甚至导致企业日趋瓦解。而外国企业中的法治思想虽然能够帮助企业不断提升规范化管理水平，但是在瞬息万变的市场环境中，一成不变的规章制度将显得缺乏一定的灵活性，为增强实用性而不断进行的规章制度修订工作也将给企业带来一定的压力。

（三）企业形象的差异

企业形象是企业在长期生产、生活和经营实践中逐步形成的一种最能体现企业文化的外显特征，是一个企业在社会公众和消费者心目中的总体印象。每个国家的企业的形象都与本国的民族特征、社会背景、文化背景等密不可分，因此，各个国家的企业的形象及其强调重点均存在着较大差异，并不能简单地对外国企业形象加以概述并与中国企业形象加以对比。以美国和日本为例，美国人较为讲究实际和独立，其孜孜以求的性格特点也反映到了美国的企业形象设计之中。美国企业更加注重视觉传达的一致性，希望将企业精神和业务特点明确反映在简洁的标志上，并且认为企业形象理念识别工作可以直接交给专职人员或经营顾问去做，而不必浪费生产人员的时间。而对于日本企业而言，它们更加重视企业形象的长期培育和发展，而不是仅仅局限于企业形象标识设计。日本人是典型的完美主义者，他们对精湛技艺十分重视，因此日本企业认为企业形象设计工作不仅是图形和颜色的标准化工作，市场营销和经营管理等工作也同样需要体现企业的形象。

企业形象设计这项重要的工作直至 20 世纪 80 年代后半期才在我国出现。由于市场体制尚不完善，中国的企业形象设计工作常常借鉴先进国家的成功经验，但是在实际操作中，往往存在一大重要问题：部分企业在进行形象设计时强调向先进国家的企业学习，注重形象视觉设计，却常常因为追求良好的视觉体验而忽略了它与企业品牌和具体产品服务的有机联系，这使得企业形象宣传与产品品牌宣传脱轨，反而让企业形象显得更为轻浮。企业对于视觉识别的过分重视使得企业形象无法发挥应有功效，因此中国企业应该提高系统性思维，综合考量如何全方位塑造企业形象，而不是让企业形象设计工作流于表面。

（四）团队精神的差异

团队精神不仅仅应从团队凝聚力剖析，更应与团队精神下产生的实际绩效进行结合理解。东方文化尤其是中国文化特别强调集体意识，认为集体是个体存在的组织前提，因此个体利益应该无条件地服从集体需求，因此团队精神在中国企业中较为凸显。但是，由于目前中国企业的激励机制并不健全，缺乏足够激励的集体精神下员工个体反而会产生某种程度上的惰性思想，因此即使团队凝聚力较高，企业所达成的团队绩效也不一定能够达到预期，这种现象在中国国有企业中更为明显。

而以美国为代表的外国企业则强调以员工个体为本，提倡个体的自我支配、控制和发展。对"自由精神"的追求可能导致外国企业原始团队凝聚力相对欠缺，但是，由于西方国家建立了诸如雇员个人持股计划等个人激励制度，这在充分调动员工积极性的同时也促使员工与团队、企业自愿形成"命运共同体"，这无形之中也在强力塑造着外国企业的团队精神。因此，现阶段中国企业更应深度思考在原有良好的集体文化的基础上，如何对个体进行有效激励，才能使得团队精神真正转化为实质的企业绩效提升。

对比上述中西方企业文化差异，可以看出中国企业文化建设的差距，唯有迎头赶上，才能主动应对经济全球化的挑战，才能在激烈的市场竞争中扬长避短，扩大企业的生存发展空间。

例证 2-5

丰田公司的企业文化[14]

第三节　基于应用价值的企业文化分类

自从英国著名管理学家佩蒂格鲁于 1979 年发表《组织文化研究》一文后，企业文化的类型区分便成为企业文化研究的一大重点。学者们或从企业文化的理论本质出发进行分维度探讨，或以企业实际运行中存在的现象作为企业文化分类依据。鉴于企业文化在管理过程中产生，是管理实践中各种文化现象的积淀，因而基于应用价值的企业文化分类更具备现实指导意义[15]。本节将重点阐述基于企业实际运作情况的企业文化类型。

一、按适宜程度划分

无论人们愿意还是不愿意，企业文化都会按自己的方式在企业中发挥它独特的作用，只不过企业文化对企业的影响不尽相同，有的企业文化能够激励企业员工团结一致并帮助提升企业绩效，有的企业文化则成为企业成长道路上的绊脚石。因此，我们可以按企业文化在企业发展过程中所起的不同作用（正面或负面），从总体上将其划分为适宜的企业文化与不适宜的企业文化。

（一）适宜的企业文化

不同的企业有不同的文化。例如，信息电子产业属于技术密集型行业，因此创新文化的构建更符合企业发展需求，而机械制造产业属于资本密集型行业，因此构建追求低成本的企业文化更切合企业实际。适宜是构建企业文化最重要的原则。适宜的企业文化是指企业要在坚守其基本价值观的基础上，构建适宜企业生存发展需要的文化种类，这种"适宜"不仅包括对社会或行业客观状况的适宜，也包括对企业经营策略自身的适宜。企业文化的适宜性越强，企业的生命力就越强，只有那些能够使企业适应市场经营环境变化并在这一适应过程中领先于其他企业的企业文化才会使企业产生核心竞争力，并拥有顽强的生命力[16]。

适宜的企业文化总是能适应企业自身发展的需要和社会不断发展的需要，不断吸收营养，产生新的血液，所以它的生命力非常旺盛，即便遇到什么"病症"，也能逢凶化吉，并且产生必要的免疫力[17]。以中国建材集团有限公司（以下简称"中国建材"）为例，中国建材曾是一家资不抵债的央企，为使企业在竞争激烈的建材市场中存活，企业领导人基于中国建材国企混改的发展实际，提出了同心模式的企业文化，其主要内容为以人为核心、注重文化一致、保留先进文化、强调多种机制创新。同心模式的实践不仅适应了国企混改的企业背景及行业趋势，而且极大地促进了各利益相关者共同成长，企业对双元问题的包容性也不断提高。结合"央企市营"和"联合重组"等管理实践，中国建材一跃成为全球最大的建材制造商，并在 2019 年世界 500 强企业中排名第 203 位[18]。

适宜的企业文化有很多优势，但也存在一些不足，这在于客观环境总是在不断变化，如果不能把握最佳的适应时机，就可能出现超前适应或滞后适应，这都会给企业文化的适宜性带来影响。而如果时时适应、处处适应，又会出现频繁变化，员工可能对此无所适从，这同样不利于企业的稳定发展。

（二）不适宜的企业文化

不适宜的企业文化一般是文化管理在价值观或方向上有明显问题，或者没有经过有意识的文化管理的原生态文化。由于组织与其领导人整体素质与各种因素的影响，拥有不适宜企业文化的企业常常存在短期投机行为的思想。这类企业或者将能否获得巨额利润作为成功与否的标准，或者以混一天算一天为准则，完全不考虑社会的发展变化与本身的关系，逐渐在企业发展道路上丧失了生命的活力。

一些民营企业在创业之初，常常由于其本身原始积累的需要，自觉或不自觉地把赚钱作为唯一目的。如果这种指导思想在企业后续发展阶段得到强化，那么就会在企业内部形成一种金钱至上的观念，并逐渐演化为员工的一贯行为方式。在这种企业中，一旦面临突然出现的危机，员工往往受自身利益驱使而采取个体行动，很少顾及企业整体利益。

而缺乏长远目光的企业一般则是混一天算一天，一些大型垄断企业是这类企业的典型代表。在长期计划经济条件下，这些企业形成了靠天吃饭的原生态文化，在观念意识上表现为唯我独尊、唯我独大、缺乏创新等特征，在制度体系上则表现为沿袭多年的传统国有企业人事劳动制度，员工进出渠道单一、人员流动渠道不畅、干部聘任机制滞后、企业内裙带关系和近亲繁殖现象严重，最终导致企业内缺乏公平竞争，内部凝聚力不强，相互之间为了争权夺利而布陷阱、藏杀机[19]。

当然，不适宜的企业文化也可能在一定时间内获得某种繁荣与发展，它的超常稳定常常使企业及其利益相关者得到一些实惠和精神的满足。但是这种企业文化始终不能随着时代要求的进步而前进，一旦企业在社会某个角落的生存空间缩小或失去，也就自然失去了生存的可能。

二、按控制力度划分

控制是管理的重要职能之一，企业文化作为一种新的管理思想和方法，其终极目标与企业的目标一致。因此，按企业领导者对企业文化控制的程度，可将企业文化分为强力控制型、适度控制型、弱度控制型和无控制型四类[15]。

（一）强力控制型企业文化

强力控制型企业文化会在企业使命或宗旨中提出成员的共享价值，并鼓励企业全体成员遵守这些价值，是一种具有极高执行力的企业文化[20]。这类企业文化一般在企业初创或处于重大转折时期最容易形成，其特征主要表现为以下五个方面：①企业目标与企业价值观念高度一致，企业领导人的思想理念能得到及时准确的贯彻。②有优秀的企业家作为企业文化的旗手，企业家与企业均具有很高的美誉度。③强烈的企业文化氛围造成高激励与高压力，在这类企业中，企业员工或由于强烈的企业文化氛围而形成精神上的高激励，或由于高工资和高福利以及强烈的目标意识，激发了自身潜在的主观能动性。④员工自觉地为本企业产品在世界各地的消费者提供最上乘的顾客服务。⑤有相应的组织或人员从事文化整理和提高的工作，有较规范的企业文化体系。

在20世纪中期，强力控制型企业文化对一大批企业的经营绩效起到了极大的激励作用，诸如宝洁公司和西北相互人寿保险公司等便是在该类企业文化的有效激励下成为大型国际公司的。但是，由于过分强调内部成员价值一致性，当组织外部环境产生剧烈变化时，强力控制型企业文化往往会使得企业的经营策略改革工作举步维艰，这也是在市场环境日新月异的今天，越来越少的企业着力构建强力控制型企业文化的一大原因。

（二）适度控制型企业文化

在适度控制型企业文化中，企业领导人对企业的掌控处于适度水平，即既要引导企业文化向企业的目标迈进，又不让个人对组织的影响超过控制范围。这类企业文化一般产生在企业平稳发展的过程中。在这类文化影响下，企业比较容易形成民主管理的氛围。企业领导人只要瞄准目标，因势利导，查漏补缺，不断激励企业人员保持向目标迈进的热情，企业就会像一艘巨舰，乘风破浪，扬帆远航。

适度控制型企业文化的特征主要表现为以下四个方面：①企业领导人有长远的目光，

既懂得民主又懂得集权，为了企业的目标可以抛弃个人的名誉和地位。②这类企业文化有共同的价值观念、团体意识、企业风尚和行为准则，规章制度较为完备，企业文化规范也比较成熟。③企业责任层层分解落实到每一位员工身上，形成一种横向到边、纵向到底的责任网络。同时，员工又能够知晓企业的重大事情，参与讨论企业的重大措施，共同计划重大决策。④这类文化还表现为权利上的共享性，即在重大的权力运用和集体与个人的利益分配上贯彻民主共享的原则，遵循公平、公正、公开的民主程序。

适度控制型企业文化有利于节约成本、提高效率，促进企业文化管理的传承。由于这类企业文化已经成熟，企业文化旗手所做的工作是在企业价值观基础上，沿着企业目标的方向顺应、引导和推动，因此，企业文化不会由于企业领导人的变动而产生巨大的变动，文化的传承就变得比较容易。但适度控制型企业文化容易导致求平求稳的思想占主导地位，不利于企业进行反应迅速、处理快捷的危机管理。由于经过长时期较为安逸的经营活动，企业整体意识趋于求平求稳，企业文化中做好的事情或当好人的观念可能在组织中占上风，最终形成对企业规章制度的依赖性。

（三）弱度控制型企业文化

弱度控制型企业文化是指企业领导人对企业中的文化现象有控制意识或控制行为，但由于各种原因，企业领导人对企业文化的控制处于弱度状态。在弱度控制型的企业文化中，由于企业领导者个性与管理风格的不同，又呈现出专权型、合作型、混合型等不同的类别。

1. 专权型企业文化

专权型企业文化是指由看重由管理岗位所赋予的制度权、轻视企业文化力量的企业领导控制企业。这是企业初创时期的一种企业文化的延伸。这种企业文化经常存在于某些私营企业和民营企业之中，也包括一些合资企业。

专权型企业文化最大的特征在于家长式的指挥和决策。在这些企业中，权力高度集中，个人决策占据主导地位，企业领导人往往实施家长式的指挥和决策。其次，从企业的等级制度上看，该类企业组织结构森严，层级分明，有时是家族式的组织形态。再次，从企业的管理运作上看，企业管理职能绝对集中，控制手段相当严密，赏罚制度极其严厉，有时近乎苛刻。最后，企业员工的参与意识和参与程度较低，依附性较强，崇拜权力和权威，劳资双方往往缺乏共同理解的基础。

对于小型企业而言，专权型企业文化具有一定的优势，它在企业管理中具有短期的高效用和执行企业指令的迅速性。由于管理活动通过行政命令执行，一些较易控制的简单管理工作在专权型企业中能够凭借组织严明的结构层次而大大减少管理成本。然而，专权型企业文化也容易造成人际关系冷漠和人才流失。在缺乏有效企业文化管理的专权式企业中，下属被视为可控制的工具，人与人之间的关系基本上是金钱关系，这导致企业内部严重缺乏凝聚力。在组织缺乏生机、员工缺乏创造力的专制企业里，人们只有工作任务这一目标，往往得不到精神文化的满足。

2. 合作型企业文化

合作型企业文化是企业初创时期的集体领导的延伸。这种企业文化主要存在于某些私营企业和民营企业之中。它的最大好处在于可以使企业拥有很强的凝聚力，即企业人员同甘共苦，同享富贵；员工和企业面对客观环境的复杂多样与各种不确定性，能够科学地进行风险分析、认真地提出风险对策、勇敢地接受风险考验、积极地承担风险后果。

合作型企业文化能使得人与企业、人与人之间相处融洽、相互认同，具有相当的亲和力、向心力和内聚力，员工有很强的归属感。这种企业文化往往会给人们带来家的感觉，组织内部有亲情、有温暖、有与员工密切相关的良好企业愿景，容易产生较高的目标认同和很强的创造力。同时，在处理和协调人际关系中那些非激烈冲突的矛盾时，这种文化也具有一定的优势。这类企业文化在得到适度控制的情况下，容易转化为适度控制型企业文化。

然而，合作型企业文化也有其不足之处。首先，合作型企业文化容易导致企业在决策时拖泥带水，贻误战机。其次，它是造成内部宗派剧烈矛盾的原因之一。对于大企业来说，合作型企业文化往往体现为某个部门之内的团结与合作，这便出现了部门利益、宗派利益等，不利于组织整体利益，也容易造成多头领导局面，使企业内耗加剧。最后，由于企业文化是以弱型控制的合作为主，人们的权力意识、权威意识较弱，因此企业的理性管理不容易得到很好的实施。

3. 混合型企业文化

在一些奉行弱度控制型企业文化的企业中，没有被员工共同认可的企业价值观，任何人都不能保证所有的领导集体甚至是部分领导集体认同本人提出的观点，因为每个人都有自己的思想，于是便有了路线政策之争；即使统一了思想，也会有利益分配的难题。其管理思想和管理方式依据某一集体领导人或员工的个性与行为习惯而定，往往采取实用主义的态度或综合采纳各家特点。

这种企业文化主要存在于某些私营企业和大多数国有中小型企业中，其优点和不足分别体现在：这类企业处于朦胧的文化形成期，由于还没有形成主流的企业文化，因而进行文化规范和变革比较容易；同时，这类文化也能够较好地适应外界环境和内部员工队伍构成的多变性。然而，如果没有外部环境的变化，这类企业终究不能形成具有自己特色的企业文化，只能随波逐流，或者风光一时后销声匿迹。

（四）无控制型企业文化

无控制型企业文化是指完全没有进行必要管理的原生态企业文化。这类文化主题不突出、特色不鲜明、员工不认知，不仅没有展现文化管理的独特魅力，而且很容易形成落后的、劣质的主流文化。在该类企业中，企业宝贵的无形资源正在流失，领导者的良好创意得不到有效的执行，有的企业兼并重组成立集团，虽然企业得到扩张，但员工貌合神离，文化沟通的障碍处处掣肘，许多企业领导对此着急上火却苦无良策，其根本原因就在于没有及时建设与之相匹配的企业文化。

这类企业必须从基础做起，经过梳理与引导，形成主流的企业文化。一个企业不可能只有一种文化，它的文化不可避免地带有多元性。但是，企业必须形成主导文化来统率多元文化，形成一种有利于经营管理的积极合力。民营企业的多元文化可能产生于不同部门、不同分厂或分公司，可能产生于不同的员工群体，如部属中、同乡中、同学中、相关利益者中、不同意见者中等。一般来说，老板越开明，文化的多元化分化反而越小；老板越专制，文化的多元化在暗中的分化越大[21]。

以上关于企业文化的分类，虽有一定根据，但是不可能囊括所有企业和所有的企业文化现象。不同的企业所处环境差异极大，导致相对应的企业文化类型和特征存在很大差异。如有的企业重在市场开拓，有的重在产品创新，有的重在售后服务，有的重在经营业绩，有的重视竞争意识，有的重视团结合作，有的重视稳定，有的重视变革。不同的经营理念自然会产生不同的思维方式和行为方式，所以不同企业的企业文化各有千秋，不能一味地模仿。

本章小结

1. 艾伦·肯尼迪与特伦斯·迪尔根据企业经营活动风险的大小、信息反馈的快慢，将企业文化划分为：①硬汉型文化；②并重型文化；③赌注型文化；④过程型文化。

2. 约翰·科特和詹姆斯·赫斯克特从企业文化与企业经营业绩之间的关系的角度，把企业文化分为：①强力型文化；②策略合理型文化；③灵活适应型文化。

3. 查尔斯·汉迪将企业文化分为：①霸权管理文化；②角色管理文化；③任务管理文化；④个性管理文化。

4. 中国企业文化的特点有：①敬业报国；②人本主义；③全局观念。

5. 韩国企业文化的特点有：①团队精神；②家庭情感主义；③准军事化管理。

6. 日本企业文化的特点有：①"以社为家"；②"和魂洋才"；③集团竞争意识；④精益生产。

7. 美国企业文化的特点有：①个人主义；②创新精神；③实用主义；④理性主义。

8. 欧洲企业文化的特点有：①精神性与人文性；②理性和民主性；③商业激情。

9. 企业文化按在发展过程中所起的作用不同，从总体上可被划分为适宜的企业文化和不适宜的企业文化。

10. 企业文化按企业领导者对企业文化控制的程度分为四类：①强力控制型；②适度控制型；③弱度控制型；④无控制型。

 课程思政

1. 我国是一个具有几千年历史的文明古国，优秀的儒家哲学、传统的道德观念、集体价值观念等丰富多彩的民族文化是我们取之不竭的精神财富。传统文化应该成为企业建设企业文化的准则，企业应充分利用传统文化中的精华，结合自身特点，建设具有中国特色的企业文化。

2. 在经济全球化和中国企业日益走向世界的今天，中国的企业也面临着不同企业文化的吸收和融合的问题，在相当程度上，未来中国企业内部政治思想工作的一个重要方面就是要促进这样的吸收和融合，把国外先进的企业管理经验和中国文化中的合理内涵相结合，这是中国企业能够在世界经济领域中立足和发展的必要前提。

 **读书推荐**

《企业文化：企业生活中的礼仪与仪式》

本书由企业文化的著名研究者特伦斯·迪尔和艾伦·肯尼迪编著。该书英文版 *Corporate culture: the rites and rituals of corporate life* 在 1982 年出版后就成为最畅销的管理学著作，随后又被评为 20 世纪 80 年代最具影响力的 10 本管理学专著之一，成为论述企业文化的经典之作。该书中文版《企业文化：企业生活中的礼仪与仪式》于 2008 年由中国人民大学出版社出版。

本书内容分为两大部分，第一部分是关于企业文化的学术性研究，阐述了什么是强文化及其重要性，以及强文化所包含的内容，即价值观、英雄人物、礼仪与仪式、沟通。第二部分是将企业文化的概念付诸实践。作者创造性地将企业文化类型分为硬汉型等四类，并讲述了其定义以及特性、存在的企业或部门类型。同时，重点说明了懂得企业文化的重要性和善于利用文化的"象征性的管理者"。随后，探究了文化对企业变革的阻碍，并提出了何时需要变革、变革的方法等技术性问题。最后，探究了未来原子化组织的兴盛问题。

推荐理由：书中主要强调了价值观、英雄人物、礼仪与仪式以及沟通等内容，对企业文化的落地极具启发性。书中案例丰富，且大多是 80 年代的故事。随着人的价值和属性不断被强调，作者意图探究的问题在当今社会变得越来越重要。

思考练习题

一、选择题

1. 以下选项不是约翰·科特和詹姆斯·赫斯克特提出的企业文化类型的是（　　）。

　　A. 强力型文化　　　　　　　　B. 策略合理型文化

　　C. 并重型文化　　　　　　　　D. 灵活适应型文化

2. 以下关于美国的企业文化特点，表述错误的是（　　）。

　　A. 个人主义　　　　　　　　　B. 创新精神

　　C. 商业激情　　　　　　　　　D. 理性主义

二、简答题

1. 简述艾伦·肯尼迪和特伦斯·迪尔的企业文化四分法。

2. 简述东西方企业文化的差异。

学以致用

选一个你熟悉的、典型的，或者你家人和朋友正在工作的公司，尝试运用在本章所学习的知识，分析这个公司的企业文化的类型及其发展过程。

 案例分析

西门子公司（中国部）的企业文化[22]

讨论题：

1. 请运用所学知识，分析西门子公司的企业文化类型。

2. 西门子公司的企业文化是否值得其他的跨国公司借鉴？哪些地方值得借鉴？

 参考文献

[1] 付静. 浅析阿里巴巴企业文化建设[J]. 现代经济信息，2017（13）：461.

[2] DEAL T E, KENNEDY A A. Corporate cultures: the rites and rituals of corporate life[M]. New Jersey: Addison-Wesley, 1982.

[3] KOTTER J P, HESKETT J L. Corporate culture and performance[M]. New York: Free Press, 1992.

[4] 林雅文，陈歆怡，黄雨婷，等. 企业文化引领"管理+技术"创新双轮驱动模型构建及机理研究：以双枪科技为例[J]. 中国中小企业，2022（12）：134-137.

[5] HANDY C. Understanding organizations[M]. New York: Oxford University Press, 1993.

[6] 陈虹宇. 强势文化与企业风险管理研究：以海尔为例[J]. 中国市场，2022（33）：107-110.

[7] 张云霞. 论民族文化对企业文化建设的影响[J]. 中国乡镇企业会计，2013（12）：231-232.

[8] 池喜生，易图强. 中外企业文化特点比较[J]. 商业经济研究，2015（19）：144-145.

[9] 金贤洙，彭剑锋，西楠，等. 企业文化适应性与危机管理研究：以三星集团为例[J]. 中国人力资源开发，2017（4）：122-129.

[10] 杨月坤. 日本企业文化的精神内涵[J]. 管理现代化，2010（2）：32-34.

[11] 杨维. 儒家思想在企业文化建设中的运用：以日本企业京瓷为例[J]. 国际公关，2019（7）：211.

[12] 杨月坤. 企业文化[M]. 北京：清华大学出版社，2011.

[13] 高江阳. 中外企业文化对比浅析[J]. 中外企业家，2013（15）：195.

[14] 吴树廷. 丰田企业文化及其对企业文化建设的启示[J]. 石油教育，2008（6）：102-104.

[15] 陈丽琳. 企业文化塑造的理论与方法[M]. 成都：西南财经大学出版社，2011.

[16] 金国军. 关于企业文化管理若干问题的分析[J]. 现代商业，2014（32）：170-171.

[17] 沈菏生. "无为而治"打造高效销售团队[N]. 企业家日报，2014-02-17（18）.

[18] 胡亚飞，苏勇. 中国情境下的国有企业混合所有制改革研究：以宋志平的管理实践之道为例[J]. 管理学报，2020，17（3）：317-327.

[19] 何晓芬. 发电企业文化建设的误区及其对策[J]. 湖州师范学院学报，2010，32（S1）：80-83.

[20] 李敏. 西方企业文化理论述评[J]. 辽宁行政学院学报，2012，14（11）：77-78.

[21] 陈步峰，杨文清，吴丽霞. 服务文化：全球竞争的通行证[J]. 有色金属工业，2004（5）：52-53.

[22] 陈慧君. 西门子企业文化在中国的应用之道[J]. 经济视角（中旬），2012（2）：76-77.

第三章
企业文化的基本体系

那些伟大的组织之所以伟大，不仅仅是因为它们所具备的能力，还因为它们的个性。

——惠普公司前董事会主席兼CEO　卡莉·菲奥莉娜

 学习目标

- ➤ 掌握企业精神文化的内容、特点和作用
- ➤ 掌握企业制度文化的内容、特点和作用
- ➤ 掌握企业行为文化的内容、特点和作用
- ➤ 掌握企业物质文化的内容、特点和作用

引例

小米公司的企业文化体系[1]

成立于2010年的小米公司，创立之初便把业务核心聚焦于智能手机及由其延伸的智能家居生态链之上。经过十余年的拼搏发展，目前小米公司市值已达680亿美元，成功跻身世界500强企业行列，已然成为国内乃至国际创新型科技领域的一大翘楚。

小米所取得的巨大成功，与其背后所搭建的系统性企业文化体系具有密不可分的关系。相比于大部分公司的企业文化建设工作仅仅停留在"喊出口号"，小米尤其重视成体系的企业文化系统构建，在物质、制度、理念多个层次均营造了独属于小米公司的企业文化氛围。

首先，就物质文化建设而言，小米不仅通过明显的"MI"标志打造企业特色logo，更是为企业专门打造了"米兔"这一企业吉祥物形象，努力通过物质符号向外传递公司努力拼搏且富有亲和力的企业状态。而在公司内部，为确保员工专注工作，小米专门打造清河总参办公区域，在办公环境中营造艺术氛围，力求员工能像艺术家对待艺术一般追求极致工作。

其次，小米也构建了公司自身的制度文化系统，不仅搭建了充分提高沟通效率的扁平化组织结构，营造轻松的工作氛围，而且由于公司坚持以顾客为导向，将用户满意度视为最重要的指标，因此公司在管理制度上并未采用KPI（关键绩效指标）考核体系，员工需要依靠强烈的自我驱动确保用户体验超出预期。与此同时，小米也通过全员持股计划等方式完善企业激励机制，进一步将企业制度文化框架构建成型。

最后，小米也意识到，"口号"文化对于企业是有用的，但要真正激发员工的工作热情，提升员工的工作动力，企业的理念文化也需要分层次进行建设。企业确定了"为发烧而生"的企业使命，为实现"让科技改变生活，造福人类"的终极目标，企业必须将"让用户参与，为用户创造价值"的客户导向理念贯穿于公司价值体系，确保员工始终将提升用户体验感作为工作的最原始要求。在切实的执行过程中，小米公司也十分倡导极客文化，要求员工必须严苛进行产品设计工作，并与用户形成良性互动，让消费者有效参与到生产过程之中。而在服务时，小米公司也通过线上线下多渠道结合的形式，大力打造专属于小米的"米粉"文化，通过企业与用户的亲密互动擦亮小米的"服务名片"，为企业进一步发展奠定良好的群众口碑和市场基础。

由小米公司的案例可以看出，企业文化的建设并非仅仅喊出一句口号那么简单。作为企业的一项战略活动，企业文化的构建工作若想发挥其应有功效，必须基于系统思想进行充分构建。一般而言，企业文化的基本体系主要由企业精神文化、企业制度文化、企业行为文化和企业物质文化四大部分构成，四大文化维度必须相互统一、彼此促进，才能确保企业文化真正激励人心，达到凝魂聚气的效果。本章将针对企业文化的精神层次、制度层次、行为层次和物质层次进行详尽描绘，以帮助读者充分勾勒企业文化系统画像。

第一节　企业精神文化

企业文化的精神层次、制度层次、行为层次和物质层次四个层次保持着各自独立性的同时，也通过有机联系形成系统整体结构。其中，精神文化和制度文化不断渗透于物质文化和行为文化之中，行为文化是制度文化的具体表征，制度文化虽然由物质文化决定，但实际上也应以一定的精神文化为基础。在整个企业文化体系之中，企业的精神文化处于核心地位，组织最终能否形成独特的企业文化体系，很大程度上取决于组织是否树立了清晰的企业精神文化。

一、企业精神文化概述

企业离不开人，人都有自己的意识、观念、思想和灵魂，而企业的领导与员工共同构筑的企业精神文化，就是企业层面的意识、观念、思想和灵魂。企业精神文化经常潜移默化地影响着一个企业的精神面貌、经营战略和决策风格，那么企业精神文化究竟是什么呢？企业精神文化是企业在内外环境的影响下，在生产经营过程中形成的具有本企业特色的意识形态和文化观念。精神文化包括企业未来的愿景、企业价值观和企业伦理等[2]。对于企业精神文化的理解一般可以从以下四个方面来进行。

第一，企业的精神文化是由该企业的精神力量形成的一种独有的文化优势。精神文化的成形与聚集受到经营过程中社会意识形态、文化大背景的影响，因此精神文化的形成是一个长期的过程。

第二，企业精神文化具有稳定性。企业精神文化的形成需要较长时间的积淀，而在形成之后，企业精神文化便会显现出其独特的稳定性。这种稳定性并不意味着精神文化自形成之后便一成不变，而是会根据企业内外部环境的变化而不断进行细节动态调整。

第三，企业的精神文化是企业文化的核心所在。企业精神文化的发展决定着企业制度文化、行为文化和物质文化的走向，作为其他三大企业文化维度的总结和升华，企业精神文化在企业文化体系中起决定性作用。

第四，企业精神文化具有内隐性。在一般的认知中，人们常常认为企业愿景和价值观标语可以被明确察觉，因此企业精神文化具有外显性。事实上，这些标语属于物质文化的范畴，企业的精神文化常常需要通过企业的制度文化、行为文化和物质文化加以体现。

一般而言，企业精神文化由企业愿景、企业宗旨、企业精神和企业价值观共同构成，四个方面相互联系、相互影响。企业愿景和企业宗旨共同影响着企业价值观的形成，三者又共同影响企业精神，企业精神是企业愿景、企业宗旨和企业价值观的外在表现。本节将在后续内容中对企业精神文化的四个部分进行着重介绍，以帮助读者更好地理解企业精神文化子系统的深刻内涵。

二、企业愿景

企业愿景作为全体员工对未来的一种预期，是由组织成员共同制定，经由讨论而达成的共识。在愿景达成之后，组织负责人需向组织所有成员传达企业愿景的明确陈述，并将愿景切实转化为组织各层次的行动方案，方能推动愿景的具体实现。

（一）企业愿景的内涵

企业愿景是企业内部全体成员对企业未来发展的共同期望，反映组织全体成员对组织发展的抱负与信念，是企业文化精神层级的最高归宿。企业宗旨应围绕着以下问题进行讨论并给出明确回答：企业存在的价值是什么？企业能否为社会发展贡献自己的力量？作为企业生存发展的目标定位，企业宗旨须为企业建立一套生产经营的指导思想、原则、哲学和方向等，它可能不是企业发展中某个具体的战略目标，但是它能影响企业经营的决策思维。

一般而言，合适的企业愿景应具有前瞻性或开创性的特点，若企业愿景仅仅停留于企业中短期发展规划，那么该愿景目标便无法为企业指明长期努力的路径方向，其向导作用将因为规划时间的缩短而大幅削弱。因此，立位高远成为企业愿景制定的首要要求。当然，放眼未来并不意味着好高骛远，只有使企业员工相信可以通过共同的努力所实现的愿景才是符合企业发展实际的合适愿景，企业制定愿景时须充分权衡宏伟性和可实现性。不仅如此，企业愿景并非由企业所有者个人所有，作为企业全体成员的共同期许，企业愿景的制定过程须确保内部成员的共同参与和沟通共识，只有得到企业员工的一致认可与信任，确保将个人的职业规划与愿景纳入企业愿景的体系之中，才能真正发挥企业愿景的作用。

（二）企业愿景的功能

作为企业员工共同价值观的集中体现，企业愿景只有确保被企业全体成员共同认可且拥有，才能保证企业长期健康成长。若企业认为只有生产经营带来的利润增长才是企业发展的根基，而企业愿景没有设立的必要，又或者企业愿景的制定未能得到全体成员的一致认同，那么企业愿景也将失去其应有功效。具体而言，企业愿景对企业生存发展存在以下四种功能。

1. 整合功能

现代企业尤其注重员工个人的发展，员工也有自身独特的职业生涯规划和个人发展愿景。为确保企业员工勠力同心，企业需要通过企业愿景充分整合员工个人愿景，保证企业员工共同、主动投入生产经营活动之中。企业愿景的整合功能能够确保员工在充分实现自身价值的同时，努力为企业共同目标齐心奋斗，实现个人价值和组织价值的高度统一。不仅如此，企业愿景更能够对员工个体起到软约束的作用。由于企业制度并非尽善尽美，部分员工可能常常试图抓住制度漏洞以谋取个人私利。然而，企业愿景的制定确保了个人利益与集体利益的高度统一，这使得个人机会主义行为得以有效规避，企业愿景的整合功能无形之间也得以发挥出附加的制约作用。

2. 协调功能

企业愿景的协调功能体现在对内部利益相关者和外部利益相关者的双重协调之上。利益相关者是指与组织有直接或间接利益关系的其他群体或个人。对于企业内部利益相关者而言，由企业愿景的内涵可知，企业愿景的制定是在统筹协调所有员工个体的个人愿景基础上形成的，在这一过程中，员工的个人利益已在制定过程之中得以充分协商折中。而对于外部利益相关者而言，外部利益相关者的诉求需要在企业愿景中得到充分的反映，如果其利益诉求无法得到满足与尊重，则企业愿景将无法得到外界的充分肯定。

3. 价值提升功能

企业的存在是为促进社会幸福，寻找、挖掘并创造新的财富来源，企业愿景设立的目的便在于将企业的存在价值发挥到极致，不断提升企业存在的本质理由和信念。不仅如此，在全球化和信息化时代，企业存在价值被赋予了更多的时代内涵。随着企业经营范围的不断外扩，跨国公司已然成为推动世界经济发展的重要组织力量，生产经营地域局限的突破也使得企业运行需要考虑更多利益相关者的利益诉求，将维护全球环境和承担国际社会责任等内容置于企业存在价值之中，企业存在价值内涵的不断完善也促使企业愿景更加高远，从而促使价值提升功能不断提级。

4. 危机应对功能

现代企业面临的市场环境复杂多变，高度的环境不确定性使得企业生存发展常常面临诸多危机。而明确的企业愿景能够保证企业在危机之下从容应对，为企业摆脱困境保驾护航。如果企业缺乏明确的企业愿景，当危机到来之际，企业将出于简单的应激模式而做出即时性反应，这些行为大多只是为了摆脱已经到来的经营危机，埋头救火式的行为不仅使得企业疲于奔命，更可能致使企业缺乏将危机转化为动力的能力。相反地，明确的企业愿景的存在将确保企业在危机到来时坚定未来发展方向，并以此为指引，做出更具全面性的危机应对战略布局，在帮助企业顺利渡过难关的同时，促使企业在未来以充足的动力向远景目标进发。

三、企业宗旨

企业宗旨回答的是"企业为什么存在"这一问题，解释的是企业从事生产经营活动乃至其他一切活动的根本原因，它代表着组织中的共同抱负和最基本的认同感。企业宗旨不仅界定了企业的生产经营及服务范围，同时描绘了企业力图向外界传达的组织形象，更反映了企业领导者规定的价值观和指导原则。

（一）企业宗旨的内涵

作为企业生产经营的总指导思想，企业宗旨是指企业对于其存在目的和对社会发展某一方面所做贡献的陈述。在美国管理大师彼得·德鲁克看来，良好的企业宗旨陈述应包含以下五个方面：企业是什么及希望成为什么；允许企业创造性发展和限制企业从事的冒险活动；区别本企业和其他企业的本质特征；能够用于评价企业现时及未来活动的标准；清晰明了且容易被企业所理解的内容。曾有研究针对企业宗旨所应包含的具体内容展开调查，发现美国排名前一千的企业，其企业宗旨一般包括自我认知、经营哲学、生存、产品和服务、技术、公众形象、顾客、地理位置、员工九大关键要素[3]。当然，对于特定企业而言，企业宗旨所包含的内容不尽相同，不过都应当做到以下几点。

1. 企业宗旨应明确企业存在的理由

企业的经营目的、经营范围、经营方式需在企业宗旨中得以明确体现，必须通过陈述性的语言让企业内部员工和外部利益相关者明白企业服务的需求对象是什么。不仅如此，企业宗旨还应包括企业相比于行业中其他企业的优势所在，其陈述应当解决企业所提供的产品如何更好地服务受众这一问题。如果企业宗旨无法表明企业存在的理由，那么企业甚至将无法明确自身存在的原因，其经营必将产生一系列难以根治的问题。

2. 企业宗旨需为企业生产找准形象定位，为企业确立经营基本思想

企业形象较为固定，且不易受外部环境变化影响，明确的企业形象在向外界公示后便无法随意变更。为确保基础形象定位准确，定位工作必须以企业宗旨为基础，在追求企业利益最大化的同时，兼顾企业社会责任，努力提升社会效益，才能有利于企业的长远发展。为此，形象定位应充分遵循企业宗旨指明的发展路径，在企业宗旨具体陈述中阐明企业生产经营的基本思想和原则，只有如此才能有助于树立稳定而良好的企业形象。

3. 企业宗旨需体现企业存在的社会价值

企业宗旨是企业社会关系及其核心价值观的集中体现，因此宗旨陈述应表明企业的社会责任乃至时代承担。比如，中国中车集团不仅将"生产一流的产品，拥有一流的技术，培养一流的员工"作为企业宗旨之一，还在企业宗旨中明确陈述"向用户提供最有价值的优质产品和服务"，更以"将企业打造成具有社会责任的行业先锋"的文字阐述表明企业勇于承担社会责任，明确企业社会价值塑造方向，层次分明的企业宗旨陈述也使

得中国中车在各个层面均具备明确的远大发展目标，助力企业产品出口全球近百个国家和地区，其动车系列产品更是成为向世界展示中国科技快速发展的重要名片。

例证 3-1

国内外知名企业的企业宗旨

（二）企业宗旨的功能

企业宗旨不仅可以为企业指明方向，还能让企业全体成员明白在组织中奋斗的真正意义，起到激发企业员工工作动力的巨大功效。规范的企业宗旨如果能够真实体现企业生产经营意图，对外宣传企业理性目标，那么将有助于企业塑造独特的竞争优势，从而为企业带来实质性的绩效提升[4]。

良好的企业宗旨应当正确体现对需求群体（即消费者）的正确预期。企业宗旨的存在使得企业构建成形后的第一步并非立刻开展实质性的产品生产活动，而是应当确认自身的用户群体需求，明确应生产怎样的产品、提供怎样的产品属性才能满足特定用户群体的需求。只有明确规定特定用户宗旨，才能确保企业在后期寻找到适合自身长期发展的稳定市场，不断探寻有助于企业突破性发展的市场增长点。

良好的企业宗旨能够提出企业的价值标准，保证企业成员对企业为目标发起的行动达成共识。对于企业存在目的的根本性表述是企业全体成员共同奋斗的价值标准，这种标准为员工乃至企业行为方式的选择提供了最为根本的规范准则与指导，让个人与整体均明确只有当特定行为符合企业宗旨要求时，才是有利于企业生存发展的正确举措。这样的价值标准不仅是日常生产经营的思想准绳，更有利于激励员工共同拼搏，为企业生存发展目标的实现而勠力同心。

四、企业精神

"精神"一词由人专属，企业精神这一概念相当于将企业人格化。企业精神不仅囊括了其应有的企业传统，也涵盖了企业所包容的时代意识与理念等。企业精神是企业文化的集中体现与高度浓缩，是企业文化的灵魂，更是维系企业可持续发展的精神支撑。

（一）企业精神的内涵

企业精神是指企业全体成员在长期的生产经营过程中，在企业价值体系的培育下形成的，并且经过企业家进一步抽象概括、总结提炼而成的企业整体的思想境界、精神力量与理想追求。它彰显着企业的精神风貌与风气，是企业员工进取心理的外化表现。

良好的企业精神具备以下共性基本特征：①企业精神必须具备客观性。企业精神是企业生产经营方式和员工生活方式的客观反映，因此只有正确反映现实、客观的企业精神，才能在复杂态势中正确指导企业经营生产。②群体性也是企业精神重要的特征。企业精神是员工共同的意识表达，只有成为企业全体员工的群体意识，才是真正意义上的企业精神。③企业精神实质上是时代精神的投射，是企业在时代精神上运用自身独特个性进行二次加工的产物，企业精神的提炼应当能让人感受到时代赋予组织及其员工的使命，体现出企业精神的动态性。

而在具体内容中，企业精神涵盖了奉献精神、参与精神和协作精神。首先，奉献精神直接与企业应当承担的社会责任相联系，折射出组织是否真正关心整个社会的发展前景。事实上，只有坚持与认可公众利益为上的原则，才能赢得公众的认可与赞誉，组织才能够得到长远而稳定的发展与利益。

其次，参与精神也是企业精神的重要内容。只有让员工共同参与到企业的管理过程中，发挥自身的潜能、得到可观的报酬，同时满足其更高级别的需求，企业才能大幅提高工作效率，不断降低企业运作成本，因此企业精神应当兼顾员工需求与组织效益。

最后是协作精神。在全球化大背景下，企业独自作战的模式已成为过去，协作是现代企业精神的重要组成概念。协作是大生产、社会化的基本要求，也是企业创造整体效益的必然途径。而在内部运作中，员工、部门之间的相互协作也是协作精神的重要体现，只有如此才能有效提升企业工作效率。

（二）企业精神的功能

企业精神一旦形成，将在组织中营造强有力的群体心理定式，能够通过坚定且明确的意志支配员工个人乃至企业整体的行为，也能在日常生产经营活动中通过潜意识影响个体和整体的行为抉择。企业精神的塑造不仅能够提高员工承担工作责任、修正个人行为的自觉性，还能起到精神激励作用，促使员工极力维护企业声誉，从企业预期前途出发贡献自身力量。一个具有激昂精神的企业，其行为选择自然是高水平的，员工能够齐心协力完成选择的价值目标；企业倘若缺乏足够强大的精神力量，不仅容易做出错误的价值选择，更可能导致企业缺乏足够强劲的原动力完成既定价值目标，企业精神的作用可见一斑。

企业精神最大的功能在于其形成的团队层面乃至组织层面的强大向心力，这是企业完成所制定经营目标必需的精神力量。在现代企业之中，企业员工不再被视为一个个简单的经济人而存在，每个人都有自己的想法与观点，社会人的属性使得员工不仅是最活跃的生产力因素，更是最难以把控的生产力因素。企业精神恰恰能够在激发企业员工主观能动性、提升员工士气的同时，引导员工群体建立共同的现实理想，既为员工带来信念、荣誉和鼓励，也以高扬的精神旗帜约束着员工的利己行为，最终成为凝聚全体员工意志的黏合剂，激发企业持久发展的恒久动力源。

五、企业价值观

价值观是指价值主体在长期的生活与工作中所形成的对某一价值对象总体的根本性看法，是一个长期形成的价值观念体系，具有鲜明的评判特征，是人们立身处世所不能或缺的依据。企业价值观便是个人价值观在企业组织层面的一大升华。

（一）企业价值观的内涵

企业价值观是以企业为主体的价值观念，是企业人格化的产物，是企业生产活动中对目标追求以及自身行为的看法与评价的总和。企业价值观是组织内部绝大多数人所共同持有的价值观，也是企业进行价值评价、决定价值取向的内在依据，强调企业的社会责任和社会价值。企业在注重企业价值观塑造的同时，也要倡导全体员工尊重、认可、推崇本企业的价值观。

企业价值观的形成过程既是价值选择的过程，更是群体价值认同的过程。作为企业员工认识体系中的深层内容，企业价值观是企业上、下级成员在对长期生产经营活动总结提炼的基础上，通过收集大量的感性材料，并对材料进行筛选、研究、加工和概括，经由实践到认识，再由认识到实践，从群众中来到群众中去的多次反复最终形成的思想结晶，具有高度抽象性和概括性的特点。而在企业价值观制定之后，其内化阶段便属于群体价值认同的过程范畴。首先，企业通过信息网络将包含企业价值观的具体内容进行传播，使员工能轻易接收到企业价值观的具体信息，借此促进员工的认同感；其次，员工需在实践和理论的结合中领悟价值观的精髓；再次，企业应促进员工对企业价值观的情感体验，从而使其对企业价值观产生更为正面的积极态度；从次，职员对企业价值观的态度将通过情感累积逐步成为员工的内在信念；最后，在员工将价值观信念化后，员工需要自觉将价值观视为日常工作的行动准则。

（二）企业价值观的作用

企业价值观主导着企业精神文化体系的诸多要素，这一核心地位是在与其他要素的相互联系、互相对比中体现出来的。企业愿景、企业宗旨通过企业发展的方向与目标体现企业价值观。换言之，企业价值观在一定程度上决定了企业愿景和企业宗旨的内容。企业精神更是以企业价值观为根本内容，作为企业价值观的依托和载体而存在。

处于企业精神文化核心地位的企业价值观对企业生产经营有着巨大的贡献，它决定了企业经营性质和发展方向，在企业内部被视为组织成员的根本行为准则，而在企业外部又能体现企业互动的理想追求。作为组织长期经营活动的累积，企业价值观是企业成员们所认可的企业意义的终极判断。在实践中，一个适合组织的正能量价值观一旦确立，并被绝大部分员工所认同内化，则会保持一定的稳定性，对组织起到持久的精神支撑作用。许多优秀企业家认为，作为精神支柱的企业价值观是一个企业可持续发展最重要的条件。当企业管理主体将企业价值观作为经营活动所奉行的原则，企业价值观就会成为管理活动中的主导意识，在潜移默化中对各类生产活动产生影响。在对经营方案与决策、发展目标策略、绩效管理等进行价值评判的过程中，最能体现企业价值观的方案将会被选择，因此这些活动中价值观的导向作用尤为明显。

知名企业的价值观[5]

第二节 企业制度文化

企业制度文化是企业精神文化在规范逻辑上的具象体现。了解企业文化的制度层次有助于加强企业文化各个组成部分之间的联系，并且促进对企业文化内部逻辑机器及其运作方式的掌握。本节在对企业制度文化进行概述的基础之上，着重对企业制度文化的主要内容进行详尽介绍，并提出企业制度文化的建设路径。

一、企业制度文化概述

企业制度文化是企业文化的重要构成部分，是企业文化中内涵层次最为丰富的约束系统。企业制度文化是企业的各种规章制度以及这些规章制度背后所遵循的理念，包括企业组织结构、各种管理制度、企业领导体制和生产流程等。

在广义上，制度是一定环境条件作用下而形成的礼俗、法规等规范或规格，在组织中，制度是指组织成员共同遵守的行为准则和工作规程。作为对企业和员工给予一定限制的文化类型，企业制度文化是具有共性的、强有力的行为规范，其规范性带有一定的强制性，企业中的每个个体都需要受到来自企业制度文化的明确约束。作为一种规范性文化，企业制度文化确保企业能够在复杂多变的市场环境中保持规范的生产管理流程，明确各岗位、各员工的经济责任，进而确保企业目标的实现。

（一）企业制度文化的特点

企业制度文化以企业制度为基础，而又抽象于制度，因而其不仅具备企业制度的部分特征，还具有一般文化类型的流动性与复杂性。一般而言，企业制度文化具有以下特征。

1. 强制性与自律性

由于制度规章管理偏向外在的硬性约束，因此企业制度本身对于企业成员而言具有类似法律法规的强制性。而根据社会人的经济学假说，企业内部员工具有较大的个体差异，均具备异质性的情感与思想。因而对于员工而言，其精神诉求能否得到重视与满足是极其重要的。因此，企业制度不能单单依靠强制员工遵守，而是要靠员工发自内心的认可与自觉行动。

若要使企业制度文化真正被员工内化为其个人的价值观，进而调动其工作积极性与自主意识，首先需要树立制度文化的权威性。而制度权威性的树立必须以员工对其制度的广泛认可为基础，只有被广泛认可的企业制度文化才能成为企业内部的行为准绳。当企业的规章制度被员工所认同，成为其内部共识与自律意识时，员工自身约束力与其内在自我要求之间的界限将变得模糊，员工将在企业制度的督促下实现自我监督与互相监督的融合。

2. 抽象性与相对具象性

企业制度文化的抽象性使其对员工而言"捉摸不透"，其精神实质往往可意会而不可言传。隐藏在制度形式下的精神内核才是企业制度文化的实质内容，但由于企业制度文化的实质不易被广泛解析，因而往往只能通过浅显通俗的制度形式进行文化输出。由于企业制度文化往往需要以明文规定的管理制度与流程作为表述，因此，不同于企业文化类型，企业制度文化的相对具象性更加明显。

3. 中介性与相对独立性

对于企业制度文化中介性的理解可从以下两个方面进行：其一，对企业制度文化含义而言，企业制度文化本身便是作为企业文化中人与企业制度、人与事物的中介而存在，通过制度文化的不断完善，企业中人与物的关系才能得以明确确立；其二，企业制度文化是物质与精神文化的中介，是二者的结合部分，作为企业中"经济人"意识思维的输出，企业制度文化又是由一定的"物"的形式所构成的，但不完全属于实体物质的范畴。与此同时，企业制度文化还具有一定的相对独立性。企业制度是企业长期经营生产所沉淀的产物，具有其客观合理性，因而不会因外部环境的轻微变化而轻易改变。

（二）企业制度文化的地位与作用

企业制度文化通过让员工在有限制的行动范围内进行一系列生产行为，帮助企业进行明确且有依据的企业管理行动，并且兼顾人文理念，实现员工和企业双赢的局面，从而真正提升企业的综合竞争力。

1. 企业制度文化是企业文化的重要组成部分

企业制度文化处于企业文化四层次结构模型中的第二层。一方面，企业制度文化以明确的程序与标准将企业经营生产活动规则具象化，形成"制度管人，流程管事"的双轨格局；另一方面，它将企业的精神与理念通过制度外化出来，成为企业文化建设工作执行时的重要参考依据。

除此之外，企业制度文化还是企业文化中最为"刚柔并济"的约束系统。从这一角度来看，企业行为文化是企业文化的实施底线，精神文化是纯粹的软约束，而物质文化则是有关于器物的文化，只有制度文化既能通过刚性的制度约束员工，又能通过柔性手段实现激励员工的目的。

2. 企业制度文化是塑造企业精神文化的重要机制

作为企业文化的总纲领，企业精神文化包含了企业愿景、企业价值观、企业经营理念等内容，但其文化"软性"使得企业精神文化必须寻求规章制度制定与执行的帮助，才能使得企业精神文化建设得以实现。反过来说，作为企业精神文化的重要塑造机制，企业制度文化必须满足精神文化的需求。好的企业制度文化能够与精神文化高度匹配，真切反映出精神文化的内在需求；反之，若二者脱节，那么必然会导致企业出现自上而下的管理障碍，进一步阻碍企业的正常发展。此外，制度文化也会反作用于精神文化。在企业制度文化发展运行的过程中，高效管理策略、规章制度的优越性往往在管理实践中被证实，它们也会自下而上地发展，不断充实企业精神文化内容。

3. 企业制度文化是企业行为文化与企业物质文化得以贯彻的保证

企业行为文化内涵中包括企业为规范员工行为而制定的行为规范，因而必然要依靠企业规章制度加以体现。企业行为文化建设成效如何、企业员工士气是否高涨、员工之间的人际关系是否和谐、企业经营行为是否具有充分活力，这些均与企业制度文化的保障作用不无关系。

而作为企业制度文化存在的前提，企业物质文化是企业文化四层次体系中唯一的"有形"层次。企业制度文化是"有形"与"无形"的结合，是企业物质文化与企业精神文化、企业行为文化的有效连接，能够确保企业在有限的有形物质条件下产生巨大的无形精神力量。

二、企业制度文化的主要内容

企业制度文化主要包括企业领导体制、企业组织结构和企业管理制度三个方面内容。其中，企业领导体制作为企业领导活动的载体，是企业领导关系制度化和体系化的体现；企业组织结构则包括正式组织结构和非正式组织结构；企业管理制度是最易被感知的企业制度文化内容，其各项规定和条例为企业生产经营行为提供充分的规范性保障。

（一）企业领导体制

企业领导体制是企业领导结构、领导制度、领导方式的集合，它以严格制度保证企业领导活动的一致性和稳定性，是在领导者和被领导者之间建立起企业管理关系的重要桥梁，是企业制度文化的核心内容。任何企业的领导活动都不是千变万化的，企业内部的领导层次、领导范围等相对稳定，因而需要通过企业领导体制建立起相对固定的企业规则，保证企业领导关系和职责的稳定性，进而确保企业领导管理活动的顺利进行。

作为企业领导结构、领导制度、领导方式的集合，领导制度是企业领导体制的主要内容。事实上，企业领导体制的主要任务便是用制度化形式规定企业内部的领导关系、领导形式、领导机构和领导权限等具体内容，只有明确遵循管理等级、沟通渠道和指挥链条的规范化，领导活动才能符合企业制度文化的要求，因此确立企业领导制度是构建企业领导体制的首要任务。

而作为企业领导体制的另一大重要内容，企业领导结构明确规定了企业部门之间的相互关系，包括纵向联系和横向联系，其中，纵向联系主要是指隶属领导关系，而横向联系则明确规定平行部门之间的协作方式。事实上，除领导制度和领导结构外，企业领导体制还需要对领导跨度、领导层次、领导权限等做出明文规定。领导跨度是指领导者直接领导指挥的下属数量与范围；领导层次是指企业系统的领导管理具体层级；领导权限则是对领导者的职责权限做出明确规定，以岗位责任制的形式明确领导者的领导范畴。

（二）企业组织结构

企业组织结构是企业为有效实现企业目标而设置的各种内部组成单元及其关系。企业的组织结构在一定程度上受到企业领导体制、行业性质、生产技术、民族传统以及员工的思想文化素质的制约。科学的企业组织结构可以在保持各个子系统协调运转之余，充分发挥系统的整体效用，达到"1+1>2"的企业系统运作功效。

企业组织结构的产生源于人类共同劳作的发展。随着经济社会的不断进步，劳动分工日益明显且细致，专业化要求的不断提高要求企业必须有效协调各部门之间的关系，有效发挥各部门中各成员的才智，才能不断提升企业细化部门的专业水平。不仅如此，企业还必须通过组织架构的合理设定，以部门间的有效沟通合作促成各部门协同发展，从而发挥企业组织的系统力量，达成企业既定的整体目标。

作为企业组织有机体的骨骼脉络，组织结构只有满足企业生产经营需要，才能真正实现企业整体目标。对于在管理实践中已被证实不符合企业管理需要的、落后的组织结构，则必须及时加以改革。虽然企业可能会因组织结构变革而付出巨大的变革成本，但落后的、不合适的组织结构将成为企业发展的严重结构性障碍，两相权衡，为保证企业系统下各子系统有效协调运转，企业组织结构变革是必要的。

例证 3-3

杜邦管理模式的变革[6]

（三）企业管理制度

企业管理制度是企业通过一定程序所制定的管理准则，明确规范企业及其员工在生产经营活动中的强制性义务，如企业生产管理制度、人事制度、劳动关系管理制度等均属于企业管理制度范畴。作为企业生产经营活动的必要保障，企业管理制度确保企业员工生产经营行为具备明确的规范模式，在保证员工能够合理开展生产经营活动的同时，以强制手段维护企业员工的合法权利。

一般而言，企业管理制度包括一般制度和特殊制度。其中，一般制度涵盖了企业工作制度及责任制度，工作制度对企业工作流程及程序进行明文的管理规定，确保工作内容和范围清晰，保证工作程序稳定，明确各项工作的具体工作方式；责任制度则对各部门、各员工的工作责任及其相应权利进行明确确定，通过责任制度的建立，将企业目标细分至每个人的工作职责之上，确保"事事有人做，人人有责担"。而特殊制度则是企业独有的个性化制度，是企业管理特色的重要表现形式。具有良好企业文化氛围的企业必将尤其注重特殊制度建设，在彰显企业文化特色之余，以特殊制度不断提升企业核心竞争力。相比之下，文化匮乏的企业往往忽视特殊制度建设，这使得企业管理制度只存在一般制度框架，制度个性化和动态性的缺乏使得企业难以在竞争环境快速变化的现代市场中生产或发展。

第三节　企业行为文化

企业行为文化是指企业全体成员在生产经营活动中形成的活动文化，主要包括企业经营、企业人际关系活动乃至文体活动等文化现象。作为企业经营风貌的动态体现，企业行为文化是企业作风和员工素养的集中体现，是企业精神和价值观在企业成员日常行为中的折射。本节将着重介绍企业行为文化的内涵、地位与作用，并且详细阐述企业行为文化的具体内容。

一、企业行为文化概述

企业行为文化是企业文化的重要组成部分。在企业文化体系中，企业物质文化属于最外层，而企业行为文化则是处于企业物质文化之上的第二层次。在了解企业行为文化的具体内容之前，我们必须对企业行为文化的整体内涵加以把握，清晰了解企业行为文化的典型特征，充分理解企业行为文化对于企业文化体系构建乃至企业整体发展的重要作用。

（一）企业行为文化的内涵

作为企业文化的行为层，企业行为文化是企业及其员工在生产和运营服务、人际关系活动、学习和娱乐中所采取的行为活动的总和，它是企业精神文化和制度文化的行动体现，具有一定的直观性和形象性。企业整体行为、企业家行为、企业榜样人物行为和企业雇员的集体行为，都是企业行为文化的重要表现。

企业行为文化是企业管理风格、精神面貌和人际关系的动态体现，也是企业家精神和企业价值观的真实表达。企业行为文化反映了公司的业务风格、业务目标、员工的文化素养、员工的精神面貌和其他文化特征，直接影响着企业运营发展和业务活动开展的有效性。

作为通过企业中个体行为所表现出来的企业文化形式，企业行为文化具有以下两大特点：①企业人格化。这是企业行为文化的最大特点。作为一个抽象概念，企业组织本身并没有思想和意识，然而其构成主体是一大批具有思想和意识的个人，这些个体具有统一的利益追求，并以此为基础，将个体行为进一步塑造成为企业组织的统一行为。因此，从根本上讲，企业行为文化是使公司人格化、赋予公司人类行为特征的文化类型。②企业行为文化由企业内部个体的思想和意识所决定，行动的产生往往需要以思想的发挥为基础前提，公司的行为受企业家意愿、员工思想乃至组织集体意志支配。如果企业家和员工想要达成行为层面的高度统一，就必须受到企业共同意愿的指导和约束[7]。

（二）企业行为文化的地位和作用

1. 企业行为文化的地位

在企业文化体系之中，企业行为文化与企业精神文化、企业制度文化和企业物质文化相互联系，密不可分。

企业精神文化对企业行为文化具有支配作用，而企业行为文化又能成为窥探企业精神文化的一面镜子。

企业制度文化以强制性要求不断规范着企业及其员工的日常工作行为，使得全体员工在行动上保持高度一致，当然，企业制度文化的刚性特征也使得其无法深入企业生产经营的每一个角落，因而企业行为文化可以通过培养企业员工养成自觉行为，弥补企业规章制度的相对缺位。

企业物质文化是企业行为文化的重要载体，企业员工的各种行为只有借助具象的器物才能得以表现，反之，如果脱离了企业及其员工施加的各项生产经营行为，企业物质文化将沦为一件冰冷的器具，无法发挥其强大的生产功能，企业物质文化建设更是无从谈起。

2. 企业行为文化的作用

（1）企业行为文化是企业文化的重要载体。员工是企业文化建设的主体，他们的行为在很大程度上传达了丰富的企业文化信息，是企业文化的重要支撑和真实体现。事实上，根据员工做事为人的行为表现，可以在一定程度上对企业的文化建设工作做出定性的判断分析。因此，从这一角度，企业行为文化不仅是企业文化的重要组成部分，还是企业文化传播的重要渠道。

（2）企业行为文化建设是企业文化观念实施的重要环节。没有行为和规范，思想和制度都将沦为空谈。在企业文化的构成中，价值观与理念是企业文化的核心，并指导企业所有思想的发展；制度是理念的明晰，直接调节和限制企业员工的行为；物质文化是人们可以看到、听到或感觉到的公司文化的物化表现。这三个文化层次都需要通过行为文化加以表达。企业行为是企业核心价值和企业制度融合而生的结果，如果企业行为与企业精神、价值观和制度不一致，那么理念将变成泡沫，而企业制度也将成为一句句没有现实行动意义的空话。

二、企业行为文化的内容

企业行为文化是企业成员在生产经营、娱乐学习中产生的活动文化[8]。总体而言，企业行为文化的参与主体包括两个主要类别：企业整体组织和企业个体成员。因此，企业行为文化主要是由企业组织行为与企业成员行为所形成。

（一）企业组织行为文化

企业人格化是企业行为文化的一大重要特征。作为现代经济组织，企业本身并没有思想和意志，其思想意识主要由其个体思想汇聚而成，进而影响着企业整体行为的发展。根据具体行动内容，企业组织行为文化可分为生产经营行为文化、公民行为文化、宣传教育行为文化、公共关系行为文化。

1. 生产经营行为文化

产品生产经营始终是现代经济组织的核心任务，因而由此所延伸出的生产经营行为文化便成为企业组织行为文化的核心内容。企业生产行为需要回答以下问题：生产什么样的产品，生产什么质量的产品，产品服务的范围是什么，等等。企业生产经营行为不仅必须在国家法律法规规定的范围内进行，而且不能够违反社会公德。除了产品，服务也是企业生产的重要产出。在生产经营行为文化中，服务行为包括服务仪态、服务语言、服务人员责任心等。

2. 公民行为文化

企业公民身份是公司（商业利益主体）和公民（社会责任主体）的有机结合，企业公民行为便是同时实现商业价值和公共价值的表现形式。企业公民行为有六个要素，即六个"善待"：善待客户、善待职员、善待环境与资源、善待股东、善待合作伙伴、善待整个社会。从善待的六个角度来看，企业公民行为与企业社会责任要求是一致的。

企业公民行为文化强调不能脱离经营实体（企业）这一存在前提来研究社会责任。而"企业公民"与"企业社会责任"之间的主要区别是，企业公民首先将企业视为特定商业生态和社会生态中的主体，强调商业价值与社会价值、社会利益与商业利益的整合。只有在社会生态与企业生态相结合的背景下谈论企业的社会责任才有意义。否则，仅仅聚焦于社会责任将导致企业陷入经营困难或声誉受损的境地。

3. 宣传教育行为文化

促进企业文化发展应不断加强对员工的教育和培训。企业不仅要注意文化建设的初步宣传和培训，而且要注意后续的互动和规范。企业需要采取奖励、宣传和鼓励模范人物的杰出表现等有效行为，通过不断地进行广告宣传和教育，使更多的员工参与企业文化建设，使企业文化的主张得到巩固和加强，最终将企业倡导的文化融入员工的"血统"中，体现在员工个体的行为文化中，真正赢得"文化效应"。

4. 公共关系行为文化

公共关系行为是组织有意识地开展活动，以改善自己公共关系状态的行为。企业开展公共关系活动的主要目的在于提高公司名望和声誉、树立产品形象、宣传公司文化，不断促进企业公共关系社会化。在一般认知中，企业公共关系行为的对象是企业外部利益相关者，然而，在企业内部，公共关系同样存在。企业内部公共关系行为包括领导与被领导关系的行为、股东之间关系的行为、生产经营活动的划分以及协作行为。在内部公共关系塑造中，企业应尤其注意非正式群体的存在，积极疏通非正式信息沟通渠道，发挥非正式团体的积极作用。只有采取适当公共关系行为，不断促进企业内部公共关系优化，才能有效培养员工的归属感，提高企业声誉、员工自豪感和主人翁意识。

例证 3-4

中国平安保险集团的四大行为文化[9]

（二）企业成员行为文化

企业个体在企业中的地位不尽相同，不同个体所产生的行为因其地位差异也会形成不同类型的行为文化。根据企业成员在企业中的相对地位，企业成员行为文化可分为企业家行为文化、企业模范人物行为文化、企业普通员工行为文化。

1. 企业家行为文化

企业家是企业的领导人，也是企业行为文化建设过程中的组织者与播种人。从行为文化角度而言，企业家的创业行为实践是企业文化的重要基础，其身体力行更是企业文化发展的重要推动力量。通过言传身教与积极倡导，企业家行为能够有效推动企业文化在更大范围内被企业员工所认同。

企业家行为的主体既可以是企业家个体，也可以是企业家群体或阶层。从事特定经营活动的企业家在长期的生产经营和日常生活之中，形成了独特的企业家行为文化，特定的环境条件和企业家个人人格共同决定了其行为的发生。对于企业家行为的考察，尤其应注意社会刺激对企业家行为的综合影响。社会刺激包括社会情境和社会文化环境，前者是指与企业家直接发生关系的其他个体，对企业家行为的影响是直接的；后者包括社会法律制度、政治制度、经济制度、社会风俗等，对企业家行为产生间接而复杂的影响。

2. 企业模范人物行为文化

企业模范人物是在企业的生产经营活动中涌现出的一批具有较高思想水平、商业技术能力和卓越绩效的劳动模范、骨干和英雄，他们是企业其他员工学习的榜样、标杆，在企业行为文化建立中充当领路人的角色。

榜样的力量是无限的。企业模范人物的行为对员工群体的行为感染力十足。作为企业价值观的化身，企业模范人物的行为特征往往是企业价值观的具体表现，企业能够通过模范人物宣扬企业所倡导的价值观和生产经营理念，对企业模范人物行为的"规范化"使得企业价值观的"人格化"属性不断凸显。

企业模范人物可划分为以下七种类型。

（1）领袖型模范人物。该类模范人物具有较高的精神追求，其价值观念体系相对完善，往往能够通过魅力十足的领导行为帮助企业获得可持续发展。

（2）开拓型模范人物。该类模范人物不满足于现状，勇于开拓创新，其强烈的竞争意识能够确保不断开发新领域，达到高度生产水平。

（3）民主型模范人物。该类模范人物具有较强的人际关系处理能力，善于在员工之间进行协调磋商，不断汇集员工力量，将员工个体的微小力量汇聚成为推动企业发展的强大动能。

（4）实干型模范人物。该类模范人物主要聚焦于自己的特定工作领域，专心致志地将自身的本分工作做到极致，以螺丝钉精神不断在特定领域中向下钻研，为企业贡献自己全部的力量。

（5）智慧型模范人物。该类模范人物知识渊博，思维发散，能够从工作中的细微之处探索到企业进一步发展的良好机遇。

（6）坚毅型模范人物。该类模范人物遇到工作困难时百折不挠，坚信一时的挫败是事业成功路上的垫脚石而非绊脚石，能够采取坚定行为在企业危难之际挑大梁，以坚定的意志帮助企业渡过难关。

（7）廉洁型模范人物。该类模范人物办事公正，刚正不阿，以一身正气为企业行为文化做出清廉表率。

3. 企业普通员工行为文化

企业员工是企业的主体，企业员工群体行为是企业行为的总体表现，是企业行为文化的重要构成。作为企业文化的创造者，企业员工身处生产服务前线，在用自己的辛勤劳作不断为企业创造物质财富的同时，也用自己的生产行为不断为企业创造精神文明。如果没有企业员工个体的日常生产经营行为，企业就没有生产经营实践，企业文化构建更是无从谈起，从这一角度出发，企业员工是企业文化的创造者，企业员工行为文化是构成企业文化的基础内容。

当然，在企业文化成形之后，员工将同时成为企业文化的创造者和承载者。企业员工不仅通过自己的生产经营行为不断创造企业文化新要素、丰富企业文化内涵，也在不断实践已经成形的企业文化，企业文化在此过程中不断提升员工的整体素质。也就是说，企业文化和员工发展在企业员工的日常生产经营行为中相互促进，共同提高。

第四节　企业物质文化

作为企业文化的物质层面表达，企业物质文化处于企业文化体系的表层，相比于核心层而言，企业物质文化更容易被观察和改变。身为企业价值观的外向表现，企业物质文化并不能被视为企业精神文化的附属产品，优秀的企业文化只有通过产品质量、服务水平、生产环境等具体物化形式才能被有效感知。本节将在介绍企业物质文化的含义基础之上，详细解析企业物质文化的具体特征和内容。

一、企业物质文化概述

（一）企业物质文化的内涵

通常而言，企业物质文化是企业文化的物质表达，它是由企业员工制造的产品和各种实际设施创建的产品组成的器物文化[10]。一般而言，企业物质文化包括两大部分内容：

①企业生产经营的物化结果,即企业生产的产品和提供的服务;②企业的工作条件和居住环境。企业物质文化显著的特点之一就是以金钱等物质为载体所表现出的"企业精神",包含企业产品、广告标识、工资奖金、劳保福利、文体设施、生产与安全设备、厂容厂貌等所传递的文化信息[11]。

企业内部所包含的物质器物多种多样,但单个器物的存在并不表征企业真实的物质文化,只有当所有物质器物共同构成一个有机的企业物质文化系统时,企业物质文化才真正得以产生。企业物质文化系统包括两大子系统:①基本要素系统,其内容主要包括企业名称、企业标准色、企业标准字、企业标志、标语口号等,这些是企业建立所必需的物质标志,只有确立上述基本要素,企业才能在市场中被有效辨识;②应用要素系统,在基本要素确定之后,企业需要将各基本要素进行有效组合,只有在企业办公用品、工作环境、产品包装、员工居住环境、企业文体设施中加以体现,才能真正发挥基本物质文化要素的价值。

(二)企业物质文化的特征

"物质文化"与"精神文化"相对,为了更好地把握企业物质文化的特点,我们需要首先掌握企业物质文化与企业精神文化的本质区别。物质文化是一种以物质形式存在的文化形式,因而物质是企业物质文化的基本属性。物质文化与精神文化之间的区别便是取决于其文化形式的内容和本质属性。物质文化的内容和本质属性是物质,可以从本质上满足人们的物质需求,而企业物质文化就蕴含在这种物质形式和物质需求中,人们需要从实体消费和体验中感知物质文化的实质。而精神文化中也有很大一部分采用某些物质材料作为承载物,但是与物质文化不同,精神文化的内容和本质属性是精神意识,它以满足人类的精神需求为重要追求。

企业物质文化具备如下三个特征。

(1)企业物质文化具有直观性。作为企业文化中最外化的层次,企业物质文化是一种直观的表层文化。作为企业文化的物质载体,企业物质文化可以通过产品、服务、生产环境、企业色觉系统、企业文化传播网络等具体物化内容被外界所直接感知,而并非像企业精神文化一般需要进行长期的熏陶才能理解企业文化中的思想内涵,这也是企业物质文化的最大表征。

(2)企业物质文化具有社会性。不同的经济发展水平和社会物质环境会使得各企业具备不同的物质条件,企业需要根据已有的社会物质条件进行企业物质文化构建,而无法脱离社会物质环境而单独成立。不仅如此,除了社会物质条件基础,社会思想基础也是企业物质文化社会性的重要体现,企业物质文化系统中的任何要素都不能违背社会思想文明基础,否则将会给企业带来严重危机。例如,在西方文化中,"13"往往被视为一个不吉利的数字,在这样的社会文化背景之下,西方企业在产品名称设计、企业标识设计等企业物质文化要素设计上都尽量避免该数字的出现,以免消费者对其产品、服务乃至品牌产生不好的联想。

(3)企业物质文化具有一致性。企业内部所包含的物质器物多种多样,为使这些物质器物形成有机的企业物质文化系统,各物质器物所传达的思想内涵必须保持一致,才能向外界有效传达统一的企业物质文化形象。不仅如此，企业物质文化的一致性还表现在其与企业精神文化、企业制度文化和企业行为文化的高度统一，只有实现各大文化层次的高度一致，才能确保企业文化形象相对稳定。

二、企业物质文化的主要内容

企业物质文化系统包括基本要素系统和应用要素系统两大子系统，企业需要在明确基本物质文化要素的前提之下，实现基本要素的有效组合应用，才能向外界有效传达企业物质文明。

（一）基本要素系统

基本要素系统是以企业标志、标准色、标准字体为核心展开的视觉表达、识别的系统，将企业文化内含的企业文化特质、企业精神、企业理念等抽象的概念蕴含其中，转化为外在表现形式，以塑造并体现企业形象。

1. 企业名称

企业名称在视觉识别系统中是非常重要的一个部分，与企业形象密不可分，也是通过文字表现企业文化的要素。企业名称不能转让，与企业法人共同存在，并随着法人的变更而发生改变。作为区别于其他企业的最关键文字符号，企业名称由企业所在行政区域、字号、行业和组织形式构成，字号是其中最具识别性的标志。作为企业识别要素中最重要的符号，企业名称必须简洁明了，才能有助于被市场所辨识且熟记。而在经济全球化不断发展的今天，企业名称更要走向国际，不断设置多种语种的企业名称文字。

2. 企业标志

企业标志是企业特定的符号象征，一般能够通过生动的造型、形象来表达企业的理念，表达产品特征、服务理念等相关信息。作为企业综合信息传播的重要媒介，企业标志是企业形象传递中应用最为广泛的元素。只有通过企业标志的不断刺激，受众才能清晰了解企业的强大实力和优质的产品服务。企业标志有以下几种常见的表现形式：①图形表现形式；②文字表现形式；③综合表现形式。

3. 企业标准字体

企业标准字体可能是中文字体、英文字体或其他文字字体。一般标准字体根据企业文化、地址、名称等进行一定的设计，进一步强化企业的品牌记忆和外在形象。标准字体的选择不是随意的，企业标准字体需要具备明确说明性，直接传达企业形象和品牌诉求。例如，对于科创型企业而言，灵动的标准字体样式更加符合企业形象，方正的字体样式则与企业属性的契合度相对较低，较难体现其强劲的企业活力。

4. 企业标准色

企业标准色指的是象征企业并且在视觉识别系统中应用于所有媒体宣传的色彩。标准色可以表达企业情感与属性，以色彩的具体感知激发利益相关者的心理感知，具有强烈的识别效应。企业的标准色最好能够将本企业与同行业其余竞争对手区分开来，以与众不同的视觉效果突出企业与竞争对手之间的差别。

5. 企业象征图案

区别于企业标志，企业象征图案是为配合其他基本要素的传播而设计的。由于企业标志一般要求以简洁形式表达企业形象，在进行宣传时，企业可选择性地搭配具有丰富造型的象征图案进行宣传，使得外界对企业形象的认知更加全面且具体。在具体表现形式上，企业象征图案与企业标志之间既要形成对比，也要保持协调，象征图案的具体内容应根据企业标志的内涵而设定，才能达到相得益彰的效果。

6. 企业标语口号

企业标语口号是企业根据自身经营生产活动的范围而设计的一种文字宣传标语。企业标语口号一般要求简洁且朗朗上口，只有准确且响亮的标语口号才能真正激励员工，更能够通过简洁的语言传递、表达企业发展的具体方向。作为企业形象的重要补充，优秀的企业标语口号能够帮助外界及时了解企业生产经营思想，使得企业在消费者心中留下难以磨灭的印象。

（二）应用要素系统

在基本要素明确的基础之上，企业还需要充分构建合适的应用要素系统，通过产品包装、企业物质环境、企业文化传播系统等物化渠道向内外部展示企业基本物质要素，真正建立起企业独特的物质文化氛围。

1. 产品包装

产品是消费者对企业的最真切体验来源，而消费者与产品的第一接触往往是产品包装的视觉体验。产品包装是在产品运输、销售过程中，企业采用特定方法和材料对产品所附装饰的总称。作为产品理念的直接传递，产品包装得当有利于外界通过产品直接、准确把握企业的形象定位，这种带有记号的形象定位是信息化的，能够在一定程度上涵盖企业所售商品的质量和价值。

2. 企业物质环境

企业物质环境主要由两个部分组成：①工作环境，如办公区间、产品仓库、生产车间等。企业的工作环境将直接影响员工的工作效率和心情，干净的工作环境使人们保持高昂的士气，而不良工作环境下，员工的工作积极性和工作效率必然被严重削弱[12]。②生活环境，如宿舍、公司餐厅、购物中心、运动协会、图书室、体育馆环境等。由于生活环境与员工生产工作并不直接相关，因而许多企业对生活环境建设的重视力度相对不足。然而，只有不断改善企业员工的生活环境，确保员工在工作之余能够在良好的环境下休息，进行相关文体活动以陶冶情操，才能保证员工拥有充沛的精力和高昂的热情继续从事相关工作。

3. 企业文化传播系统

企业文化传播系统是指企业以物化形式进行企业文化传播的媒介和工具，这是企业文化得以不断外扩和宣传的重要手段，是实现企业文化内化于心、外化于行的主要渠道。在企业内部，文化传播载体可以包括图书馆、企业刊物、企业宣传栏、企业广播等。而对于外界，为实现企业文化更大范围的传播，企业文化传播载体的内容更加广泛，诸如企业网站、企业广告、电视、微博等均属于该范畴。随着信息技术的不断进步，企业文化传播载体得以进一步发展，企业还可以通过微信公众号等自媒体平台和抖音等短视频平台进行企业文化传播。企业文化传播系统进一步走向网络化和虚拟化，网络信息技术的不断应用也使得文化传播的范围进一步扩大。

事实上，除了产品包装、企业物质环境、企业文化传播系统，企业物质文化的应用要素系统还包括其他许多具体内容。比如，由于工作需要，特定企业需要制定统一的工作服装，统一的服饰不仅暗示员工需要全身心地投入工作之中，还能够以统一的物化美感加强员工全体的团结程度，不断提升员工对企业的归属感；而在日常工作中，企业往往需要一系列辅助用品，如办公设备、财务用品、归档用品等都属于办公用品的范畴，这些也是应用要素系统的重要组成部分；在产品运输过程中，交通工具也是企业物质文化应用要素系统的一大内容，企业可通过运用标准色、标准字等统一交通工具外观，在产品运输过程中通过交通工具增强企业形象视觉效果的流动性。

本章小结

1. 企业精神文化是企业在内外环境的影响下，在生产经营过程中形成的具有本企业特色的意识形态和文化观念。企业精神文化具体包括企业愿景、企业宗旨、企业精神、企业价值观等。

2. 企业制度文化是指企业的各种规章制度以及这些规章制度背后所遵循的理念，包括企业领导体制、企业组织结构、企业管理制度等。

3. 企业制度文化具有强制性与自律性、抽象性与相对具象性、中介性与相对独立性的特点。

4. 企业行为文化是企业管理风格、精神面貌和人际关系的动态体现，也是企业家精神和企业价值观的真实表达，具体包括企业组织行为文化和企业成员行为文化。

5. 根据企业成员在企业中的相对地位，企业成员行为文化可分为企业家行为文化、模范人物行为文化、普通员工行为文化。

6. 企业物质文化是企业文化的物质表达，它是由企业员工制造的产品和各种实际设施创建的产品组成的器物文化，具体包括基本要素系统和应用要素系统。

课程思政

1. 社会主义核心价值观是社会主义核心价值体系的内核，是全党、全社会基本的价值导向，其核心内容与企业广泛开展的党建、文明创建、文化建设等工作方向一致、目标统一，有着千丝万缕的关系。只有借助企业现有的强大工作网络，将社会主义核心价值观融入其中，才能够起到全方位渗透、全方位践行的积极作用，收到事半功倍的良好效果。

2. 以人为本是科学发展观的核心，市场竞争，说到底是企业员工素质的竞争。企业的文化建设和思想政治工作都要以人为本，以尊重人、理解人、关心人、激励人为出发点，提高员工素质，调动和发展每个人的积极性、创造性，从而使企业不断壮大。

 网站推荐

中国企业文化促进会：www.cecia.cn。

 读书推荐

《阅读德企：德企文化与工匠精神》

本书由苏霄飞等人编著，于2021年由苏州大学出版社出版。

习近平总书记指出，文明因交流而多彩，文明因互鉴而丰富。作为世界企业文化建设的先进代表，德国企业始终坚持求真、严谨的意识，独特的德国企业文化和工匠精神也成为德国企业走向世界的一大精神力量支撑。本书在带领读者领略德国制造的风采基础之上，向读者全面展示德国企业精益管理文化、人才文化、管理文化，为中国企业高质量发展提供文化建设借鉴。

推荐理由：德国企业在江苏太仓的不断集聚使得该地形成深厚的国际产业土壤，也促成了德国双元制教育在此地的孕育和发展。本书以太仓本地的产业发展模式为出发点，结合作者对德国企业的实地考察经验进行讲述，是帮助广大读者了解德国企业文化和德资企业在太仓发展情况的通俗读物，也是中国企业学习德国企业精神的有效读物。

思考练习题

一、选择题

1. 企业制度文化的主要内容不包括（　　　）。
   A. 行为规范　　　　　　　　　　B. 企业领导体制
   C. 企业组织结构　　　　　　　　D. 企业管理制度
2. 企业成员行为文化不包括（　　　）。
   A. 企业家行为文化　　　　　　　B. 普通员工行为文化
   C. 模范人物行为文化　　　　　　D. 企业组织行为文化
3. 企业物质文化的基本要素系统不包括（　　　）。
   A. 企业标志　　　　　　　　　　B. 标准色
   C. 标准字体　　　　　　　　　　D. 工作环境

二、简答题

1. 简述企业行为文化的主要内容。
2. 简述企业精神文化的基本内涵。

3. 论述在信息化时代，企业应如何利用互联网等网络技术工具实现企业文化的有效传播。

学以致用

请和小组成员一同选择一个知名的企业，进行资料收集与调查，通过小组讨论的方式论述在企业发展过程中，其企业文化的各个层次经历了哪些变化。

案例分析

中石化的企业文化

讨论题：

请运用所学知识，分析中石化的企业文化所体现的精神文化内涵。

参考文献

[1] 肖丽娜，徐强强，林睿婷，等. 互联网时代优秀企业文化构建：以小米公司为例[J].科技创业月刊，2019，32（10）：68-70.

[2] 曾萍. 现代企业文化理论与实务[M]. 昆明：云南大学出版社，2014.

[3] DAVID F R. How companies define their mission[J]. Long range planning, 1989, 22(1): 90-97.

[4] KENNETH C, BAETZ M C B. The relationship between mission statements and firm performance:an exploratory study[J]. Journal of management studies, 1998, 35(6): 823-853.

[5] 李书文. 熵：一种新的创业方法论[M]. 北京：中国民主法制出版社，2017.

[6] 刘光明. 企业文化案例[M]. 北京：经济管理出版社，2007.

[7] 计岩. 刍议企业行为文化建设[J]. 吉林省经济管理干部学院学报，2011，25（3）：92-95.

[8] 刘光明. 现代企业文化[M]. 北京：经济管理出版社，2005.

[9] 中国平安. 平安企业文化体系[EB/OL]. （2020-04-04）[2023-08-29]. http://www.pingan.cn/about/ cultural-system.shtml.

[10] 郝臣，王全喜. 商学导论 [M]. 3 版. 天津：南开大学出版社，2018.

[11] 彭南林. 企业竞争的第 3 种力量：企业文化要素及其评价[M]. 北京：中央文献出版社，2014.

[12] O'HEOCHA M. A study of the influence of company culture, communications and employee attitudes on the use of 5Ss for environmental management at Cooke Brothers Ltd[J]. The TQM magazine, 2000, 12(5): 321-330.

[13] 黄心悦. Google 文化亲历记[J]. 企业文化，2006（9）：10-12.

第四章
企业文化诊断

文化的进步乃是历史的规律。

——德国哲学家、思想家　　约翰·赫尔德

 学习目标

➢ 掌握企业文化诊断的概念及原则
➢ 了解企业文化诊断的原因及意义
➢ 掌握企业文化诊断的程序、方法和工具
➢ 了解企业文化诊断的评估以及结果分析

引例

惠普文化：更高更好[1]

　　惠普创立于20世纪40年代，如今该公司在世界信息产业中已经成为商业巨头。在长达半个多世纪的经营中，惠普公司强大的企业文化系统在促进企业业绩增长方面起到关键作用。

　　公司创立伊始，公司的创立者们就明确了其经营宗旨：瞄准技术与工程技术市场，生产出高品质的创新性电子仪器。在这一经营宗旨上，惠普创始人惠利特与帕卡德建立起了共同的价值观和经营理论，即企业发展资金以自筹为主，提倡改革与创新，强调集体协作精神。这一价值观与经营理论同时体现在他们聘用与选拔职工过程中，换言之，他们是按这一价值观标准来聘用和选拔公司人才的。他们向公司员工大力灌输企业宗旨和企业理念，使之成为惠普公司的核心价值观。这种被称为"惠普模式"的企业文化更加注重顾客、股东、公司员工的利益要求，重视领导才能及其他各种激发创造因素。在这一文化系统中，惠普模式注重以真诚、公正的态度服务于消费者，在企业内部提倡平等与尊重。在实际工作中，惠普提倡自我管理、自我控制与成果管理，提倡温和变革，不轻易解雇员工，也不盲目扩张规模，坚持宽松的、自由的办公环境，努力培育公开、透明、民主的工作作风。惠普的企业文化及其在此之上所采用的经营方式极大地刺激了公司的发展，有力地促进了公司经营业绩的增长，公司在 20 世纪 50 至 60 年代的纯收入就增加了 107 倍。

20 世纪 90 年代以来，企业新一代决策者们保留了原有文化体系中被认为是惠普企业灵魂的核心价值观，并根据行业发展现状，摒弃了一些不合时宜的内容，在企业文化中不断加入新的内涵。在"更高更好"的企业文化推动下，惠普在 20 世纪 90 年代得到又一次空前发展。自 1995 年起，惠普的市场份额进一步扩大，年收入从 31 亿美元增加到 1997 年的 428 亿美元。惠普公司的发展历程与骄人业绩从实践上证明了：强有力的企业文化是企业取得成功的"金科玉律"。惠普公司成功的根本原因在于建立了一整套强有力且策略适应的企业文化体系。要使企业业绩持续增长，建立这样一种文化体系是必需的，即在这一体系中，核心价值观必须是先进而有效的，并且整个体系应当拥有能根据市场环境变化而适时调整的机制。

适宜企业文化的建立无疑是一个企业取得成功的重要条件，但是如何能够"因地制宜"地了解和建设企业文化，则是建立适合企业发展的文化类型的重要前提。在一个企业构建崭新的企业文化时，抑或是一个企业面临企业文化变革工作时，企业应当根据企业文化现有内容进行诊断评估。本章将向读者详细介绍关于企业文化诊断的基本内容，以及在诊断评估过程中所运用的各种工具和方法。

第一节　企业文化诊断概述

前面章节主要围绕"什么是企业文化"进行了阐述，让我们对企业文化有了基本的了解与认识。而当问题从理论导向转向实践导向时，企业还需要懂得如何将企业文化理论知识运用至实践之中，尤其是在确定建设何种企业文化时，要通过科学的方法判断何种文化模式的建立才能真正有助于企业的发展。为此，本节将对企业文化诊断的概念、原则、原因以及意义进行阐述。

一、企业文化诊断的概念与原则

企业文化诊断可以帮助我们了解潜藏在管理者、员工内心和行为中的价值取向，从而对企业文化现状给出客观的评判，对企业文化面临的问题和痛点具有切身和透彻的感受。

（一）企业文化诊断的概念

企业文化诊断是指企业领导者和企业文化管理者为充分了解企业文化与企业现状，明确企业管理的基本特征和问题，为企业文化提升和创新奠定基础，而有目的地收集企业相关信息，进而发现问题并形成结论的企业文化研判活动。从诊断主体角度出发，企业文化诊断可分为内部诊断和外部诊断两大类型。

1. 内部诊断

内部诊断是指企业内部成立专门的企业文化诊断小组对本企业文化进行诊断。内部诊断最显著的优点就是企业内部人员对本企业的文化有更深刻的理解和认识。但是由于企业内部人员在企业文化诊断中占据主导地位，因此在诊断过程中可能掺杂过多个人主观情感，这可能影响诊断结果的客观程度。一般而言，内部诊断方法更加适用于大型企业。

2. 外部诊断

外部诊断是指企业从外部聘请专业机构人员或者专家教授，由外部专业人员深入企业内部进行全面的企业文化诊断。外部诊断的优点在于外部专业人员具有丰富的诊断咨询经验，在判断力和评价能力方面更加专业和准确，这将大大提高企业文化诊断的客观性和专业性。但是，由于诊断时长和其他因素的限制，外部诊断可能会导致对企业的考察不够深入，从而产生结果偏差。一般而言，外部诊断更加适用于文化管理工作经验欠缺的小型企业。当然，在现代企业文化管理中，更多企业采用内部与外部诊断同时使用的方法。

（二）企业文化诊断的原则

企业文化诊断是一个由专业人员对企业文化进行测评的活动，诊断人员在整个诊断过程中发挥着关键作用。为了避免由于个体的主观性而导致诊断结果出现偏差，企业文化诊断过程中需要遵循一定的原则，从而确保企业文化诊断结果的真实性和有效性[2]。

1. 客观一致原则

在整个诊断的过程中，企业文化诊断相关工作人员应一直保持实事求是、客观的态度，保证诊断的真实性，尽量避免掺杂个人主观情感，防止主观臆断行为的产生。诊断人员应对所有的测评对象使用同一个评价标准，而不是针对不同的测评对象使用截然相反的诊断标准。

2. 科学全面原则

为确保诊断信息的真实性，工作人员在评价过程中应当坚持采取科学的方法和手段，并且无论是在收集和分析信息时，还是在进行评价时，都不要过分地关注某个方面而忽略其他方面，应尽量综合考虑各个方面，通过建立系统、全面的企业文化诊断考察体系，对企业文化进行全方位的衡量与评价。

3. 保密性和成本控制原则

企业文化诊断的内容经常会涉及企业内部领导以及各员工之间的个人隐私和人际关系，因此在诊断过程中，应该注重对访谈所收集到的信息进行保密，避免企业内部员工、上下级之间产生不必要的矛盾。与此同时，企业文化诊断工作是一项长期的工程，其耗费的成本也不容小觑，因此诊断工作人员在进行一切诊断活动时，应该站在企业的角度充分考虑诊断成本，在确保诊断结果真实与节约成本之间取得平衡。

4. 评价与指导相结合的原则

对企业文化进行诊断，并不仅仅是为了清楚地了解当前的企业文化"是什么"的问题，更重要的是应当明晰当前这样的文化是怎样形成的，以及如何对现有企业文化进行科学优化。成功的企业文化诊断工作应当依据企业文化发展事实，对企业文化的现状加以概括，从而制订出指导性的改进方案。因此，在诊断过程中要明确诊断工作目标，不仅要对当下的企业文化进行评价，也需要对当前的企业文化给出优化意见。

5. 分层分类原则

企业文化诊断应坚持分层分类原则[3]。不同的管理层级在企业当中所处位置不同，对于企业的发展、企业文化有着不同的理解。坚持分层原则，可以更加全面和客观地掌握企业内部不同层级人员对于现有文化的看法以及期望。企业不同业务板块、不同职能领域、不同下属机构、不同地域的人员，其亚文化特点可能有所不同，文化诉求点也有差别，对不同类别的组织、团队进行有针对性的数据挖掘，就可以洞察这一群体的共性诉求。对于企业文化研究来说，整合统一的分析数据固然重要，分层分类的数据对于揭示问题有更为具体和直接的意义。

二、企业文化诊断的原因与意义

企业所处的环境是不断变化的，如果未能随着企业所处环境的变化对企业文化进行完善，完全放任企业文化随波逐流，极有可能对企业发展造成难以挽救的损失，这要求深入剖析企业文化诊断的原因，深刻了解企业文化诊断的意义，从而对企业文化做出科学有效的诊断。

（一）企业文化诊断的原因

进行全面而准确的现有企业文化诊断是一个企业建设优秀企业文化所必需的，其原因可以细分为以下两点[4]。

1. 企业文化的特殊性

每个企业都有各自不同的背景、经营特点、发展状况以及人员分配等，而在企业内部，员工与员工之间在各种观念和态度上也有着很大的差异。所以，在进行文化建设之前，通过企业文化诊断对企业本身的特点进行评价，发展更合理的企业文化是必需的，只有如此才能确保企业文化建设符合企业异质性发展需求。如果只是单纯地复制和粘贴其他企业的企业文化，那么很有可能导致企业对植入文化产生排斥，这样的文化建设工作不仅无法起到文化引领发展的作用，更有可能阻碍企业长期发展。

2. 企业文化的开放性

在经济全球化的背景下，现代企业之间的联系与交流比以往任何时候都要密切，企业文化在这个过程中不断地与外界文化因素碰撞、融合。因此，一种优秀的企业文化在保持自身独特的文化外，还会从外界吸收各种先进的思想与模式来丰富和完善自己。企业文化诊断可以对企业文化进行剖析，使企业管理者了解目前的企业文化状况，以便了解自身企业文化发展的不足，从而能够在与外界文化的交流中真正实现互补发展。

（二）企业文化诊断的意义

在企业经营过程中，成功的企业文化诊断是至关重要的。企业文化诊断如同"医生看病"，不仅仅能够洞悉当前企业文化"病根"所在，通过"对症下药"的方式及时塑造企业文化方向，更有价值的是，能够为企业文化长期发展提供建议，通过系统调适的手段确保企业文化系统各维度协调发展，有效避免各种"文化病"在未来再次成为企业发展的绊脚石。具体而言，企业文化诊断具有如下三种意义[5]。

1. 有利于了解企业文化现状，建设合理的企业文化

企业文化诊断就是通过对目前企业的各种信息资源的分析，对企业文化现状进行全面和深刻的诊断，既能发现在特定的企业环境下企业文化的独特性以及优势所在，又能提出当前企业文化中所存在的问题与不足。通过企业文化诊断，能够全面知晓企业文化的实际情况，并"取其精华，去其糟粕"，在提出企业文化变革、建设、创新方向的同时，为企业文化的长期发展提供了基础。

2. 有利于提高管理者的管理水平，促进企业的经营发展

围绕企业所展开的一系列活动，其最终目标都是促进企业的发展，企业文化诊断亦是如此。从文化的视角对企业进行深入的分析和诊断，能够使领导者和管理层清醒地认识到制约企业发展的问题所在，找出企业发展的正确方向。常言道："当局者迷，旁观者清。"由于惯性作用，管理者往往对新鲜的事物及行业环境变化不够敏感，从而导致企业发展跟不上市场前进的步伐。通过企业文化诊断，能够让管理者清楚地了解自己并吸收新知识，从而提高企业文化管理能力。

3. 有利于提升员工对企业的认同感

企业文化诊断不仅仅能够促进企业整体的发展，同时，在诊断过程中，也会科学地对内部员工的文化素养、行为规范、价值观念以及管理理念等进行分析，从而进一步塑造出与当前员工更加契合的企业文化，提高员工对企业价值观和企业文化的认同感，进而能够提高员工的工作满意度和对企业的忠诚度，帮助企业减少人才流失。

第二节　企业文化诊断的过程和方法

随着经济全球化的迅速发展，人们渐渐地认识到企业文化对于企业的兴衰成败有着重大的影响。企业文化是企业在激烈竞争中得以生存和发展的核心支柱，企业之间的竞争实质上是企业文化的竞争。而企业文化诊断评估对企业塑造和谐的文化至关重要，它是企业文化在实践中发展的必要前提。一个完整有序的诊断过程和与企业适应的文化诊断方法是进行科学企业文化诊断的必要条件。本节将详细地介绍企业文化诊断的整个过程，以及在该过程中所涉及的一些常用方法。

一、企业文化诊断的过程

在进行企业文化诊断的过程中，首先需要清楚地了解本企业文化各个方面的现状，再进行分析评估并给出解决方案。为保证企业文化诊断科学进行，企业文化诊断工作须分为资料收集、企业内外部环境分析、企业与外部关系分析、现场调查四个步骤[6]。

1. 资料收集

在进行文化诊断之前，无论是由企业内部人员还是由外部专业人员进行诊断工作，均要进行大规模的资料收集，根据收集到的海量信息对企业内外部环境进行充分考察，从而为企业文化类型确定和改进提供足量的信息基础。企业文化主要由四个层次构成，其中的精神层面很难直接察觉，但可以通过其他三个层次表现出来。因此，在收集资料信息时，应首先收集最能直接反映企业文化的书面资料，如内部期刊、员工行为规范、招聘制度、人力考核制度、薪酬制度以及员工奖惩制度。这些书面资料的数量往往很多，诊断小组需要将其精简成为浓缩材料，再逐步归纳总结企业价值观，为企业文化建设和革新工作提供书面信息依据。

2. 企业内外部环境分析

内外部环境条件均是企业生存和发展的基础，企业文化需要随着内外部环境的变化而进行变革创新。在对企业文化进行诊断时，首先要对企业所处环境进行分析。对企业所处的外部环境进行分析时，其分析内容主要包括企业所处的政治环境、经济环境、社会文化环境、自然生态环境，企业所属行业的发展状况以及竞争企业的经营情况等。而在对企业所处的内部环境进行分析时，分析重点主要在于企业性质与目标、企业战略、企业组织结构、管理水平、文化制度以及员工满意度等方面。

3. 企业与外部关系分析

在企业外部环境分析中，分析的重点主要是外部整体环境的发展，并不涉及企业与外部其他个体之间的具体联系。而作为市场乃至社会系统中的一个节点，企业难以避免地需要与外部其他个体进行交往，从而形成错综复杂的社会联系，并最终交织构建成为企业专属的社会网络。简言之，外部环境分析只能大致描绘企业社会网络的现状，但无法具象描绘企业在不同社会联系中的具体表现。在企业与外部关系分析中，诊断小组需要密切关注企业对外部环境变化的态度、对顾客日常采取的行事风格、企业能否及时为顾客提供新产品或服务、企业和市场同质企业间的竞合关系等。不同的企业在以上方面的表现往往存在很大差异，这也能在很大程度上帮助判断企业文化的发展情况。

4. 现场调查

现场调查一般是由诊断小组成员与企业员工进行沟通互动，以获得更多第一手的即时信息。通过细致的现场调查，企业文化诊断人员能够深入理解企业员工对企业价值观的认可程度，其调查过程可以是自上而下地分层进行，也可以由诊断小组组织在全企业内一次性大规模展开。现场调查可以通过访谈和问卷方式进行。其中，访谈是诊断人员通过口头谈话的方式与企业人员进行交谈和询问的一种活动，企业文化诊断常用的是个别访谈和分类座谈；问卷调查则是一种使用测量工具对企业文化进行定量研究的方法，是目前较为常用的方法之一。

二、企业文化诊断的方法

企业文化诊断的方法多种多样，每个企业在进行文化诊断时需要根据重点调研对象、诊断目标的不同而采用不同的诊断方法，在实际工作中一般需要结合多重诊断方法进行。一般而言，常用的企业文化诊断方法包括访谈法、问卷调查法、现场调研法和文献资料法。

（一）访谈法

访谈法是指调查人员与被调查者面对面进行访问交谈，从而获得被调查者信息的一种方法。访谈法包括个人访谈（如对企业的管理层进行单独访谈）和团体访谈（如骨干员工座谈会）。一般而言，访谈法需遵循以下基本步骤：第一，设计访谈方案，列出提纲，明确访谈具体内容；第二，与受访者见面并进行提问，实施访谈计划；第三，及时准确地收集相关资料并在访谈过程中进行适当回应；第四，做好访谈记录，条件许可下进行录音或录像；第五，结束访谈。

在企业文化诊断中，访谈法具有以下优点：①深入性。由于企业文化诊断所涉及的内容大多是隐性层次的，相关专业人员可以运用专业的技巧和直觉，通过面对面的交流访谈充分发掘和获取企业管理者和员工对企业文化的深层次内涵的理解。并且，在访谈过程中，访谈人员还可以观察被访者的非语言行为，及时确认所收集信息的真伪。②灵活性。访谈是通过访谈者提出问题并由被访谈者回答问题进行信息收集的。这种调查方式简便易行，灵活多样，具有较大的弹性，提问者可以根据被访者具体回答情况而决定需要收集什么样的材料，并进一步确认下一个问题提出的方向。访谈人员也可以根据被访者的具体反馈，对其进行适当的引导。

当然，访谈法也并非尽善尽美，在具体实施中，访谈法存在以下局限：①成本高。访谈通常是以面对面的个人访谈或者座谈会形式进行，这意味着在整个文化诊断过程中，相较于其他诊断方法，访谈法可能需要花费更多的人力、物力和财力。②访谈者与被访者的主观影响。不同的访谈者在个人特征、态度、谈话技巧等方面存在着差异，这将对访谈效果产生很大影响。与此同时，被访者也可能在信息输出时进行个人主观的信息加工。而当涉及个别隐秘问题时，被访者也有可能进行不实作答，从而对访谈产生制约。

（二）问卷调查法

问卷调查法是指调查者运用按需求设计的问卷或者直接采用现有问卷对被调查者进行了解和询问交流的一种方法。问卷的一般结构包括问卷导语、问卷题目和回答方式、结束语和其他资料。企业文化诊断中的问卷就是把需要诊断的内容进行整理，设计成企业特定文化诊断问卷，然后选择需要进行文化调查的对象并统一发放问卷，在统一回收问卷后，统计结果并进行分析，从而得出文化诊断结论。

在文化诊断工作中，问卷调查法的优点包括：①节约成本。大部分的调查使用统一的量表问卷，这样的做法不会过多地浪费人力和物力，节约了文化诊断工作的各种成本。②匿名性。问卷调查法将量表或者调查表分发给个人，然后员工自行进行答题，相应负责人统一回收，整理结果，其间，并不需要被调查者与调查者面对面，不用暴露身份，匿名性的特点使调查结果更具有现实性，被调查者能够在问卷中自由地表达自己对于企业文化发展的真实想法。

当然，问卷调查法同样并非十全十美，其最大的一个缺点便在于只能获得书面上的信息，调查者与被调查者面对面沟通的缺乏使得该方法难以获得动态信息，导致许多生动的信息无法被捕捉。并且，由于量表答卷上的内容是有限的，这将可能导致问卷调查法不能收集到翔实全面的信息资料。

（三）现场调研法

现场调研法是指由诊断人员直接深入企业，了解并获取第一手资料。不同于访谈法有较为固定的调查地点，在现场调研法中，调查者可以直接对企业的环境以及各种硬件设施，或者企业基层的生产车间进行实地观察，通过与企业员工直接的工作场景接触，对员工在工作时的表现和态度具备更加直接的认识，了解他们在实际工作中对企业文化的真实体会。同时，调查者还可以通过参加各种企业活动，感受企业整体氛围以及企业认同感，也可以对企业所在地的人文建设、行业竞争对手情况进行现场调研，从侧面为企业文化诊断提供更多的信息。

现场调研法最大的优点在于其高度的直观性。由于诊断小组在现场调研中直接与企业的方方面面进行接触，所得的诊断资料往往会更加详细、全面和直接，还会收获许多其他方法所得不到的资料。而且诊断人员的直接观察能够避免企业提供材料的主观性和局限性。值得一提的是，现场调研虽然可以直接对企业进行了解，但是在整个过程中需要耗费较多的时间以及人力，并且需要深入企业的各个工作场景之中，可能会干扰企业的日常工作，因此在实施上相对来说并不是特别方便。与此同时，直接接触获得的资料一般更具表象化，不能直接深入探索到企业文化本质，因此还需诊断人员具备高度的归纳总结能力，才能凝练出企业文化的真实情况。

（四）文献资料法

文献资料法是指诊断人员对企业所保存的各种档案和电子资料进行调查，如公司的各种制度、年度报告、员工手册以及企业文化手册等，从而获取大量的文字和图像材料。在全面收集文献资料的情况下，并非所有内部资料都是有用的，文化诊断人员需要找出与企业文化建设密切相关的资料，并进行认真研读和总结。

通过查阅企业文献资料，调研人员能够明晰企业发展历史沿革，充分了解企业文化发展历程和传统文化基础。调研人员不仅能够从企业文化记录中了解具象的企业文化活动，厘清企业文化建设脉络，还能通过企业领导的重要讲话材料，充分判断企业领导者的价值导向，进而对企业价值取向具备抽象理解。与其他方法相比，文献资料法不需要对现有的人员进行调查，所以无论是在人力、财力和时间上都会更加节约成本。当然，此方法所研究的材料往往是由企业文化工作人员所撰写，所以资料本身可能具有主观性。有些文献资料也可能随着时间的推移，在收藏过程中存在遗失的情况，因而所得到的资料的完整性并不能得到保证，继而影响诊断结果。

例证 4-1

东方航空公司的企业文化诊断[7]

第三节 企业文化诊断的工具

随着企业文化研究的兴起，越来越多的学者在研究中逐步提出了用于企业文化测量、诊断和评估的模型，继而开发出一系列量表和工具，初步实现了对企业文化进行可操作化的、定量化的评估和诊断，并迅速用于实践。科学的企业文化诊断工具是诊断企业文化类型的有效基础。科学的文化诊断工具不仅可以探索企业文化本质，根据其对企业绩效的影响设计文化测量模型，还能够在不同组织文化之间进行差异化研究，探索特定企业文化相较于其他组织文化的显著差异，从而得到经验和教训。本节内容主要围绕企业文化诊断工具概述以及经典工具量表展开，读者通过阅读本节将对企业文化诊断的工具有更进一步的了解。

一、企业文化诊断研究概述

企业文化诊断研究主要分为两大流派。其中，以沙因教授为代表的学者认为，组织文化是多层次的，主张从文化的层次和元素出发，通过面试等方法进行定性测量。而由奎因教授为代表的学者主张客观的定量测量，主要通过问卷调查来进行。

1. 定性诊断

企业文化的定性诊断研究主要以美国麻省理工学院的沙因教授为代表。沙因认为，企业文化的层次模型具有多层次结构，由物质层表象、支持性价值观和基本假设三个层次组成。他在总结前人研究成果的基础上，提出了企业文化基本假设的五个维度，分别把处于深层次的企业文化分成自然和人的关系的本质、现实和真实的本质、人性的本质、人类活动的本质、人际关系的本质五个方面。

沙因提出的企业文化定性诊断步骤如下：①组织一个包括专家和企业成员的企业文化诊断小组；②提出企业所需要诊断的问题；③确保小组成员清楚地理解文化层次模型的内涵；④确定组织文化的表象；⑤确定组织外显价值观；⑥研究价值观与组织表象的匹配度，进而挖掘深层次的潜在假设；⑦如果挖掘效果不理想，则重复以上步骤，直到清楚掌握潜在假设。最后，企业文化诊断工作还需要评测最深层的共享假设，发现哪些假设有利于或阻碍目标问题的改善。然而，想要完全通过个人的主观判断准确理解企业文化的深层次内涵是非常困难的。而且，通过组织结构、信息系统、组织的目标判断和分析关于物理层面的组织文化信息是十分有限的，这是由于该类型的文化诊断引用了完全相同参数的企业组织结构，但这些企业的文化存在着截然不同的特征。所以在使用该方法时，诊断人员难以进行客观的测量，也难以针对组织文化与组织行为以及组织效益的关系进行比较研究。

2. 定量诊断

在沙因提出企业文化定性诊断的具体步骤之后，学界也不断加强企业文化定性诊断研究，但正如上文所述，客观性、科学性的缺乏使得学者逐渐意识到需要首先对企业文化诊断维度进行科学划分，在此基础上结合定量数据开展诊断工作，才能在以客观数据具象评价企业文化发展现状的同时，确保诊断结果与企业过往文化乃至其他企业文化具备充分的可比性，以此不断提升企业文化诊断结果的可应用性。为此，企业文化定量诊断工作逐步展开。

1988 年，美国组织行为专家奎因提出了竞争性文化价值模型，这一模型的建立也被认为是企业文化定量诊断的开创之举。奎因认为，组织"灵活性—稳定性""外部导向—内部导向"两个维度能够有效地测量出企业文化的差异对企业效率的影响，前者主要体现企业授权相对情况，而后者则更加注重企业对于内外部控制的器重程度。为此，该模型按照相对授权、内外部控制重视程度两个维度对企业文化进行分类，将企业文化分为目标、规则、支持、创新四种导向，最后形成四个基本的价值模式，用于实证分析各种导向的文化类型对企业竞争力的影响。以竞争性文化价值模型为基础，奎因和卡梅隆等人共同设计了 OCAI（organizational culture assessment instrument）量表，总结得出主导特征、领导风格、员工管理、企业凝聚力、战略重点和成功准则 6 个条目来评价企业文化。该量表的出现开创了企业文化定量诊断先河，在企业文化变革中具有极高的实用价值。学者也通过 OCAI 量表逐渐明确定量诊断在企业文化诊断实践中的巨大潜力，进而不断开发出诸如 OCQ（organizational culture questionnaire）、OCP（organizational culture profile）量表等新型企业文化定量诊断工具，大大提升了企业文化诊断的客观性和科学性。

3. 定性诊断与定量诊断研究比较

定性研究学派主张对企业文化的概念和深层结构进行系统探讨，从理论上勾勒企业文化的全貌。在测评方法上，他们主张对企业文化的诊断采用现场观察、现场访谈等研究方式，通过细致的实地观察与调研访谈获取原始资料，以此真实反映企业文化的本质面貌。当然，对企业文化进行定性诊断的方法不可避免地带有主观性，难以对企业文化进行客观的测量，同时该类方法所需硬件条件比较高，难以在不同类型企业中进行大规模推广应用，因而其实践局限性使得定性诊断在现代企业中的应用范围不断收窄。

企业文化定量研究在研究方法上采用了更为科学的问卷调查方式，以严谨的数据作为支撑，为企业文化测评诊断开启科学化时代。但是，企业文化定量研究的方法由于可能无法触及企业文化的内在结构和深层意义，时而被归为现象学的方法。尽管学界对企业文化诊断究竟是采用定性还是定量诊断始终意见不一，但绝大部分学者认为，在企业规模不断扩大、企业异质性不断提高的现代市场中，企业文化定量诊断更具应用价值。定量诊断能够通过客观数据判断不同企业的文化个性，从而实现企业文化的现实与期望之间的差异比较，更能够在不同企业之间实现企业文化适用性的比较分析，进而准确把握优秀企业文化变革发展方向，归纳总结实现从优秀向卓越跨越的企业所具有的文化共性。

二、典型企业文化诊断工具简介

正如前文所述，企业文化定量诊断在现代企业中得到不断推崇。在 OCAI 量表的设计理念指引下，学界不断出现崭新的企业文化定量诊断工具。下文将着重介绍 OCAI 量表、OCQ 量表、QCP 量表等典型企业文化诊断工具，为企业文化诊断实践提供参考借鉴。

（一）OCAI 量表分析

奎因早期研究发现，组织有效性研究应当从三个价值维度着手，即内部与外部控制、弹性与稳定性控制、目的与手段控制，从而构建出一个有效的空间框架——对立价值框架（competing values framework，CVF）。后来，奎因与卡梅隆等学者在此基础上开发出竞争性价值模型——对立价值模型（competing values model，CVM）。该模型在组织适应性与稳定性、外部导向与内部导向两个垂直维度的基础上派生出四个象限，代表四种不同的文化类型：①灵活型文化。该文化下工作环境友好，人际关系和谐，领导者是推动者、导师、家长，强调组织凝聚力、道德规范和人才成长，上下级以及员工沟通之间具有很大的灵活性。②团队型文化。在该企业文化类型中，企业工作环境充满活力和创新，领导者是革新者、组织家、幻想家，强调前沿产品、创造力、增长性。③层级型文化。该文化工作环境非常正式、规范且有层次，领导者充当协调者、观察员、组织者的角色，强调高效、时间管理、平稳的流程，上下级关系明确。④市场型文化。该类组织以结果为导向，领导者的角色为强力驱动者、竞争者、生产者，强调不断扩大市场份额、强化目标管理。

在对立价值模型的基础上，奎因与卡梅隆等人进一步开发得出 OCAI 量表。该量表具有坚实的理论基础，在国外经过了大量的实证检验，已成为组织文化研究领域中最具影响力的量表之一。OCAI 量表包括企业文化主要特征、组织领导能力、员工管理、组织黏合力、战略重点、成功标准 6 个维度，每个维度均设置 A、B、C、D 共 4 个题项描述，共有 24 个测量项目，要求被测人员就对企业文化的感知进行打分。被测人员需要为两份问卷打分，两份问卷的区别是：一份针对企业现状，判断企业现有文化的类型；另一份则针对五年以后所期望的企业文化的状态，通过与现状的分数对比，找出企业文化建设的薄弱环节和发展方向。对于特定组织来说，它在某一时点上的组织文化是上述四种类型文化的混合体，通过 OCAI 测量后可形成一个剖面图，并可用四边形直观表达企业文化现状和期望状态。

（二）OCQ 量表分析

瑞士洛桑国际管理学院教授丹尼森开发的企业文化 OCQ 量表是基于对立价值框架理论的研究成果。丹尼森通过实证研究进行了假设验证，揭示了四种文化特质和组织有效性的关系，建构了一个能够有效描述组织文化特质的理论模型。该文化特质模型以内部整合—外部适应、变化—稳定为标准，将企业文化划分为四个象限，分别对应四种文化特质，即参与性、一致性、适应性和使命感。每种文化特质进一步对应三个方面的指标。

1. 参与性

参与性涉及员工的工作能力、主人翁精神和责任感的培养。企业在这一维度上的得分反映了企业对培养员工、与员工进行沟通，以及使员工参与并承担工作的重视程度。参与性维度具体包括授权、团队导向和能力发展三大指标。

（1）授权。该指标主要描述员工是否真正获得授权并承担责任，是否具有主人翁意识和工作积极性。

（2）团队导向。该指标主要描述企业是否重视并鼓励员工互相合作，以及实现共同的目标。同时，团队导向指标还需要有效判断员工在工作中是否依靠团队力量。

（3）能力发展。该指标主要描述企业投入资源培养员工的程度，以判断企业投入是否使得员工具有竞争力，跟上业务发展的需要，同时不断满足员工学习和发展的愿望。

2. 一致性

一致性维度用以衡量企业是否拥有一个强大且富有凝聚力的内部文化，具体指标包括核心价值观、配合、协调与整合。

（1）核心价值观。该指标主要判断企业是否存在一套大家共同信奉的价值观，从而使企业员工产生强烈的认同感，并对未来抱有明确的期望。

（2）配合。该指标主要判断领导者是否具备足够的能力让大家达成高度的一致，并在关键的问题上调和不同的意见。

（3）协调与整合。该指标主要测度企业各职能部门和业务单位密切配合的程度，判断部门或团队的界限是否会变成合作的障碍。

3. 适应性

适应性主要衡量企业对外部环境（包括客户和市场）中的各种信号迅速做出反应的能力，主要包括创造变革、客户至上和组织学习等指标。

（1）创造变革。创造变革指标用于判断企业是否惧怕承担变革而带来的风险，以及企业是否仔细观察外部环境，预见相关流程及步骤的变化，并及时实施变革。

（2）客户至上。善于适应环境的企业凡事都从客户的角度出发。客户至上指标可用于识别企业是否了解自己的客户，在充分满足客户需求的同时有效预见客户未来需求。

（3）组织学习。该指标评测企业能否将外界信号视为鼓励创新和吸收新知识的良机。

4. 使命感

使命感这一文化特质有助于判断企业是一味注重眼前利益，还是着眼于制订系统的战略行动计划。具体而言，企业使命感维度包含愿景、战略导向和意图、目标三大指标。

（1）愿景。愿景指标用于判断员工对企业未来的理想状况是否达成了共识，并且这种愿景是否得到公司全体员工的理解和认同。

（2）战略导向和意图。该指标是指企业是否希望在本行业中脱颖而出。明确的战略意图展示了企业的决心，并使所有人都清楚地了解应该如何为企业的战略做出自己的贡献。

（3）目标。该指标用于理解企业是否周详地制定了一系列与使命、愿景和战略紧密相关的目标，以此作为每位员工日常工作的参考。

（三）OCP 量表分析

美国加州大学的查特曼教授从契合度视角研究人与企业契合程度和企业发展之间的关系，从而构建了体现企业文化的 OCP 量表。OCP 量表主要用于测量个人与组织的契合度，其最初版本由 54 个测量项目组成。该量表可以区分出 7 个文化维度，包括革新性、稳定性、尊重员工、结果导向、注重细节、进取性和团队导向，在实际的不同测量应用中，每个维度对应的测量项目可能有所差别。

和多数企业文化诊断工具采用的 Likert 计分方式不同，OCP 量表采用 Q 分类的计分方式。被试者被要求将测量条目按最期望到最不期望或最符合到最不符合的尺度分为 9 类，将 54 个条目数按 2-4-6-9-12-9-6-4-2 进行分布，实际上是一种自比式的分类方法。通过这样的分类方式，诊断人员可以判断出企业价值观中哪些要素是企业现在所重视的。如果将头等重视（重要）到第九等重视（重要）按 9-8-7-6-5-4-3-2-1 的方式计分，则每一种价值观都有具体的得分。现有研究也对 OCP 测量方法进行了改进，将自比式计分方法改进为更利于使用者操作的 Likert 计分方式。OCP 量表可以用于观察企业员工和企业对价值观现状和偏好的差距。例如，如果针对企业文化现状的调查显示"稳定发展""井然有序"排名靠前，而偏好反映出"冒险精神""快速掌握机会""结果重于过程"排名靠前，那么在设计企业价值观时，就要注意反映创新、结果导向的内容。

三、中国企业文化诊断工具

OCAI 量表、OCQ 量表、OCP 量表等典型企业文化诊断工具虽然在学界和实践领域应用广泛，但是由于企业发展差异、语言翻译、文化差异等，如果全盘照搬上述企业文化诊断工具至中国企业文化诊断实践之中，诊断工具的不适用性将会凸显，其应用价值也将受到大幅削弱。为了提高企业文化诊断工具在中国企业中的应用有效性，学界以上述工具为基础，不断进行本土化改良，开发得出 VOCS、OCQ 量表等更为贴近中国企业文化发展实际的诊断工具，为中国企业文化诊断实践打开广阔的应用前景。此外，利用企业文化诊断 SWE 模型也可以简洁有效地诊断企业文化[8]。

（一）VOCS 量表

台湾大学心理学教授郑伯壎认为，组织文化是一种内化性规范信念，可用于引导组织成员的行为。他认为以往从个体层面展开的组织文化测量研究缺乏相应的理论构架。

为此，郑伯埙在沙因组织文化研究成果的基础上构建了 VOCS 量表。该企业文化诊断工具共分 9 个维度：科学求真、顾客取向、卓越创新、甘苦与共、团队精神、正直诚信、表现绩效、社会责任和敦亲睦邻。郑伯埙以台湾 5 家电子公司为对象，采用项目分析的方式探讨了 VOCS 量表本身的内在结构紧密程度，并以台湾 4 家电子公司 775 名员工为样本，采用不等格双因子方差分析，科学证明 VOCS 具备高度的区分效度。郑伯埙认为，以上 9 个维度经过因子分析可以得到两个高阶维度，即外部适应价值与内部整合价值。前者包括社会责任、敦亲睦邻、顾客取向和科学求真 4 个子维度，而内部整合价值则包括正直诚信、表现绩效、卓越创新、甘苦与共和团队精神 5 个方面。

作为完全本土化的量表，VOCS 在中国企业文化诊断研究方面具有一定的开创性。当然，其中也存在较多的改进空间。例如，VOCS 量表中的具体问题主要根据沙因企业文化理论进行设计，部分访谈问题设置较为抽象，如"公司与外在环境的关系如何""是否两方面能够和谐相处"等问题有时难以让被访者理解。与此同时，构建 VOCS 量表时并没有通过因子分析来详细探讨其维度结构是否能够在不同的行业样本中使用。因此，在具体应用中，该诊断工具仍存在巨大的发展潜力。

（二）OCQ 改良量表

丹尼森开发的企业文化 OCQ 量表将企业文化划分为四个象限，分别对应四种文化特质，即参与性、一致性、适应性和使命感。但这一常用诊断工具并未在中国企业中得到充分的信效度检验。康乐和鲍升华以此为基础，在国有企业、外资企业和民营企业等不同企业类型中展开广泛调查，同时涉及传统制造业、服务业和高科技产业，以此作为企业样本基础，对 OCQ 量表进行本土化改良，认为原有诊断工具中的适应性维度在中国企业中需要进行适度拆分，最终得到包含参与性、使命性、一致性、顾客导向性和创新性五大维度的 OCQ 改良量表[9]。在充分考虑企业产权性质和行业类型的基础之上，研究表明该量表在克朗巴赫系数及标准化因子负荷方面的表现均超过标准，证明该改良量表事实上具备高度的信度与效度，在每个指标具备较高区分效度的同时，整个诊断工具模型的内在结构也达到较高的拟合水平，因此适合在中国本土企业的文化诊断工作中广泛应用。

（三）中国企业文化测评中心诊断量表

中国企业文化测评中心（CCMC）于 2002 年建立企业文化测评量表体系，该诊断工具主要借鉴 OCAI 量表，在经过多家中国企业的企业文化诊断实践后最终形成。本量表主要由六大部分组成，分别是企业文化类型、企业文化理念导向、企业文化核心价值观、企业文化环境、企业文化领导力、个人价值与职业倾向性测评，这六大部分构成了相互关联的严密企业文化系统。经过多年的企业文化诊断实践，学界和实践领域认为本诊断工具可以从组织和员工个人的角度科学诊断出企业文化内部运动、变化规律和方向，进而准确判断企业文化内在发展的动力和阻力，从而为企业文化的提炼、贯彻乃至变革提供科学客观的基础。目前，该测量体系已经在多个行业的众多企业得到了较好应用，并初步形成了国内比较完善的企业文化测量数据库系统。

例证 4-2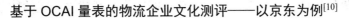

基于 OCAI 量表的物流企业文化测评——以京东为例[10]

（四）企业文化诊断的 SWE 模型

三维文化（SWE）分析模型是基于 SWOT 架构发展起来的文化战略分析方法，其中，"三维"表示 SWE 的三个维度：S 指文化优势，W 指文化劣势，E 指战略文化和环境文化。

在分析企业文化优势时，需回答"文化优势分析辅助问题表"中的五个问题：①企业发展到今天，是什么导致了成功或较好的发展？②企业的经营管理，在哪些方面做得很好或较好？③企业让员工舒服的氛围和现象是什么？④员工能来企业工作，并留在企业，图的是什么？⑤顾客（供应商）对我们企业有哪些肯定、赞扬？

在分析企业文化劣势时，需要回答"文化劣势分析辅助问题表"中的五个问题：①企业发展到今天，本可以做得更好，是什么阻碍了发展？②企业的经营管理，在哪些方面做得不好或较差？③企业员工感到不舒服的氛围和现象是什么？④如果员工离开企业，是企业出现了哪些方面的问题？⑤顾客（供应商）对我们企业有哪些批评、不满意？

在分析企业战略文化和环境文化时，需要回答"核心环境分析辅助问题表"中的七个问题：①政治、法律环境对本行业、企业产生哪些机遇或威胁，需要哪些文化要素对应？②经济环境对本行业、企业产生哪些机遇或威胁，需要哪些文化要素对应？③社会文化环境对本行业、企业产生哪些机遇或威胁，需要哪些文化要素对应？④技术环境对本行业、企业产生哪些机遇或威胁，需要哪些文化要素对应？⑤行业环境对本行业、企业产生哪些机遇或威胁，需要哪些文化要素对应？⑥顾客需求及变化对本行业、企业产生哪些机遇或威胁，需要哪些文化要素对应？⑦竞争者动态对本企业产生哪些机遇或威胁，需要哪些文化要素对应？

第四节　企业文化诊断体系与结果

前面三节详细地阐述了有关企业文化诊断的基本理论知识，诊断过程中所需要的步骤、方法和企业文化诊断的主要工具。在整个企业文化诊断测评过程中，无论采取何种诊断方法，为确保诊断内容全面且具有十足的文化建设指导作用，企业文化诊断必须遵循一定的内容体系进行，同时撰写科学的诊断分析报告和具体的诊断结果，为企业文化的进一步变革创新提供明确和具体的书面指导。

一、企业文化诊断体系

由于需收集的信息材料众多，企业文化诊断工作必须建立一定的体系，才能确保充分掌握文化诊断所需内容信息。文化诊断体系的建立很大程度上影响着企业文化诊断的具体流程走向，以及所选用的具体诊断工具。而由于各企业对于企业文化的态度有所不同，企业文化诊断体系的构建也并非完全统一，每个企业都需要依照自身对于企业文化的侧重点，有针对性地开展企业文化诊断体系构建工作。一般而言，归纳总结企业文化诊断体系内容后，可得到一个企业文化诊断体系综合框架，该框架较为全面和综合，适用于众多企业的文化诊断工作。而鉴于部分企业更倾向于建立全体员工普遍认可的全员参与型企业文化，下面将介绍一类以员工为导向的企业文化诊断体系，作为企业文化诊断实践的有效参考。

（一）综合性企业文化诊断体系

综合性企业文化诊断体系在充分研判企业文化管理基本现状的基础之上，倾向于在企业各层级中进行分层分类诊断，以由上至下的方式充分评估企业家、管理者以及员工的文化价值倾向，进一步得出企业整体的体制性价值观，通过有效的层次价值观凝练，形成对企业文化现状的综合性研判。

1. 企业家价值观

在综合性企业文化诊断体系中，企业家价值观的诊断重点在于评估企业领导者对于市场、竞争、诚信、创新等多个方面的价值认知，从而推演企业价值领袖的文化导向，具体内容包括以下九点。

（1）诚信观。关于企业家诚信观的评估，其重点不仅在于企业领袖是否能够做到对客户和员工承诺的事情，以及对政府、股东等外部利益相关者是否存在隐瞒真相的行为，更为重要的是，还需要重点评估企业是否以损人利己的方式获得利益及其在经营过程中违法行为的发生概率。

（2）营利观。在诚信观评估的基础之上，关于企业家价值观的诊断需结合企业日常营利行为进行。企业是否在获得自身利益的同时注重客户利益的维护？企业经营是否兼顾经济利益与社会利益？是否注重自身竞争力的增强？是否能够在向员工灌输双赢理念的同时，真正在经营中力争实现企员双赢？以上均是企业家营利观的重点诊断内容。

（3）经营观。经营观主要考察企业家的资本经营理念。例如，企业家是否有正确的市场经营和资本经营观念，是否盲目进行资本经营？资本经营策略制定和资本经营手段运用同样是该内容的考察重点。具有良好经营观的企业家需要在善于积极创造企业资本经营条件的同时规避资本经营的各种弊端。

（4）品牌观。为使企业经营顺畅，企业家应着重考虑建设企业特有品牌竞争力。企业家不仅需要采用合适的方式有效建立特定产品品牌以扩大市场份额，更需要基于系统视角充分建立起企业品牌，进而通过企业品牌打造企业核心竞争力。

（5）市场观。企业品牌的建立最终仍需面向市场，才能发挥其应有功效，因此关于市场观的考察也是企业家价值观的诊断重点。具体内容包括：是否主动维护市场秩序？是否有破坏市场秩序的行为发生？是否积极开拓国内外市场？是否善用价格机制进行市场开拓？是否善于提高产品质量？是否善于利用有效市场资源？是否善于维护良好的客户关系？是否善于发现潜在的市场机会？是否能够有效引导市场发展方向？

（6）竞争观。在市场中，只有在与同行业其他企业的竞合关系中才能真正体现企业文化的价值。因此，对于企业家价值观的诊断，竞争观是不可忽略的一大因素。具体内容包括：是否注重文明竞争？是否有危害竞争对手利益的行为？是否注重比较优势的发展？是否依仗在行业内的垄断地位进行经营？是否有来自政府等方面支持的垄断行为？是否有为了实现自己市场份额扩大而一味侵占竞争对手市场份额的行为？是否具备扩大市场份额而不是霸占市场的理念？

（7）创新观。要想在激烈的竞争市场中胜出，成为独树一帜的行业领军人物，企业家必须不断培养企业创新能力。关于企业家创新观的考察，其诊断重点在于技术创新、管理方式创新、制度创新、经营创新、业务范围创新、思维模式创新、创新激励、创新投入等。

（8）发展观。创新的根本目的是培育企业发展能力，实现企业健康可持续发展。企业家是否具有清晰的生存目标、赢利目标、发展目标？是否因盲目扩张导致企业失败？是否能够根据企业的实际能力进行多元化经营选择？以上均是企业家发展观的重要评估内容。

（9）应变观。在瞬息万变的现代市场环境中，企业家的应变能力是企业家精神发挥的重要条件。企业家只有根据市场的需要及时调整产品开发方向、经营思路和经营模式，及时跟踪消费者观念变化并且调整竞争对手策略，根据宏观经济形势开展经营，才能让企业在剧烈变化的环境中生存并取得长足发展。

2. 管理层价值观

在对企业家价值观的考察基础之上，综合性企业文化诊断体系的下一部分诊断重点需置于管理层价值观诊断上，具体内容涵盖责、权、利观，高效率管理观，共享共担管理观，互动性管理观等。

（1）责、权、利观。该内容侧重于考察管理者是否能够以责任为中心来决定权力的大小，通过明确的奖励和处罚机制确保企业内收入差距真实体现员工贡献程度，并通过有效管理让员工明晰自己的工作权利和义务。

（2）高效率管理观。管理者的管理工作不仅需要"有用"，更需要"有效"。高效率管理观的树立有助于进一步提升企业生产效率。企业管理者需不断提升对管理水平的认识程度，善于接受先进的管理理念和管理模式，在经验性管理和理性管理中取得平衡，通过管理成本收益分析不断节约管理成本，确保管理模式和理念与企业现有机制相匹配。

（3）共享共担管理观。企业管理者需充分尊重员工，鼓励员工承担风险，有效建立利益共享和风险共担机制，主动为企业承担风险。

（4）互动性管理观。在企业管理中，管理者必须善于处理人际关系、理解他人、激励员工，在做到"能上能下"的同时确保对下属的工作产生积极影响，避免过度关注自身权威地位，建立合适的内部竞聘制度，确保有能力的下属脱颖而出。

（5）人本主义管理观。关于人本主义管理观的诊断，其重点在于：管理者是否干涉员工工作以外的事情？是否关心员工生活？在管理者的管理工作中，员工是否认为自己受到充分尊重？是否认可企业的制度规范和管理模式？自己的工作技能是否能够在管理者的引导下不断得到提高？

（6）理性化管理观。理性化管理观的考察重点在于管理者对于现代化管理观念的吸纳程度、管理决策的周密性与严谨性，同时还需评估企业职业经理人制度建设情况，并充分调查员工的思想观念是否阻碍了企业现代化模式的变革。

（7）有序化管理观。有序化管理是指企业对管理目标的明确，管理者需在有序化管理中选择与企业战略相匹配的管理模式，不断精细生产质量要求，并确保质量管理与企业目标吻合，在模仿创新和自主创新中做出适宜的企业创新策略抉择。

3. 员工价值观

在综合性企业文化诊断体系中，关于员工价值观的考察重点在于员工对于以下内容的看法：对社会目前存在的各种职业的偏好态度；企业对员工晋升的重视程度；对自己所在企业社会地位的评价；对自身收入满意程度及企业薪酬分配公平程度的看法；对自身才干增长、潜力发挥的重视程度；对工作稳定程度的评价；企业决策参与意识。

在具体诊断中，诊断人员可通过员工访谈、问卷调查等方式，从以下内容充分了解员工对于企业文化的观点看法：①企业是否注重员工的发展？对表现优秀的员工是否给予及时奖励，对造成损失的员工是否给予处罚，做到赏罚分明公正？是否能够根据员工的具体情况制订培训计划？②领导层是否可以根据企业经营状况制定经营战略，并将其需求转化为实际可行的计划，然后将计划逐步实施？③领导层是否真正了解员工的需求，掌握员工真正关心的问题？是否能够挖掘员工的管理和领导才能并及时培育？④企业员工是否非常愿意为企业贡献自己的聪明才智？是否真正理解自己对企业的贡献和作用？⑤企业员工是否清楚地知道企业的核心价值观和企业精神？是否注意维护企业形象？是否具有高度的合作精神？

4. 体制性价值观

在对各层级人员价值观进行分层考察，收集各级价值观认知信息的基础之上，综合性企业文化诊断体系需要进一步凝练得出体制性价值观，以形成对企业整体价值理念的系统诊断认知，具体内容包括以下六个方面。

（1）契约观。契约观主要考察企业制度的安排和执行是否被大多数员工认同？部门之间分工是否明确，是否相互推诿，是否存在不兑现承诺的情况？领导是否能够接受员工提出的意见和建议？员工是否了解企业章程，是否了解与企业签订的合同并接受企业提出的条件，是否愿意接受企业安排的工作？

（2）共赢观。共赢观主要用于提炼企业文化对企业发展与员工自我发展关系的真实定义。考察内容包括但不限于：企业是否意识到只有员工的发展才能带来企业的发展？员工是否意识到只有企业的发展才有自我的发展？员工是否存在危害企业利益以谋取私利的行为？员工是否认为企业的利益分配合理？员工收入能否随着企业的发展而提高？

（3）团队观。共赢观主要考察企员发展利益的折合情况，而团队观是企业日常工作中企业与员工密切配合的真实写照。企业领导层是否团结，是否有个人英雄主义的思想？员工是否意识到团队精神的重要性，是否团结一心？企业对待不同收入层级员工的态度是否有所不同？高层领导是否能与员工打成一片，内部是否有彼此关爱的气氛？以上问题均是团队观的研判重点。

（4）忠诚观。该维度主要诊断企业人员对于企业的忠诚程度，如员工认为企业是否相信自己？是否将贯彻企业制度作为自觉行动？是否能够知道真实的企业经营情况？是否有受剥削、受压榨的感觉？企业管理人员是否忠诚于企业？等等。

（5）进取观。进取观不仅考察企业的努力进取程度，还需要明晰企业整体对于效率的看法。所需回答的问题包括：企业是否大力提倡积极进取？企业制度安排是否体现奖勤罚懒？员工是否具有进取精神、敬业精神？员工是否满足现状、不思进取、不愿变动、不乐于接受挑战？员工办事是否拖沓？

（6）等级观。该维度用于考察企业是否存在"大锅饭"现象，判断员工对于企业公平的看法。通过该维度的诊断，能够识别员工对于企业成员等级差距的真实看法，并判断员工是否认为收入与付出是对等的。

值得注意的是，在综合性企业文化诊断体系中，除了企业家价值观、管理层价值观、员工价值观、体制性价值观，体系的建立还需以企业文化现状调查为基准。对体现企业精神的口号、企业产品知名度、企业自身知名度、企业沟通（横向、纵向）情况、制度运行程度、企业效益评价、企业公众形象等文化管理状况的考察是综合性企业文化诊断体系建立的重要基础。

（二）员工导向企业文化诊断体系

相比于综合性企业文化诊断体系，员工导向企业文化诊断体系更倾向于从员工视角考察基层人员对企业文化的理解，以此作为企业文化诊断的重要标准。具体而言，员工导向企业文化诊断体系包含以下四个方面的内容。

（1）反映企业成员素质的客观指标，包括员工性别构成、年龄结构、学历结构、工龄结构、在本企业的工作时长和现任职务等。

（2）反映企业成员一般价值观念的指标，包括个人独立意识和奋斗精神、对工作意义的理解、对工作稳定的重视程度、对自己所在企业的社会地位及个人晋升机会的重视程度。

（3）企业员工对企业基本情况的理解，包括企业横向及纵向沟通状况、对企业机构设置状况的评价、对企业文化建设状况的评价、对企业知名度的理解、对企业经济效益的评价、对企业受欢迎程度的理解。

（4）企业员工对企业基本文化状况的理解，包括企业对技术及技术人员的重视程度、企业对管理及管理人员的重视程度、对企业目标的认识、理性地对待企业中人的行为及人际关系的程度、对企业内外部竞争关系的接受程度、对个人与企业关系的理解、对企业内个人之间及部门之间差距的可接受程度。

二、企业文化诊断结果

（一）企业文化诊断结果分析

企业文化诊断小组通过与企业的深度沟通，需要根据具体诊断内容，对诊断方式做出适当调整，结合企业实际情况采用更加符合需要的诊断工具。在相关信息收集完毕后，相关诊断人员需要根据收集到的信息资料进行科学分析，方能得出有助于指导企业文化改革创新的有益建议。

由于目前运用量表进行定量诊断是企业文化诊断的主流方法，因此本书主要介绍如何对基本定量数据进行统计分析。在定量统计中，企业一般可采用统计分析系统（SAS）、社会科学统计软件包（SPSS）等作为数据分析工具。在进行统计分析时，有以下两点需要注意。

一方面，现有企业文化诊断量表不一定完全适用于特定企业。由于不同企业之间存在巨大的异质性，因此不能以先前量表实践所得到的信效度作为评价企业文化诊断工具科学性的标准。在收集到相关数据之后，企业文化诊断小组必须根据本企业正式调查数据，重新审视企业文化诊断工具的信度与效度，在确认企业文化诊断工具有效性的基础之上，方能进行后续实质性的数据分析工作。

另一方面，重视企业文化诊断体系各维度之间的内在联系。企业文化诊断是一个包含多重内容的有机整体，不仅企业文化本身会影响企业绩效的发展，企业文化各部分之间也存在相互制约、相互影响的关系。因此，在具体数据统计分析阶段，诊断人员需要运用回归分析、因子分析、结构方程模型等数理方法，充分探究企业文化内部结构，厘清企业文化内部关联脉络，以加深对企业文化体系的理解。

（二）企业文化诊断结果展示

在对收集的各种数据资料进行统计分析之后，企业文化诊断小组需要对结果进行归纳总结，形成书面诊断报告进行展示，才能确保企业文化诊断结果可视化，也有助于为后续企业文化改革工作提供明确的证据指引。一般而言，一份系统的企业文化诊断报告需包含以下五个方面的内容。

1. 项目概述

项目概述部分需要对特定企业文化诊断项目的背景做出充分阐述，让员工和外界利益相关者清楚地了解本次文化诊断项目开展的具体原因。在此基础上，项目概述部分还需要着重介绍本次诊断项目的主要任务、诊断所遵循的基本原则和目标，并对整个项目的执行过程做出必要的阐述。与此同时，本部分还需要对企业文化诊断数据来源做出详细解释，并以可视化的形式展示样本构成与分布。

2. 企业文化诊断基础结果

由于现有企业文化诊断主要以定量诊断为方法导向，诊断问卷工具在企业文化诊断项目中必不可少，因此诊断报告需详细阐述诊断所用问卷工具如何得到，并展示所用工具的信效度检验结果，以确保文化诊断调研所得信息的可信度。在此基础之上，鉴于绝大部分工具均具备明确的企业文化维度划分标准，诊断报告需详细汇报企业在各维度上的具体表现，以形成对企业文化的基础诊断。进一步地，该部分还需汇报基于员工视角的企业文化诊断基础数据，以助于判断广大员工对于企业文化现状的认知和期望。

3. 企业文化诊断探索性分析

在进行基础结果汇报的基础之上，诊断报告需要充分挖掘企业文化诊断体系中各维度之间的内在关系，通过结构方程模型等数理分析方法厘清企业文化内在框架，探索企业文化各要素之间的内在联系及相互影响情况，进而探究企业文化及其子维度对于员工满意度、员工工作效率、企业绩效等指标的实质性作用，从而明确现有企业文化对个体和企业发展的真实贡献情况。

4. 企业文化诊断结论

企业文化诊断结论部分主要对基础结果和探索性分析结果进行归纳总结，形成对企业文化现状的总结性评估摘要。在这一部分中，不仅要对企业文化各子维度进行分析总结，还需要有针对性地指出特定企业文化的现有优势和劣势所在。

5. 企业文化建设对策

企业文化建设对策部分需要基于分析结果和总体结论，针对存在的企业文化建设问题提出有针对性且具备高度可行性的企业文化建设对策建议，以指导企业文化革新工作的开展。

本章小结

1. 企业文化诊断是指企业领导者和企业文化管理者为充分了解企业文化与企业现状，明确企业管理的基本特征和问题，为企业文化提升和创新奠定基础，从而有目的地收集企业相关信息，进而发现问题并形成结论的企业文化研判活动。

2. 企业文化诊断需遵循以下原则：①客观一致原则；②科学全面原则；③保密性和成本控制原则；④评价与指导相结合的原则。

3. 企业文化诊断的意义在于：①有利于了解企业文化现状，建设合理的企业文化；②有利于提高管理者管理水平，促进企业经营发展；③有利于提升员工对企业的认同感。

4. 企业文化诊断工作流程分为：①资料收集；②企业内外部环境分析；③企业与外部关系分析；④现场调查。

5. 常用的企业文化诊断方法包括访谈法、问卷调查法、现场调研法和文献资料法。

6. 典型企业文化诊断工具包括 OCAI 量表、OCQ 量表、OCP 量表等。

7. 综合性企业文化诊断体系内容包括企业家价值观、管理层价值观、员工价值观、体制性价值观。

8. 员工导向企业文化诊断体系内容包括反映企业成员素质的客观指标、反映企业成员一般价值观念的指标、企业员工对于企业基本情况的理解、企业员工对于企业基本文化状况的理解。

9. 系统的企业文化诊断报告需包含：①项目概述；②企业文化诊断基础结果；③企业文化诊断探索性分析；④企业文化诊断结论；⑤企业文化建设对策。

 课程思政

1. 企业可以在诊断企业文化的基础上，加强企业思政工作的创新以及思政工作与企业文化的融合。比如，营造良好的思政工作环境、注重思政教育宣传、加强思政教育管理以及创建思政融合型的企业文化。

2. 企业文化建设中，企业需要掌握员工的思想动向和内心诉求，这时候可以通过思想政治建设工作的基本方法，如谈话、心得交流等，了解员工的需求，强化员工的主人意识，对企业保持强烈的责任心，对所有员工保持信任，对表现欠佳的员工更要加以关心，在工作和心理上提供帮助，展现人本理念的企业管理模式。

 读书推荐

《基于持续竞争优势的企业文化作用机理研究》

本书由王德胜编著，于 2010 年由山东大学出版社出版。

本书通过全面梳理国内外企业文化最新研究成果，基于持续竞争优势视角的不同理论流派争鸣，探究如何通过能力有机组合形成企业持续竞争优势，进一步构建企业文化对企业持续竞争优势作用的理论模型。本书所提出的模型经过了实证研究的检验，同时以翔实的高成长性企业案例作为定性分析基础，其理论建模具备充足的科学性和实践性，有助于为企业文化竞争优势塑造提供可行建议。

推荐理由：在百年未有之大变局下，企业如何在多重风险中实现可持续发展显得尤为关键。单纯的市场扩张或许能帮助企业在短时间内实现市场份额的不断扩大，但"在市场中生存"并不总是意味着"在长期中发展"。为保证基业长青，以企业文化培育进行企业持续竞争优势塑造刻不容缓。尤其是在互联网时代下，企业组织框架、管理理念、员工需求都在发生着深刻的变化，这些变化要求企业必须尽早形成与自身匹配的企业特质，以此作为企业发展的根本源泉，才能在新时代中焕发文化新生机。

思考练习题

一、选择题

1. 企业文化诊断的原则不包括（　　　）。

　　A. 主观性原则　　　　　　　　B. 保密性原则

　　C. 全面性原则　　　　　　　　D. 成本控制原则

2. 常用的企业文化诊断方法不包括（　　　）。

   A. 问卷调查法　　　　　　　B. 访谈法

   C. 现场调研法　　　　　　　D. 扎根分析法

二、简答题

1. 简述企业文化诊断的含义与作用。

2. 简述企业文化诊断的方法。

3. 你认为为适应时代发展，企业文化诊断的方法、程序以及工具有哪些是需要改进或进一步研究的？

学以致用

选择一家你熟悉的公司，尝试运用在本章所学知识，对这家公司的企业文化进行分析诊断，并尽可能指出其问题所在，提出相应的建设建议。

案例分析

IBM 文化：IBM 就是服务[11]

讨论题：

1. 请运用所学知识，分析 IBM 的成功经验。

2. IBM 的企业文化中，哪些方面是值得其他公司借鉴学习的？

参考文献

[1] 李雪梅. 企业家文化论[M]. 北京：光明日报出版社，2008.

[2] 叶坪鑫，何建湘，冷元红. 企业文化建设实务[M]. 北京：中国人民大学出版社，2014.

[3] 段磊，刘金笛. 企业文化建设与运营[M]. 北京：企业管理出版社，2021.

[4] 黄建春. 管理学[M]. 重庆：重庆大学出版社，2017.

[5] 胡春森，董倩文. 企业文化[M]. 武汉：华中科技大学出版社，2018.

[6] 曹书民，张丽花，田华. 企业文化[M]. 北京：北京理工大学出版社，2021.

[7] 伦佳旭，张晓燕. 中国东方航空公司企业文化的诊断与建设[J]. 产业与科技论坛，

2019，18（16）：215-216.

[8] 葛树荣.SWE：企业文化诊断的三维模型[J]. 企业文明，2020，394（9）：69-70.

[9] 康乐，鲍升华. 企业文化对企业捐赠非营利组织行为的影响研究[J]. 湖北社会科学，2013（12）：56-60.

[10] 苏真如，沈鑫，杨春，等. 基于 OCAI 量表的物流企业组织文化测评研究[J]. 现代商业，2017（9）：106-107.

[11] 王超逸，高洪深. 当代企业文化与知识管理教程[M]. 北京：企业管理出版社，2007.

第五章

企业文化设计

人是文化的创造者，也是文化的宗旨。

——苏联作家　　高尔基

 学习目标

- ➢ 掌握企业文化设计的原则和技术
- ➢ 掌握企业文化观念层设计
- ➢ 了解企业文化制度层设计
- ➢ 熟悉企业文化行为层设计
- ➢ 了解企业文化符号层设计

引例 ————————————————————————————————————●

中信国安集团有限公司的企业文化设计[1]

经过三十余年的发展，中信国安集团有限公司在历届领导班子的带领和全体员工的共同努力下，进行了完善的企业文化设计工作，形成了由国安精神、发展使命、目标愿景、核心价值观、公司理念、员工行为规范、领导人员履职规范、企业标识和国安之歌共同构成的中信国安企业文化体系，制定了规范的企业文化正式文件《中信国安集团企业文化纲领》。其中，国安精神强调"永远争第一"，这也成为国安之歌的主旨；在"诚信、创新、团结、共赢"的企业核心价值观指导下，中信国安确立了"为客户提供最好的服务，为员工搭建广阔的发展平台，为股东创造最大的价值，为社会做出更大的贡献"的企业发展使命，制定了满足客户需求的服务理念、选贤任能的人才理念、防范为先的风险理念、廉洁从业的廉洁理念、投身公益事业的社会责任理念等多方位企业理念。同时，中信国安立志做强、做优，成为若干领域领先，具有市场核心竞争力、金融与实业并举的世界 500 强跨国企业集团，向全体员工明确指出企业未来发展的目标愿景；不仅制定了明确的员工行为规范，为进一步规范企业高层的经营管理行为，还制定了以"履职尽责、追求卓越、团结协作、遵规守法、廉洁用权"为核心的领导人员履职规范。

从上述引例可以看出，企业的文化设计并非简单地制作企业标识即可，企业文化设计工作必须协调企业文化观念层、制度层、行为层和符号层等多个层次的具体内容，形成思想一致的文化体系，只有这样才能真正使企业文化成为企业员工自觉遵守的价值理念及行为准则，这样的企业文化设计工作才算成功。本章将阐述企业文化设计的原则、内容与技术以及注意事项。

第一节　企业文化设计的原则与技术

企业文化是企业的灵魂，缺乏企业文化的组织犹如失魂的体魄，其整体架构面临着瞬间坍塌的巨大风险。在进行准确的企业文化评估之后，企业需要根据评估结果进行企业文化设计及落实工作。同样，文化设计工作并不是凭空产生的，其仍需要遵循相关原则和技术而进行。

一、企业文化设计的原则

企业文化设计是企业文化建设的依据和规范，主要是指在从事企业文化建设之前，或者在正式开展企业文化建设项目之前，在企业文化理论指导下，灵活运用企业文化理论和相关学科理论，根据企业的实际情况、目的要求和客观环境，预先策划、制定实现目标的方法、途径的文本和图样等[2]。

企业文化设计不能盲目从众，也不能脱离企业发展实际而过分标新立异。为塑造企业自身的独特性格，锻造专属于企业的文化灵魂，企业文化设计工作必须有纲可循，在顺应时代发展的要求之下，充分与企业生产经营实际相结合，确保企业文化设计不仅有利于企业生存发展，更有助于体现多重利益相关者的广泛利益诉求。一般而言，企业文化设计需遵循以下六大原则。

（一）历史性原则

任何文化都需要一定时间的沉淀才能形成一定的厚度，企业文化也不例外，企业文化也是企业形成、生存与发展到一定阶段的产物。从更为宏观的角度看，经济基础决定上层建筑，企业文化的形成必然与社会经济发展状况紧密相连，也就是说，企业文化的发展不仅无法与企业历史相分割，更是特定时期下社会经济、政治、文化与社会的折射。

企业文化的设计与完善工作事实上就是不断回溯企业历史，从中找到并提炼出企业整体和员工个体的优良文化传统，将得到的优良传统在新时期的企业内不断弘扬并发展的过程。由于每个企业的发展历程各不相同，因此企业会形成自身独特的优良传统。在现实中，我们也常常能看到企业优良传统文化对员工工作起到积极作用的经典案例，这启示我们在进行企业文化设计时必须认真溯源企业历史，准确提炼企业优良传统，这是企业文化设计工作的重要基础。

（二）前瞻性原则

企业文化的设计不仅要回溯历史，更要着眼未来。随着时代的发展，企业文化绝非一成不变，作为企业上层建筑，它需要根据不断变化的企业经济基础乃至社会经济基础不断做出调整变动，以期适应时代发展的新要求。企业文化设计之初得到的结果并非尽善尽美，必须在实践中不断剔除跟不上时代步伐的企业文化部分。

面对日趋复杂而激烈的竞争环境，企业文化的设计工作必须站在更高处，不仅仅关注眼前的利益，更要注重企业未来的长期可持续发展，不仅要适应时代潮流，有前瞻性，更要做到引领时代潮流，这才能使经过设计得到的企业文化对内部员工具有指导性意义，为企业注入一针强心剂，帮助企业在竞争之中脱颖而出。

（三）社会性原则

从利己角度出发，传统企业追求的目标是利润最大化，一切生产经营活动均需要以提高企业利润为最终目的。但是，人们如今更加强调企业与社会之间的"鱼水关系"，因为企业的社会价值在于为社会公众提供产品和服务，如果离开了社会，企业也就失去了存在的意义。因此，企业只有树立"以人为本"的经营管理理念，以服务社会的思想为指导切实进行企业文化设计，才能使企业文化具有足够优秀的导向性，指导员工在日常生产经营工作中自觉完成社会使命，获得社会的认可，从而帮助企业树立良好的社会形象，确保企业不会轻易被社会淘汰。

（四）人本性原则

如果说企业文化对外需要遵循社会性原则，对社会负责，那么对内则需要贯彻落实人本性原则，一切设计工作均需要以激发员工潜能为核心目标。虽然企业文化设计的最终目的在于实现企业价值，但这并不妨碍在此过程中实现对企业员工的关怀。根据马斯洛需求层次理论，员工不仅需要在企业中获得足够的薪酬以满足自身的生理需求、安全需求，更需要在日常工作及职业生涯发展中实现社交需求、尊重需求和自我实现需求。良好的企业文化应该使得员工在企业工作时不断感知到自身需求层次的提高，甚至充分察觉到自我价值的实现。只有充分立足员工基础，促使员工发展与企业发展同步向前，才能不断激发员工的潜能以释放企业的真正潜力，最终实现企业文化的终极目标。

（五）差异性原则

每个企业鲜明的个性是企业的真正活力所在，每个企业不仅发展历程各不相同，其现有经营结构、行为习惯、价值取向等也存在着极大的差异，因此企业文化设计切忌照搬照抄。现实中确实存在许多相似的企业文化，但是世界上没有任何一个真理放之四海而皆准，企业文化同样如此，即使一种企业文化在一家企业中获得巨大的成功，但如果将其教条式地照搬移植到其他企业中进行培养，最终可能会导致南橘北枳的惨痛结果。

文化可以借鉴，文化也可以融合，但借鉴与融合的前提必然是碰撞，只有在碰撞中找到不同企业文化之间的差异，取其精华，去其糟粕，再根据企业自身情况对企业文化进行持续完善，才能保持企业文化的个异性，使得企业文化设计工作取得成足的收益[3]。

（六）一致性原则

企业文化设计对外要遵循差异性原则，而在企业内部文化设计过程中，则要注重保持极高的一致性。作为一个系统，企业应被视为一个各要素紧密配合的有机整体，这对于企业文化也不例外。企业文化包括观念层、制度层、行为层、符号层等多个层次的内容，企业文化设计终归需要分解到各个层次进行设计后再进行有机组合，只有坚持以企业文化观念层为指导思想，以企业文化制度层及行为层为约束，以文化符号为镜像，使企业战略目标成为观念层、制度层、行为层、符号层共同的设计理念基础，在目标、思想和行动上高度统一，才能使得企业文化成为一个合理而有效的体系。与此同时，企业文化也是企业体系中的重要一环，还需要与企业的战略规划、日常生产经营计划、管理制度等保持高度一致，才能让企业真正形成有机高效的系统。

二、企业文化设计的技术

在遵循相应设计原则的基础之上，企业文化设计也应充分采取一系列实践技术，确保企业文化的最终输出不仅简练扼要，更能够符合企业全体成员的文化诉求。本部分将对企业文化设计中的个性化语言提炼、企业价值理念概括、人员观念整合等技术要点进行着重介绍。

（一）个性化语言提炼

在企业文化设计中必须遵循差异性原则，切忌照搬照抄其他企业的企业文化，即使这些企业文化已在其他企业中获得巨大的成功，也不能确保该类文化能在自身企业中取得同样的成就。而事实上，我们可以看到许多企业的文化标语雷同，诸如"团结""和谐""务实""勤奋"等词语成为许多企业文化的首选表述语言，这不仅无法让外界真正了解企业的战略目标，还有可能使得企业员工对组织抱有"假大空"的看法，不仅起不到企业文化原有的凝聚效果，反而对企业百害而无一利。

当然，也有许多优秀企业的企业文化值得我们借鉴，如作为服装生产公司的雅戈尔集团以"装点人生，服务社会"作为企业理念，不仅与企业本身的经营战略保持高度一致，还能对外起到宣传的效果；长虹集团的"用我们的品牌筑起我们的新长城"不仅是企业文化的体现，更蕴含了十足的家国情怀，无形中提高了消费者对企业的信任程度；作为外国企业的波音公司将企业文化确立为"领导航空工业，永为航空先驱"，直接明了地体现该公司引领整个行业的决心与信心，这与华为的"狼"文化有着异曲同工之妙。

那么在实际设计中，我们又应如何对企业文化表述语言进行个性化的反复提炼呢？首先，企业文化个性化语言设计必须基于原有传统，并赋予其新的内涵。如九芝堂公司根据祖训"药者当付全力，医者当问良心"，结合现有公司发展规模，确定了"九分情，一分利"的经营理念，短短六个字便体现了其人本思想，同时"一分利"的表述也有别于其他企业，避免给员工和外界留下"假大空"的印象。

其次，个性化语言需要经过多轮重复筛选和修改，具体可遵循"提—炼—选—饰—简"的过程：①"提"是指提出一系列的个性化语言备选方案供选择；②"炼"是指对提出的备选方案进行初步的文字加工，对措辞进行精确修改，以区别于其他企业；③"选"是指在已初步加工的备选方案中选择最符合企业战略的一个方案作为最终备选；④"饰"是指在"炼"和"选"的基础上对最终备选方案进行进一步精心修饰，要确保语言能够向外界传达企业所要表达的个性所在；⑤在"饰"的基础上，"简"这一环节需要对初步成型的语言进行精简，避免文化语言烦琐[2]。

（二）企业价值理念概括

作为企业文化的核心，企业核心价值理念是衡量企业行为是与非、对与错的一把明确标尺。反过来，如果企业遵循优良核心价值观而采取合理的经营管理活动，也很有可能为企业绩效带来积极影响[4]。核心价值观只有得到上至高层领导、下至一线员工的一致肯定才有可能达到预期的效果，这便需要对企业核心价值理念进行准确概括，使员工准确理解其内涵所在，从而自觉遵循企业共有价值准则。

准确概括企业核心价值观的前提是明确核心价值观所应考虑的各大内外要素[5]，其中涉及"外部适应"的要素包括：国家或政府、顾客因素、社区因素、供应链合作伙伴关系、与竞争对手的关系、与大自然的关系；涉及"内部整合"的要素一般包括：对处理企业内部人际关系的要求、对成员生产经营活动的期许、对个人素质的期望、对个人工作能力的期望以及企业的重大事项决策风格[6]。在综合考虑这些因素之后，可通过问卷调查法或关键小组访谈的方式对核心价值观展开调查，并在所得到的结果中根据企业发展现实进行筛选，最终确定最具特色的企业核心价值理念。

当然，准确概括企业核心价值观不代表只能选取一个最为核心的理念，企业也可形成一个在核心价值观指导下的成系统的价值观体系，如通用公司的价值观便是一个包括十几条准则的相辅相成的系统，但有一点需要注意：根据前瞻性原则，企业核心价值观需要随着时代的发展而不断改良，仍以通用公司为例，其价值理念体系在 20 世纪八九十年代便经过了多次的修订，以不断适应环境和企业使命的新要求。

（三）人员观念整合

企业的员工拥有不同的性格、教育经历、家庭经历与工作经历，这使得企业员工初期进入企业时拥有着迥异的文化观念，这在一定程度上会造成企业内的文化冲突，如果处理不当，可能会极大削弱企业员工向心力，对企业绩效造成难以挽回的负面影响，这一管理难题需要领导与员工的共同努力才能克服。一方面，企业领导者要引导、协调员工在价值观上的差异，培养员工"求同存异"的思想，善于运用企业核心价值观引领员工在个人价值观上发生转变，促使员工一切以大局为重，向企业理念看齐；另一方面，通过教育和培训，员工需转变被动遵守员工行为守则的观念，主动树立企业文化管理意识，将企业文化观念作为自身在企业的工作生活标准，努力与内在群体价值观保持一致。

第二节　企业文化观念层设计

作为企业文化的核心内容，企业精神文化被视为企业制度文化、企业行为文化及企业物质文化的精神向导。鉴于企业精神文化的重要地位，在对企业文化进行全方位的调查评估工作后，如何根据已有信息进行企业文化观念层设计以为整体企业文化设计奠定基调成为首要工作问题。

企业文化观念层设计具体包括以下五个方面的内容，即企业愿景设计、企业核心价值观设计、企业哲学设计、企业经营管理理念设计以及企业精神设计。

一、企业愿景设计

作为企业发展的最高目标，企业愿景着重回答企业"未来往哪里走"这一深刻问题，阐述了组织在长远未来中的发展方向、自我设定义务及社会责任等[7]。调查显示，在中国500强企业中，超过80%的企业拥有独属于组织自身的明确企业愿景[8]，可见企业愿景的设定对企业发展壮大至关重要。例如，阿里巴巴将企业愿景设定为"让客户相会、工作和生活在阿里巴巴"，体现了公司以客户为本的经营理念；为适应科技时代的革新，腾讯公司与美的公司也于2019年将企业愿景分别定义为"用户为本，科技向善"以及"致力成为全球化科技型企业"。

但是，鉴于在企业文化体系中的重要地位，企业愿景制定工作并非一蹴而就，其设计过程仍需遵循以下步骤进行，如图5-1所示，以确保企业最终制定的愿景使命能满足企业长远发展要求和社会需求。

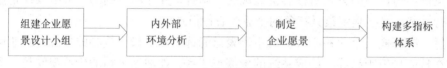

图 5-1　企业愿景设计步骤

（一）组建企业愿景设计小组

现实中的许多企业经常由公司的高层人员进行企业愿景制定工作，虽然高层人员能够高瞻远瞩，但此做法削弱了愿景设计工作的民主性。因此，在进行企业愿景规划工作时需要首先成立一个企业愿景专项设计小组，其中小组成员按照企业各层级员工的数量和对企业的贡献程度在组织各个层次选拔，并充分调动设计人员的主人翁意识，以保证最终的企业愿景充分反映企业全体人员的长远发展志向。

（二）内外部环境分析

企业愿景的确定需要以一定数量的资料作为依据，这些资料通过对企业所处的内部环境和外部环境进行剖析得到，具体包括：企业外部经济环境、政治环境、文化环境、社会环境分析；企业利益相关者分析；企业所处行业和产业发展现状分析及前景预测；企业内部环境分析。

企业愿景一般不轻易改变，但值得一提的是，当前企业面临的内外部环境瞬息万变，因此，当企业面临环境的剧烈变化时，需要更加注意加强环境分析工作，判断先前制定的企业愿景是否符合企业所处的环境条件，决定是否有修改企业愿景的必要，以不断适应时代的要求，前文中腾讯公司与美的公司近年来企业愿景的转变便是一个很好的例证。

（三）制定企业愿景

通过企业内外部环境分析，企业愿景设计小组对企业所面临的环境因素有了较为完整的把握。根据所得到的信息，企业愿景设计小组需进行领悟力训练，在训练中了解其他成员对公司未来发展方向的看法与憧憬，从而得到小组成员均认可的企业愿景雏形。

在此之后，应选择企业中某一基层部门对该初始愿景进行测试，考察员工对此的反应，如果绝大部分员工对企业愿景表现出积极乐观的态度，则可以遵循自下而上的原则选择该部门的上级部门再次进行测试，直至企业最高级别部门测试完毕；如果中间某个部门的员工表现出消极的情绪，则需要征询他们对此愿景的看法和相关建议，以此为根据进行愿景修改工作，然后重新进行测试。

小组最终设计的企业愿景需要交付企业最高决策层进行批示，并在企业内部进行持续宣传，以增强员工对新制定的企业愿景的认同感。

（四）构建多目标体系

企业愿景是企业的最高目标，这显然无法用于指导企业员工的日常工作，因此企业需要在企业愿景的基础之上进行目标分解工作，最终形成系统的多目标体系，为实际工作提供明确方向指引。企业可以根据不同的维度对最高目标进行分解。

（1）根据方向进行分解。为应对内外部环境存在的多种不确定性，当前许多企业采取多方向经营的方式降低经营风险，企业可根据不同的方向制定不同的目标体系，以使目标更贴合实际经营工作。

（2）根据层次进行分解。按照目标层次可将企业目标划分为战略目标、战术目标和执行目标（或作业目标）。

（3）根据时间进行分解。按照时间可将企业目标分为长期目标、中期目标和短期目标，目标实现时间的制定往往需要以目标所处层次为依据。

（4）根据组织结构进行分解。按照组织结构可将企业目标分解为组织目标、部门目标、团队目标、员工目标等。

二、企业核心价值观设计

企业价值观可分为核心价值观和一般价值观，其中一般价值观是在核心价值观确立的基础上形成的。不同于一般价值观，企业核心价值观一般不涉及商业利益以及具体的经营战略，更多作为实现企业终极价值的手段和工具而出现[6]。核心价值观的设计需要与已确立的企业愿景相协调，同时要能够反映企业全体员工的主流价值观，这才能使企业在未来的经营管理中有一把明确的道德标尺。

企业核心价值观设计包括以下四个环节。

（1）分析企业所处社会的主流价值观，结合企业已制定的企业愿景，初步提出核心价值观，并由员工进行讨论和修改工作。

（2）在企业核心价值观的指导下，制定企业的一般价值观，形成完善的企业价值观体系。

（3）将核心价值观与企业文化的观念层、制度层、行为层、符号层中的多种要素进行匹配，不断对核心价值观进行文字提炼，力求得到更加准确的核心价值观文字表述。

（4）将得到的核心价值观在员工间进行宣讲，增强员工道德向心力的同时，积极听取员工的相关意见，以对价值观体系进行不断修改。

三、企业哲学设计

企业与哲学的第一次结合出现于 20 世纪 20 年代《管理哲学》一书，奥利弗·谢尔登在此书中提到日常管理工作仅仅是管理原则的具体应用，这在企业经营上起次要作用，而起主要作用的是管理一般科学原则，管理哲学的本源是在探讨"何为管理"的问题。企业哲学需要进行长期沉淀积累，而并非可由人工专门设计得到。

一般来说，企业哲学主要来源于企业家的哲学取向、整体员工的哲学思维和价值取向，以及社会公众的哲学氛围。根据这些具体的哲学来源，企业可形成由文化哲学、生存哲学、发展哲学、经营哲学和管理哲学所构成的企业哲学体系，其中的经营哲学与管理哲学和平常的企业实践活动密切相关，是企业哲学的有形部分；生存哲学和发展哲学相对而言更侧重于理论层次，属于企业哲学的无形部分；文化哲学则既属于有形部分也属于无形部分[9]。

由于企业哲学的特殊性，我们无法用语言阐述如何对企业哲学进行具体的设计，但表 5-1 所列举的知名企业的相关企业哲学将有利于读者理解如何选择与企业经营管理相契合的哲学理念。

表 5-1　企业哲学示例

企 业 名 称	企 业 哲 学
美国沃尔玛百货有限公司	简单是宝，执行是金
上海大众汽车有限公司	心之所向，境之所在；大道至简，繁在人心
苏宁云商集团股份有限公司	企业盛衰之本在于人
美国亚马逊公司	让高标准渗透公司文化；快速行动并专注于成果
美国福特汽车公司	任何伤害别人的事情最终都会以相同的方式给自己带来伤害
珠海格力电器股份有限公司	以制求存，以治谋远
上海电站辅机厂	为明天而工作

四、企业经营管理理念设计

企业经营管理理念设计同样是企业文化观念层设计的重要工作之一，只有确立与企业实际运营情况相匹配的经营管理理念，企业才能清楚了解应承担的对内、对外社会责任，也只有在合理的经营管理理念的指导下，企业才能明确未来的前进方向和发展道路。

（一）企业经营理念设计

广义上的经营理念包含企业中所有的精神文化，而狭义上的经营理念则侧重于强调对企业中的生产经营经验进行总结，以上升为企业的各项经营宗旨和经营思路等，助力实现企业的最高目标（愿景）。在实际操作中，企业经营理念设计一般包括以下三个步骤。

1. 确定表达范围和重点

由于经营理念设计的范围较广，企业需要在众多的经营理念子类中明确表达的重点：是侧重于突出企业的经营政策？是强调企业的经营思路？抑或是在经营理念体系中给予经营方针更高的地位？

在实践中，常会出现企业用较多的文字表达全方位的经营理念，意图做到面面俱到，结果却适得其反，让员工和外部消费者抓不住企业经营理念的重点。在企业经营理念设计方面，全球大型跨国连锁餐厅麦当劳做出了很好的示范。麦当劳将企业的经营理念界定于质量（quality）、服务（service）、清洁（clean）和价值（value）的范围之内，形成QSCV 原则，该原则看似简短，却明确阐明麦当劳顾客至上的黄金准则，直接突出了企业经营理念的重心所在。

2. 确定表达结构

企业经营理念结构有外在部分和内在部分之分。外在部分主要目的在于让外部了解企业经营所秉持的价值观，因此被称为企业的"经营姿势"；内在部分主要是制度、行为层中的经营行为规范。一个健康的企业经营理念表达结构，应是以完备的内部经营行为规范作为基础支撑，对外展示企业积极的"经营姿势"，这提示企业在进行企业经营理念设计时应结合企业文化制度层及行为层设计进行，否则得到的"经营姿势"没有坚实的结构基础作为支撑，这将导致企业外在形象极容易在瞬间倒塌。

3. 确定表达内容

在明确表达范围、重点和内外在部分结构之后，企业需要对经营理念进行明确阐述，每个企业的经营理念表达因情境差异各有不同，一些优秀案例中所展示的经营理念共性可供企业进行经营理念设计时参考。例如，许多日本企业秉持着人本主义、质量主义、消费者至上主义、"和"主义、环境主义、全球主义的经营理念[10]；全球家电巨头松下电器创始人松下幸之助始终保持着"造人先于造物"的理念，不断加强人才培育工作，在企业内部形成了命运与共的氛围，大大提高了员工的工作效率。

（二）企业管理理念设计

不同的企业由于经营目标的差异，其管理理念往往存在很大的不同。例如，部分企业以工作为主要管理理念导向，那么其管理理念往往是基于效率第一原则而延伸的，不仅将遵循高度严格的管理控制，其管理理念也主要以物质激励和崇尚职位权力为主；而在以关系为主要导向的企业之中，其管理理念主要体现为关系第一、民主领导、高度精神激励和对个人权力的崇尚。

为在管理方格中明确企业的管理模式位置，进行管理理念设计需要遵循以下三个步骤。

1. 管理理念影响因素分析

企业管理中许多方面都会影响管理理念的最终确定，进行管理理念设计时应主要考虑以下因素：企业价值观、工作形式、员工多样性（包括知识水平、能力素质、年龄等）、企业一体化程度、风险承受度等。

2. 遵循相关管理理念设计原则

管理理念设计首先应遵循以企业价值观为导向，从实际出发的基本准则。如企业强调以员工为导向，则需要秉持关系第一的宗旨，采取民主的管理作风，在组织中以精神激励为主要方式鼓励员工；如企业选择以生产为导向，则需坚持效率第一，领导作风更偏向于专制，激励方式也需要更多采取更为直接的物质激励手段。

3. 管理理念的确定

根据以上步骤可以初步确定企业管理理念，但是初定的管理理念还需要与企业文化其他层次相适应，同时还需要通过管理实践的检验，如果初始管理理念在实施中遇到较大的障碍，则需要考虑对其进行修改，从而不断完善。

五、企业精神设计

在企业愿景、企业核心价值观、企业哲学以及经营管理理念形成的基础之上，企业必定要培育独属于自己的企业精神以凝魂聚气，为员工指明企业整体的价值取向。企业精神的具体设计方法有以下四种。

1. 员工调查法

由于企业精神是企业员工在长期的生产经营活动中逐步形成的，因此对员工进行广泛调查能够更充分地反映企业精神的本质所在。进行员工调查工作首先应将候选的企业精神要素进行罗列，形成一定形式的企业精神清单供员工选择，并让员工尽可能阐述选择该项企业精神要素的原因，最后根据员工整体意见进行选择。这种方法虽然耗时耗力，却拥有良好的员工基础，据此制定的企业精神更可能得到群众的支持。

2. 典型案例分析法

对企业英雄模范事迹进行深度剖析，从中提炼出企业最为核心的精神要素，以此作为企业精神。诚然，相比于员工调查法，这种方法花费的成本相对较小，但是当企业英雄事迹不够突出时便会大大削弱方法的适用性，同时也不能确保从英雄模范事迹中提炼得到的企业精神能够代表全体员工的精神面貌。

3. 专家咨询法

专家咨询法即通过聘请外部管理咨询公司，根据企业内部资料进行独立调查，制定企业独特的企业精神。这种方法虽然可能会因为专家对企业内部情况的了解程度而受到影响，但由此得到的企业精神往往是高瞻远瞩的。

4. 领导决定法

由于企业最高层领导对于企业的历史发展沿革、企业各方面的发展现状均有较为深入的了解，因此企业领导可以站在较高的角度看待企业未来的发展，从而对企业精神进行更具全局性的设计。这种方法的优点在于不必耗费大量精力，但也存在着脱离员工的潜在缺陷，因此需要在企业精神宣传工作上下更多的功夫。

在实际运作中，企业一般不会单单采取其中一种企业精神设计方法，而会结合多种方法进行设计工作，以确保企业精神的科学性和代表性。例如，可以在员工调查的基础之上得到部分候选精神要素，再根据典型模范事例进行要素提取，既确保了企业精神的代表性，又保证了制定的企业精神能够得到员工的广泛认可[11]。

例证 5-1

IBM 的"最佳服务"企业精神[12]

第三节　企业文化制度层设计

在企业文化观念层设计完毕之后，企业还需要制定科学的制度体系，以确保企业文化观念落地实施。企业文化制度层设计包括企业一般制度设计和特殊制度设计[13]。

一、一般制度设计

一般而言，企业的一般制度包括工作制度和责任制度。

1. 工作制度的设计

工作制度是指为确保企业各项工作有序进行而制定的各项运行程序规定，企业工作制度具体包括各岗位责任制度、人力资源管理制度、奖惩制度、生产管理制度、质量管理制度、财务管理制度、销售管理制度、行政管理制度等。

每一个企业的工作制度大致框架基本相同，其具体内容则因企业性质及经营方向不同而有所区别，但也绝非无迹可寻。在进行工作制度设计时主要应该遵循以下原则。

（1）一致性原则。企业的工资制度不仅应与责任制度、特殊制度等配套形成高度一致的企业制度体系，还应与企业文化的观念层、行为层及符号层相互呼应，尤其切忌脱离企业文化观念层进行工作制度设计工作。

（2）个性化原则。在坚持一致性原则的基础之上，企业进行工作制度设计时还需要体现企业的独特性，根据产业特点、行业特点以及公司的具体情况进行制度设计。

（3）现代化原则。企业的工作制度应与时俱进，工作制度体系及具体内容均应体现时代发展的特点，实现科学管理。例如，在信息技术高速发展的今天，携程公司便开发出"互联网+党建"的模式，通过在企业内部 App"程里人"中开设微党课，设立多种线上党建项目，成功在云端开辟党建工作新天地，建立了省时省力且极为高效的携程公司特有的党建工作制度[14]。

2. 责任制度的设计

责任制度是指企业内规定的各部门、各岗位的职责范围、所应承担的责任以及拥有权力的规章制度，因此责任制度又可分为部门责任制和岗位责任制。责任制度设计应该遵循以下相关原则。

（1）责任分解要合理。现实中的企业常常出现部门或岗位责任重叠或者部分责任无人承担的现象，这都是由于在责任制度设计时未科学合理地分解责任。合理的责任分解不仅有利于明确各项职责的实际承担者，更能够充分调动员工的工作积极性，提高部门乃至企业的内在凝聚力。

（2）鼓励员工参与责任制度设计工作。部分企业往往根据最高领导人的意志完成责任制度设计，这种做法不仅脱离了实际工作，还有可能导致责任划分不清而造成员工不满。因此，在责任制度设计阶段，企业应充分调动员工的主观能动性，了解员工对于所处职位应承担的责任的看法，尤其要注重纵、横向上相邻岗位对部分可能产生重叠的责任的划分意见，在此基础上进行科学合理的制度设计。

（3）处理好"责""权""利"的关系。"责"是指岗位所应承担的责任，"权"指的是岗位赋予员工的权力，"利"是指员工从岗位上得到的利益。当员工所应承担的责任远远大于得到的权力和利益时，必然会削弱员工的工作积极性，进而影响企业的经营管理效率；而当"权"远远超过"责"且得到的利益与责任不相匹配时，不仅会导致权力滥用的现象在企业内部频发，还会大大降低组织内部公平性，这同样会给组织带来极大的危害。

例证　5-2

潮宏基的制度文化[15]

二、特殊制度设计

不同于一般制度，特殊制度并非所有企业都拥有，该类制度一般是企业文化发展到一定阶段的产物，它更加能体现企业文化的深刻内核。最具代表性的例子是，在新时代下，中国企业尤其是国有企业必须坚持以党建工作制度凝魂聚气，这一极具中国特色的企业特殊制度要求把党的领导融入企业治理的各个环节之中，明确党组织在法人治理结构中的法定地位；而对于跨国企业而言，由于业务扩张需要，文化差异管理工作成为企业管理的一项重要内容，此时，专用于调解文化差异、降低文化沟通成本的"文化站"便成为跨国企业这一类型企业重要的特殊制度设计。

值得一提的是，特殊制度是每个企业的特殊产物，但这并不意味着每个企业的特殊制度毫无联结。部分特殊制度虽在各企业中的称谓有所不同，但其实质目标往往存在部分共通之处。以下将基于关注员工生活、促进企业民主发展、贯通企业沟通渠道等目的着力介绍"五必访"制度、员工民主评议干部制度、员工-领导对话制度以及其他特殊制度。

1. "五必访"制度

"五必访"制度是指当员工情绪不稳定、生病、工作遇到困难、家庭经济生活困难、家庭遭遇重大变故时，工会及时伸出援手，为员工提供及时、必要的帮助。这种制度的设计是基于企业已建立标准工会体系而进行的，同时需要在制度设计时强调当工会遇到上述情况时应采取积极主动的姿态，让员工及时感受到来自企业的关怀。

2. 员工民主评议干部制度

员工民主评议干部制度主要用于知晓员工对领导的看法，相关评议结果将作为企业做出晋升决定的重要标准。进行民主评议的主要方法有问卷调查法、访谈法等，其中匿名式问卷调查更能够反映员工对领导的真实态度，是群众路线思想在企业制度设计中的最好体现。在员工民主评议干部制度设计中，最主要的工作是制定民主评议测评表和民主评议意见表，前者主要以量化员工和领导关系的方法对领导者表现进行测量，后者则是在测评表的基础上进行相应意见补充，让制度设计人员更加清楚地了解员工的真实想法。

3. 员工-领导对话制度

领导与员工之间增加对话频率、提高对话内容质量，有利于领导清晰地了解基层工作情况，同时增强领导与员工之间的信任。员工-领导对话制度设计的工作重点在于打破员工与领导之间的对话壁垒，一方面，要通过相应的制度设计促使领导放下"官架子"，耐心倾听员工的意见和建议，从而不断改善管理能力，提高领导才能；另一方面，在员工-领导对话制度中应纳入相关物质激励和精神激励措施，鼓励员工主动与领导进行对话，破除员工因组织地位差异而不敢对话的窘境。只有通过科学合理的制度设计，使得员工与领导之间实现双向沟通，让双方共同为提高企业效率而努力，这样的员工-领导对话制度才有存在的意义与价值。

4. 其他特殊制度

事实上，在企业实际运作中还存在许多独具企业特色的特殊制度。例如，在"追求卓越"的企业精神指导下，海尔集团实行"日清日高"管理制度，通过目标系统、日清控制系统以及有效激励机制，实现企业中每天所有大小事宜均有相应责任人进行管理，且保证每日工作计划能够按时完成，保证企业高质量、高效率目标的实现。这种特殊制度事实上出现在许多企业日常实施的工作日志法中。

无论如何，企业的制度设计工作必须以企业精神、企业核心价值观等为指导，并且在设计时确保制度能够落到实处，防止出现制度设计工作成为空中楼阁的错误倾向。

中国通用技术集团企业制度设计[16]

第四节 企业文化行为层设计

有了企业观念层内容指导的制度文化设计，企业还需要将各项规章制度落到实处，让制度体系真正发挥实效。而在制度实行过程中便会涉及企业员工的各种工作行为，因此企业还需要对企业文化的行为层进行设计，使得员工行为有一定的标准作为导向和约束。企业文化行为层设计包括企业风俗设计和员工行为规范设计。

一、企业风俗设计

企业风俗是指企业约定俗成的仪式、行为习惯、节日等，它在企业中并没有明文的规定，且其形式和内容随着企业的变化而差异较大。值得一提的是，虽然部分观点认为企业风俗应作为企业"不成文的制度"纳入企业制度体系之中，但是本书认为企业风俗更多是由企业整体员工长期稳定的行动所孕育的，因此将其设计工作纳入企业文化行为层设计更为合适。

（一）企业风俗类型与作用

根据不同的分类标准，企业风俗可以分为多种类型。按照风俗特有性可以将企业风俗分为一般风俗和特殊风俗，例如，公司部门聚餐、公司庆典等为一般风俗，一些为某企业所特有的习俗为特殊风俗；按照风俗对企业的影响可将企业风俗分为良好风俗、一般风俗和不良风俗，如聚餐、庆典、仪式等企业风俗活动有利于企业员工进行人际交往，进而提高企业生产效率，可被纳入良好风俗范畴，而有些公司盛行赌博、喜欢与上级建立不恰当的私人关系，这些则是对企业生产管理活动造成极其不利影响的不良风俗，一般风俗则对企业没有明显的好处或坏处。

企业风俗是企业文化的重要组成部分。不良的企业风俗自然会给企业带来极大的危害，但一旦企业在内部形成良好的企业风俗习惯，则能够加深员工对企业文化的理解，从而有利于企业的发展。企业风俗具体有以下三点作用。

1. 凝聚作用

企业风俗是在员工长期行为习惯的基础之上逐渐形成的，因此企业风俗必定具有良好的群众基础，这种风俗无疑能够增强员工之间的观念认可，从而提升企业整体凝聚力。因此，设计和培育良好的企业风俗有利于增强员工的认同感和归属感，使得员工劲儿往一处使，这对企业来说必是一大福音。

2. 约束作用

由于企业风俗能够增强员工之间的认同感，因此，当企业中出现一些违反企业良好风俗的行为的时候，相关员工会受到其他员工的排斥和抵制。这种约束作用事实上是由企业员工的共同价值观决定的，也就是说，企业风俗的约束作用实际上已经超越了由企业价值观外化而成的企业良好风俗本身。

3. 辐射作用

企业风俗在企业内部形成并维持，但是企业风俗总会通过各种传播方式为企业外部人员所知。良好的企业风俗有利于向外界展示企业美好的风貌，使消费者欣赏企业坚定的内在理想信念。例如，沃尔玛公司内部领导办公室的门从来不关，为的就是方便员工能够随时走进去与领导沟通工作情况，这也使得沃尔玛向外界树立了"公仆领导"的形象；同时，沃尔玛每周六的晨会也成为企业的风俗特色，员工会在领导的带领下跳健美操、唱歌、喊口号，而不是枯燥地坐在会议室听着领导严肃讲话，这也让外部人员觉得沃尔玛是一个极其尊重员工的良心企业。

（二）企业风俗设计工作

企业风俗设计工作需要在原有企业风俗基础之上进行，对于未建立风俗习惯的企业，需要根据企业文化的观念层、制度层及符号层进行企业风俗设计与培育；而对于已建立风俗习惯的企业，需要对企业风俗进行重新审视，对某些不良企业风俗进行改造。

1. 企业风俗设计与培育

为确保与整体企业文化体系相适应，实现各文化层次协调发展，优良的企业风俗设计工作应遵循以下四个原则。

（1）与企业文化观念层理念内涵相一致。作为企业文化行为层的灵魂，企业文化观念层中的企业愿景、企业核心价值观、企业精神等可以为企业风俗的设计提供精神向导，为企业风俗获得企业内部员工的一致认可提供充实的软支撑。例如，某公司一直把实现社会责任作为最高的企业愿景，在该愿景的引导下，公司会定期举行社区联欢会，不断密切公司与社区的关系，尤其是在春节前夕，公司办公室会负责筹办联欢会，并邀请社区居民到公司参观，举办员工与居民共同参与的茶话会，大家共进晚餐，互赠礼物，达到密切民企关系的效果。

（2）与企业文化制度层要素相适应。作为企业文化观念和企业文化实际行为之间的桥梁，企业风俗这种"不成文制度"与正式制度一样对员工起约束作用。因此，企业风俗设计工作要与企业制度体系中的工作制度、责任制度和特殊制度相适应，两者之间相互补充，从而为树立良好企业形象提供支撑。

（3）与企业文化符号层相协调。作为企业文化最显著的外化表现，企业文化符号为企业风俗提供坚实的物质基础，两者之间只有相互协调，才能形成合力，让企业内外部均感受到企业强大的精神文化内核。

（4）企业风俗要精美。企业风俗贵不在多而在精，设计一个精美的企业风俗对员工的激励作用远大于制定过多风俗，泛滥的企业风俗不仅达不到预期的效果，反而还会占用员工宝贵的工作时间。

2. 企业风俗的改造

事实上，有一些企业在潜移默化之中已经形成企业特有的风俗习惯，但由于企业风俗有不良风俗和良好风俗之分，因此当这些企业需要进行企业风俗设计时，需要对现有企业风俗进行检查，对部分不适合企业发展的风俗进行改造。

在进行企业风俗改造之前需要对风俗习惯进行科学分析，在这个过程中必须坚持"三个结合"：结合企业现有风俗习惯形成的历史缘由；结合企业未来的发展道路；结合企业所处的社会环境，考虑企业风俗对社会公众的作用。在对企业现有风俗进行分析之后，企业需要根据情况采取以下四种方法中的一种或多种进行风俗改造。

（1）潜移默化法。通过舆论等非正式渠道对企业风俗进行改造，经过较长一段时间才能达到效果，这种方法适用于企业风俗存在不良影响但并不明显的情况。

（2）扬长避短法。采取积极措施引导企业风俗不断完善，这种方法主要运用于现有企业风俗基本可为企业带来正向影响的情景。

（3）立竿见影法。运用强制手段对企业风俗进行干预，短期内迅速建立企业风俗。这种方法能使得一些内在观念积极的风俗习惯迅速转化为员工的外在表现。

（4）脱胎换骨法。这种方法适用于企业现有风俗习惯已经严重阻碍企业发展的场景，通过正式组织和非正式组织的共同努力，对企业风俗进行全方位的改造，力求企业风俗为企业带来积极向上的影响。

例证 5-4

阿里巴巴的年陈文化[17]

二、员工行为规范设计

企业风俗是员工行为的隐性体现，并没有明确的规范可供员工参考执行，因此，为了使员工的共性行为习惯评价活动有据可循，企业仍需制定相关员工行为规范作为员工日常行为活动的标准，通过强制性略低于企业正式制度的手段指导和约束员工的言行举止。目前，许多企业已经认识到行为规范对管理员工日常行为以及塑造企业文化的重要性，员工行为规范设计已成为建设企业文化的一大重要内容。

（一）员工行为规范的主要内容

设计员工行为规范首先要明确员工行为规范的主要内容。由于员工行为规范的具体内容随企业的性质变化而变化，因此本书列出的企业员工行为规范主要是一般企业都应该明确列出的行为准则内容。

1. 职业道德

职业道德是与员工职业活动密切相关的、符合职业要求的道德准则、情操和品质的总和，它对员工职业活动中的行为提出明确要求，并指明员工职业应承担的社会道德责任与义务。职业道德不仅能够调节人际关系，还能起到维护和提高本行业的声誉、促进本行业的发展的作用，更能通过全体员工行为的渲染帮助提升全社会的道德水平。虽然职业道德具有适用范围有限及表达形式多样的特征，但不同职业的职业道德仍具备以下共同的基本内容：从业主旨、职业态度、职业规范、职业技能、职业责任和职业道德的动力。

例证 5-5

国家电网公司员工守则[18]

2. 文明礼仪

企业文明礼仪是指对他人态度的外在行为准则。拥有良好的文明礼仪有利于促进企业内部和谐、建设企业精神文明并塑造高尚的企业形象；而对于员工个人而言，培育文明礼仪有利于提升员工自身修养、改善员工人际关系，从而获得其他同事的尊重。

现代企业文明礼仪规范的主要内容包括仪容仪表礼仪规范、待人接物礼仪规范和说话礼仪规范。其中，员工仪容仪表与企业形象紧密相连，相关规范不仅要求员工的服装、装饰等应与企业形象相契合，还要求员工应具备礼貌优雅的仪态礼仪，时刻体现企业的文化底蕴和精神面貌；待人接物礼仪随着企业对外交流频率的提高而越发受到重视，为培育高素质员工，待人接物礼仪需要更加强调人际交往中的礼宾次序，对接待活动中的见面礼仪规范、握手礼仪规范、名片使用规范、接待客人规范、电话礼仪规范等做出详尽说明。

3. 工作纪律

一个企业没有纪律就没有秩序，更不要谈如何提高企业生产效率。工作纪律的设计与制定是对员工工作的共性要求做出规定，以确保岗位正常运转。员工只有严格遵守各项工作纪律与规则，才能快速融入团队及企业之中，在纪律的约束下有效提高自身的工作效率，为提升企业绩效做出自己应有的贡献。工作纪律一般包括履约纪律、考勤纪律、生产工作纪律、奖惩纪律、保密纪律和特殊纪律等内容。

4. 工作程序与合作

工作程序的科学设计不仅有利于明确行之有效的工作流程与标准，还有益于员工之间相互协同配合，提高企业生产和工作效率。企业内高效的合作能够帮助员工获得职业成就，提高团队战斗力，促进企业与员工共同发展。在该项内容的设计中，企业应秉持鼓励员工树立大局意识、善于帮助他人的原则，相关条例应该激励员工努力成为企业的贡献者、领导的辅佐者和同事的协作者。

5. 日常规范

除了以上提及的行为准则内容，员工行为准则还包括环保守则和安全守则等其他日常规范。其中，环保守则主要针对公司各场所的清洁卫生及绿化等对员工提出相关要求，为塑造企业良好视觉形象服务；安全守则则对员工安全工作行为做出相应规定，以保障员工的基本安全需求。

（二）员工行为规范设计原则

员工行为规范设计不仅要明确其设计内容，在设计过程中还要遵循以下原则，以确保设计工作的科学性。

1. 一致性原则

首先，员工行为规范要与企业文化中的核心价值观、企业哲学、经营管理理念等相吻合，成为企业文化内核的外化载体；其次，员工行为规范的具体内容要与企业已制定的正式制度体系各项内容保持一致，避免行为规范与正式制度产生内容冲突，否则将导致员工无所适从。

2. 针对性原则

员工行为规范因企业员工具体行为而异，切忌在未对员工行为进行详细调查的基础上，照搬其他相关企业的员工行为规范在自身企业中实施，否则不仅对员工行为起不到应有的规范约束作用，还会给员工留下敷衍了事的不良印象。

针对性原则不仅在企业层面需要贯彻，企业内部各岗位同样需要遵循这一原则进行员工行为规范设计。一般而言，考虑到员工工作行为的较大差异，企业应根据员工所处的不同岗位制定不同的行为规范标准，如"经理行为规范""行政人员行为规范""销售人员行为规范""一线生产员工行为规范"等。

3. 可操作性原则

现实中有些企业制定的员工行为规范会出现假大空、喊口号等问题，这不仅无法让员工清晰地了解自己在工作中应遵循怎样的具体行为规范标准，而且会使得员工行为规范的严肃性大大降低，成为企业文化建设的一大障碍。

4. 简洁性原则

现实中的员工存在许多行为习惯，但是员工行为规范却不能做到面面俱到，为控制篇幅、便于规范宣传和员工学习，行为规范的设计应避免长篇累赘且采用晦涩难懂的语句，在文字设计时应尽量采用简洁的语言进行表达。

例证 5-6

中车株洲车辆有限公司的员工行为规范设计[19]

第五节　企业文化符号层设计

企业文化符号层是企业文化最外在的显现。作为企业文化的重要物质载体，企业文化符号层具体内容由企业理念外化而成，其中又蕴含了企业的核心经营管理思想。由于需要向外界全方位展示企业自身的文化价值所在，因此企业文化符号层所涉及的内容十分丰富。

一、企业标识设计

公众常常认为企业文化符号层设计就是企业运用一系列文化标识符号让外界知晓、理解、接受并认同企业文化，因此企业文化符号层设计就是企业标识设计。这种观念事实上有失偏颇。企业文化符号层不仅包括企业标识，还包括企业环境、企业文化传播网络等，因此两者并不能完全等同。但是从这种普遍存在的认识中我们可以看到企业标识在企业文化符号层中的重要地位：前者是企业文化符号层中的核心要素，是塑造企业视觉形象的重要载体，因此企业标识设计必须体现企业文化观念层的理念要求，对外充分传达企业愿景、企业核心价值观、企业哲学、企业经营管理理念及企业精神。一般来说，企业标识设计包括以下五方面的内容：企业名称设计、企业 logo（即企业标志、徽标等）设计、企业标准色设计、企业标准字设计及辅助标志设计[20]。

（一）企业名称设计

新创企业在进行工商注册时需要提供企业名称，许多企业为提高企业标识度，也会选择重新登记企业名称，以期重新塑造企业形象。企业名称是外界对企业的第一文字印象，企业名称设计不仅需要确定工商注册名称，还需要确定企业简称、英文名称、互联网域名等。为做好这项重要工作，进行企业名称设计时应注意以下四点事项。

1. 企业名称应体现企业个性

企业名称是企业区分于其他企业的根本标志，因此企业名称需要充分体现企业经营管理个性，以在公众心中树立与其他企业尤其是竞争对手相区别的企业形象。例如，中国糖果届大王"徐福记"在企业名称设计上便充分体现了企业的个性所在：简简单单的一个"福"字，完全契合糖果给人们带来的感受，这也潜移默化地影响消费者愿意在喜庆的日子拿出徐福记糖果招待佳客；而一个"记"字看似平淡无奇，却间接体现企业具有较为长久的历史，增强公众对该企业的信任感。

值得一提的是，企业名称自工商注册成功后便受法律保护，有一些不良企业会通过模仿某些著名企业名称以模糊公众视听，达到牟取暴利的目的，当出现这种情况的时候，被侵犯企业应该坚决采取合法措施，维护自己的合法权利。

2. 企业名称应体现民族性

上文提到，企业不仅需要确定工商注册名称，当企业进军外国市场时，还需要确定相关外文名称。中国企业孕育于中国土壤，当中国企业向海外进发时，其外文名称需要尊重东道国的民族性，充分考虑其国家文化传统；相同地，当外国企业进驻中国时同样需要确定其中文名称，如果能考虑运用结合中国文化的词汇作为名称或许会取得事半功倍的效果，让公众感到更加亲和。例如，法国大型零售商 Carrefour 原意为"十字路口"，而其中文名字则结合音译及中国文化而翻译为"家乐福"，这为该跨国企业加分不少；Hammer 的中文译名"悍马"则直接向消费者呈现出驰骋的大气豪车形象；更令人拍案叫绝的是美国床垫品牌 Simmons，该企业以其创始人的名字命名，若以音译的方式，其中文名称应为"西蒙斯"，但结合中文具体情境，企业最终将中文名称定为"席梦思"，其中的妙处已无须多言。

3. 企业名称设计应坚持名实相符原则

进行企业名称设计时应秉持实事求是原则，需要在有限的字数内向外较好地传播企业的真实情况。企业名称要与企业规模、企业主营业务方向等保持一致，而且应与企业文化观念层的企业精神、企业价值观、企业经营管理理念等相契合，切忌随意夸大，脱离企业事实进行名称设计，为达到宣传目的而哗众取宠，否则当公众知晓企业真实情况时，该类名称反而会沦为企业的一大笑柄。

4. 企业名称设计应坚持简洁原则

企业名称设计需坚持简洁原则，在极为有限的空间内概括企业的名称。同时，企业的中文名称应尽量避免使用生僻字，以方便公众记忆，其外文名字也需要便于拼写。

（二）企业 logo 设计

如果说企业名称是公众对企业的第一文字印象，那么企业 logo 则是公众对企业的第一图像印象。当然，企业 logo 可以只有图案，也可以是文字与图案的结合，许多企业会将企业名称融入企业 logo 之中，以通过图字结合的方式加深消费者对企业的印象。企业 logo 设计工作同样需要严格遵循相关原则与步骤。

1. 企业 logo 设计原则

由于企业 logo 可能包括企业名称在内，因此企业 logo 设计需要遵循企业名称设计的个性化原则、民族性原则、名实相符原则及简洁原则。除此之外，企业 logo 设计还需遵循以下原则。

（1）持久性原则。企业 logo 会在公众脑中留下难以磨灭的印象，因此一般不随意进行修改，如果刻意追求时尚而进行企业 logo 设计，可能会无形中降低了企业 logo 的长期使用价值，这对于企业绝对是得不偿失的。企业 logo 设计应有超越平凡、引领未来的信念，不仅执着于跟上时代，更应该着眼未来。

（2）艺术性原则。由于企业 logo 主要以图像的形式呈现在人们的眼前，因此必须具有足够的美感和艺术感才能吸引眼球，这要求企业 logo 具有均衡的构图、充满灵性的动感，并且注意点、线、面的布局协调及比例协调，同时还要注意色彩的搭配和细节的设计。只有坚持艺术性原则，让人们从企业 logo 中体验到美的真谛，才能帮助企业树立高端的企业形象。部分优秀企业 logo 如图 5-2 所示。

| 华为 | 霸王茶姬 | 心相印 | 功夫集团 |

图 5-2　优秀企业 logo 示例

（3）适应性原则。不同于企业精神、企业价值观等企业文化观念层内容，企业 logo 是可以被直接感受到的实物，如何将纯粹的平面设计工作与企业文化观念层、制度层、行为层等内容有机结合是设计人员需要重点考虑的问题，另外企业 logo 在形式和内涵上要与日后其经常出现的场合、环境等相互配合协调，确保其能在复杂的环境中引人注目。

2. 企业 logo 设计步骤

企业 logo 虽然只是一个微小图案，但其需要充分体现企业经营管理的文化内核，向外界形象地展示企业的具象文化形象。为做到这一点，企业 logo 设计必须经历循序渐进的设计步骤，才能确保设计出的企业 logo 被市场所接受并认可。

（1）明确设计目的。在进行企业 logo 设计前，需要明确：logo 设计工作是系统 CI（组织识别）策划的一部分内容，还是仅仅需要设计企业 logo 并对外传播信息？是直接从头设计一个新 logo，还是用一个新 logo 取代原有企业 logo？如果是后者，则需要对原有 logo 进行估价，评估进行 logo 替换活动是否能给企业带来更大的收益，如果原有 logo 仍有一定的市场价值，并且新 logo 设计工作半途而废，那么企业将面临巨大的无形资产流失。

（2）明确设计方案。企业高层在设计伊始应该有明确的设计思路，或者直接向设计人员提出具体要求，否则设计人员独自进行设计工作很可能无法达到企业领导的要求，也只有明确的设计方案才能让设计人员清晰地知晓企业负责人拥有何种图像和文字偏好。当然，明确的设计方案有可能使设计人员在实际设计过程中感觉受到束缚，因此企业负责人不必对具体细节吹毛求疵，只要设计内容抓住方案的关键，设计结果能够准确向外界传达企业信息即可。

（3）进行方案评价，拟定最终方案。设计人员一般不会只设计出一种企业 logo 方案，设计工作初步完成时一般出现多种结果供企业选择。这时候，企业通过以下途径选定最终方案：一是由企业负责人单独确定；二是由企业决策层、管理层和员工代表一起商议拟定；三是在企业内部共同商议的基础之上，征求消费者等利益相关者的意见后确定。

（4）进行辅助设计并定稿。确定最终方案后还需要邀请外部专业设计人员完成定稿工作，主要是对 logo 标准色、辅助色、构图细节、尺寸比例等进行调整，最终形成 logo 效果图。

（三）企业标准色设计

企业标准色是指经过讨论和设计后得到的代表企业文化乃至企业形象的特定颜色，它可以是一种颜色，也可以是多种颜色的组合，一般应用于企业广告、服饰、包装等。标准色的设计需要注意以下事项。

（1）充分了解所在行业的色彩取向，反映企业理念。经过多年的实践，事实上现在许多行业对于色彩的使用都有了一些行业特定偏向。例如，超过 75%的信用卡企业会使用蓝色作为标准色，蓝色也是世界 500 强公司中使用频率最高的标准色，这是由于蓝色给人一种"安全"的感觉，显得深沉而又不具备攻击性，因此如金融、保健等行业中的企业可以考虑选择蓝色作为企业的标准色；而红色意味着"进取、激情及力量"，因此在零售行业应用较广泛；黑色则通常作为"高雅、华丽、权力"的象征，因此汽车、时尚行业常会选择黑色作为标准色[21]。

在明确所处行业的色彩取向后，由于标准色会起到向外界传达企业理念的作用，并且由于色彩融合会给公众带来强烈的视觉效果，因此企业应选择与企业理念相协调的标准色以向外界凸显企业的形象。

（2）充分体现企业个性。人们能感知到的色彩种类相对固定，无论如何搭配，主要色彩总离不开红、橙、黄、绿、黑、白、青、蓝和紫等几种颜色，再加上行业经实践后逐渐固定的色彩取向，因此企业标准色类似甚至相同的概率极高，这种情况在竞争对手中也常常出现。这时候需要考虑企业的特点，考虑如何让标准色既能区分于同行业其他企业，还能生动地体现企业的个性。

（3）符合社会公众心理需求。首先，色彩的选择需要考虑到色彩的心理效应及公众的习惯偏爱，选择公众较能够接受的色彩作为企业标准色；其次，色彩具有民族特征，各个国家、民族有不同的喜好，也有不同的禁忌色，企业标准色设计应该尽量避免选择禁忌色，以免引起公众反感。

（四）企业标准字设计

标准字是指企业名称经设计后确定的规范书面表达形式，有时也可以以立体的方式呈现。只要标准字能够与企业文化观念层、制度层、行为层和符号层的其他内容的核心思想保持一致，便能让公众产生形象差异，从而对企业留下深刻印象。值得注意的是，标准字一般不会经常更改，以便在消费者中留下深刻持久的形象。

1. 企业标准字设计原则

（1）艺术性原则。与企业标志相同，企业标准字设计同样需要遵循艺术性原则，确保标准字具有适当的比例、美观的构图以及合理的结构，让外界觉得该标准字类型具有充分的观感。

（2）易辨性原则。标准字设计出来后必须让人看得清晰、看得容易，如果标准字让人难以辨别或者十分模糊，那么这个设计便是失败的。

（3）协调性原则。标准字字体首先需要和产品包装、商标等保持一致，其次要与企业理念相协调，同时承担起传达企业理念的责任。

2. 企业标准字设计步骤

（1）进行调查工作。不同于企业标志，标准字设计之初并不是由企业负责人提出大致方案，而是需要对国内外知名企业和同行业中的著名企业所涉及的企业标准字进行调查，避免选择与竞争对手雷同的字体。不同于企业标准色，标准字字体可选择的范围较广，因此剔除需避免字体后，企业仍能够在众多选择中确定符合企业特色的标准字字体。

（2）提出设计方案。标准字一般与企业标志、标准色等一起设计，既可以保证相互之间的协调性，又能够降低设计成本。一些企业会选择在企业内部向员工征集意见，最终可能得到上百个方案，虽然可供选择方案较多，但其质量不一定能够得到保证；而有一些企业会委托专门机构进行设计，一般只会得到 4 个左右的备选方案，但其质量一般较高。

（3）确定最终方案。如果企业面临较多的备选设计方案，可能需要经过数轮的评估才能选出较为适合企业的 2~5 个方案，并提交企业决策层进行最终选择。同时，企业决策层选中的最终方案可能也不是尽善尽美的，需要进行一定的修改工作，因此该环节是最为关键的一环。

（五）辅助标志设计

除了企业名称、企业标志、标准色和标准字，企业还需要对辅助图案、辅助色、辅助字等辅助标志进行设计。

1. 企业辅助标志的功能

企业的辅助标志一般具有两个功能：第一，对企业标志、标准色和标准字进行衬托，以突出企业标识的其他要素，丰富企业视觉形象；第二，区别于主要出现于正式场合的企业标志、标准色和标准字，企业辅助标志可以在非正式情境下单独使用，以宣扬企业文化。

2. 企业辅助标志设计要求

无论是辅助图案、辅助色还是辅助字，其主要作用是衬托企业标志、标准色和标准字，以更加突出主体，因此辅助标志设计切忌喧宾夺主，一定要秉持简洁的原则。其中，辅助色的选取范围一般为标准色的对比色系，如果选择与标准色同色系的颜色，也需要与标准色有较为明确的区分，其饱和度、透明度、亮度等均不宜超过标准色，才能很好地起到衬托效果，同时也不能与标准色有太大的色彩反差，以免削弱整体视觉效果。辅助字则需要选择相对较细且让人感觉轻快的字体，如常规斜体。

二、企业环境设计

为提高员工的日常工作效率，企业需要提供优良的物质环境，以便员工能够身心舒畅地投入工作之中，而企业的文化品位也得以在良好的企业环境中凸显。企业环境设计一般包括自然环境和建筑布局设计以及办公室设计。

（一）自然环境和建筑布局设计

无论是企业自然环境设计，还是企业建筑布局设计，其设计均要遵从自然规律，通过认识、利用自然规律，改造、优化自然环境。

1. 设计目标

企业自然环境和建筑布局设计需要遵循自然规律，创造一个人与自然和谐相处的环境。在这个前提下，自然环境和建筑布局设计需追求以下五个目标。

（1）安全目标。安全目标是企业自然环境和建筑布局设计的最基本目标，只有充分保障员工的工作安全，才能让员工没有后顾之忧，全身心地投入工作，这要求企业不管在选址规划，还是在建筑布局和架构上都要符合国家及行业的安全要求，这里的安全要求既包括员工个人生命财产安全要求，也包括企业财产安全要求。

（2）经济目标。作为社会经济组织，企业在进行设计布局时必须考虑到土地等资源的利用效率，进行成本—收益分析，确保设计的自然环境和建筑布局能为企业带来较高的经济效益。

（3）美化目标。人都有追求美的内在需求。优美的企业环境不仅能够让员工身心舒畅地投入工作，提高员工的工作效率，而且能够给客户、供应商、投资者等利益相关者留下良好印象，树立优秀的企业形象。

（4）生态目标。生态目标要求自然环境和建筑布局设计遵循可持续发展原则，确保企业在未来长期健康发展。不同于安全目标、经济目标与美化目标，生态目标对于企业来说实现难度相对较大，因为企业绿色可持续发展并不是种植花草树木就能够实现的，还需要对企业废物进行合理回收、对废气废水排放进行综合治理、合理利用能源且降低污染率……虽然这些对企业来说都是艰巨的工作，但是为了构建企业生态文明，企业进行自然环境和建筑布局设计时应时刻谨记这一重要生态目标。

（5）文化目标。作为企业的物质环境，自然环境和建筑布局设计需要与企业精神、企业核心价值观、企业哲学等企业文化观念层内容紧密协调，充分体现深厚的企业文化内涵，努力营造良好的企业文化氛围。

2. 设计原则

（1）功能分区原则。企业用地按功能可分为若干不同区域，一般需要将功能接近的区域放置在一起，例如，办公室和会议厅、厂区和生活区等。同时，对于某些特定功能区域还有一定的布局要求，例如，高污染企业（如冶金、化工企业）的生活区应处于上风口处，避免受到厂区产生的废气影响。

（2）经济高效原则。在进行建筑布局设计时应充分考虑工作环节之间的连贯性和系统性，充分提高效率，减少不必要的费用支出。例如，负责相邻两道工序的车间应尽量靠近，既可以减少产品在工序间的搬运成本，又可以保持工作的连贯性。

（3）整体协调原则。企业自然环境和建筑布局设计要做到三个协调：不同建筑物之间要保持协调；建筑物与企业自然环境之间要保持协调；企业建筑要与企业的外部环境相互协调。

（4）风格传播原则。建筑布局应该在企业文化观念层的指导下努力体现企业的风格特色，应避免照搬照抄其他企业的建筑设计布局。

（二）办公室设计

1. 设计要求

（1）结合行业特点。以五星级酒店和学校办公室为例，两者的行业存在较大差异，因此其办公室在装饰、灯光、家具等方面的设计都有很大的差别，如果学校办公室采用非常豪华高档的装修设计，不仅与其他建筑不相匹配，而且可能引起学生等利益相关者的反感。

（2）符合企业实际。部分企业只追求办公室布局设计气派豪华而铺张浪费，与中华民族勤俭节约的传统优秀文化格格不入；而有的企业却片面追求低成本，导致施工工艺、所用材料等都没有保障，这给企业带来一定的后续隐患，最终可能得不偿失；还有些企业是单纯靠"喜不喜欢"做出办公室设计决策，完全不顾企业性质和办公需求。

（3）注重绿色装修。现代社会提倡绿色环保，但事实上装修污染导致员工健康受影响的案例层出不穷。虽然绿色装修会为企业带来较大的成本，但出于安全原则和生态原则考虑，企业还是应该多多提倡绿色办公室设计，以确保员工的健康和企业的可持续发展。

（4）满足部门需求。不同性质的部门对办公室的主要用具要求不同，如研发部门需要配套电脑、书柜、实验仪器等办公室用品；而市场部等对外部门则更多需要电话、沙发、茶具等与联系和接待有关的设备与家具。

2. 办公室具体设计

办公室设计一般因工作岗位、工作性质、使用具体要求而异。

一般来说，企业高层的办公室具有以下特点：①封闭性较好。这能够让企业高层在办公时较少受到打扰，同时间接地起到保守企业秘密的作用。②相对高端。企业高层办公室设计要相对高端，但也不能刻意追求豪华，以简洁、高雅、能充分展示企业实力为宜。③方便工作。企业高层办公室在布局上需要靠近会议室、接待室等，以方便企业负责人工作。

对于行政人员来说，一般需要采用大办公室的形式让行政人员集中办公，以增加沟通频率、提高沟通效率、节省空间。为了避免员工间相互打扰，可以在工位上设置隔板，给员工创造一个较为独立隐秘的空间，还可以设置专门提供给员工的休息区。而对于研发部门人员来说，则可能需要给予他们足够的办公空间，避免集中办公。

三、企业文化传播网络设计

与企业标识、企业环境相比，企业文化传播网络更加注重文化传播功能，强调通过形式各异的传播渠道对内对外宣扬企业文化。一般来说，传播网络分为正式网络（如企业报刊、网站、广播等）和非正式网络（如非正式团体间的交流），本部分将主要对企业如何建立和维护企业文化传播正式网络进行讲解。

（一）企业报刊设计

企业报刊由企业内部自行创办，一般不对外公开出版，只在企业内部发行，所以企业报刊也可称为内刊。

1. 企业报刊类型

企业报刊按照形式可划分为企业期刊和企业报纸两种，如华为技术有限公司的《华为文摘》属于企业期刊，而中国铝业集团有限公司的《中国铝业报》则属于企业报纸。

企业报刊按照内容可以划分为综合性报刊和专门性报刊，如广电银通金融电子科技有限公司的《广电银通》属于综合性报刊，对企业的各项事宜均有涉及；而青海省投资集团有限公司的《企业文化建设》着重对企业文化建设工作进行报告，应纳入专门性报刊范畴。

企业报刊按照发布时间可以划分为定期报刊和不定期报刊，定期报刊又可根据报刊发布时长和频率分为周刊、月刊、旬刊和年刊等，如太阳世纪集团的《太阳世纪》便以季刊形式呈现。

2. 企业报刊内容和版面设计

报刊内容是企业报刊的核心，企业报刊的内容应做到以下两点：①充分体现企业的经营管理理念，致力于服务企业经营管理事业，突出企业特色；②坚持群众创刊办刊原则，立足于广大员工，报刊内容需要照顾员工的感受及真实需要，同时发展员工成为报刊内容的材料收集者，确保报刊内容紧密贴合员工工作生活实际。一般而言，综合性报刊包括以下内容：①企业经营管理发生的重大事件；②企业领导的重要讲话；③典型员工事迹报道；④员工工作作品等。

另外要注意，报纸和刊物在内容上有一些区别：报纸更加追求时效性，文章篇幅较小，因此登报文章语言应简明扼要；而刊物更讲究深度，出版周期也相对较长。

关于企业报刊的版面设计，其版式应以为报刊内容服务为目的，一切以突出内容为导向，切忌喧宾夺主，版面设计也不宜时常做出变动，以凸显企业文化的严谨性。

（二）企业网站设计

不同于企业报刊，企业网站不仅能供企业内部使用，还能对外展示企业风貌，它不仅具有报刊、广播、宣传栏、电视等传统传播媒介的优点，还具有一些自己独特的优势：网站上的视频新闻能随时随地重复观看，其清晰度及音响效果甚至也能自动调节；网站还可设聊天室、通知栏、广告栏、建议箱等，无论是员工还是外界均可以通过企业网站完成许多通过传统媒介完成不了的业务。鉴于企业网站的重要作用，现如今许多企业已经构建了属于企业的网站域名，有些网站甚至替代原有的传统传播形式，成为企业文化传播极其重要的渠道，企业文化传播形式正在发生翻天覆地的变化。

1. 企业网站设计方法

企业网站设计包括内容设计和技术设计，技术设计可交给专业网站设计团队，企业更应该注重网站内容设计。

（1）确定网站的主要功能。首先要明确企业网站是主要面向员工还是面向外部用户；是注重搭建员工沟通交流平台，还是以传播企业形象和文化为目的，抑或是主要介绍企业产品服务。这些需要在建设企业网站前明确，之后才能确定网站的具体内容。

（2）设计网站主体结构。企业网站内容繁多，一般的企业网站包括企业整体概括（如组织架构等）、活动公告、新闻预告、联系方式等内容，而且企业网站还会根据企业特点增加许多内容，这要求内容设计人员确定一个有序的网站系统结构，明确各内容之间的逻辑关系，便于网络工程师进行技术设计，也便于用户进行网页浏览。

（3）确定网站具体内容。网站的具体内容需要各部门提出需要放置在网站上的内容方案，之后在企业领导的带领下进行部门间的协调，决定哪些重要内容需要保留，哪些内容可以暂时不放入网站，以免占据网站的宝贵空间。同时，网站内容切忌全部使用文字呈现，通篇的网页文字只会让浏览者感到视觉疲惫，图文并茂的形式会取得更好的效果。

（4）提出网站设计要求。在设计内容基本明确的前提下，相关人员应与网站技术设计人员积极沟通，让其充分了解网站的整体结构设计要求和各板块所要突出的内容重点，避免后期耗时耗力的修改工作。

2. 企业新媒体平台的开设与应用

随着互联网的不断发展，企业不仅能运用网站进行企业文化传播，微信公众号、微博、抖音等新媒体在近年来也成为企业搭建文化传播平台的重点所在。在企业文化"上网上线"的过程中，企业文化不仅能够增强员工凝聚力、提升企业影响力，还能借助巨大的流量平台产生倍增效应。企业可考虑将传统的员工征文等活动引至线上平台，其受众面不必局限于企业员工，还可以扩展至平台全部用户，吸引更多流媒体用户主动参与。

此外，新媒体时代，企业要想生存，必须学会利用不同的媒体优化自己的宣传效果。首先，企业应该认识到不同媒体的特点，分析自己更适合用哪种媒体进行宣传，做到有的放矢，科学分配资源。其次，企业应学会综合运用不同的媒体。依据相关调查，一则新闻只在电视台播出，其受众覆盖率仅仅为 17%；而一旦与互联网进行联动，覆盖率就高达 90%，可见，综合运用不同的媒体可以最大化一个事件的效应。最后，企业还应学会应对和处理网络舆论。自媒体时代极大地消除了信息传播边界，增加了网民发言的途径，传播途径的畅通使得任何微小的危机事件都有可能被无限放大。因此，企业应该通过建立健全舆情监测机制、建立危机应对机制等有效应对和处理网络舆论。

本章小结

1. 企业文化设计不仅应该遵循历史性原则，还应该遵循前瞻性原则；不仅应该遵循社会性原则，还应该遵循人本性原则；不仅应该遵循差异性原则，还应该遵循一致性原则。同时，进行企业文化设计时应注意对个性化语言进行反复提炼，准确概括企业价值理念以及整合领导与员工观念。

2. 企业文化观念层设计具体包括企业愿景设计、企业核心价值观设计、企业哲学设计、企业经营管理理念设计以及企业精神设计。

3. 企业文化制度层设计包括企业一般制度设计和特殊制度设计，其中一般制度包括工作制度和责任制度；特殊制度如"五必访"制度、员工民主评议干部制度、员工–领导对话制度等。

4. 企业文化行为层设计包括企业风俗设计和员工行为规范设计，企业风俗设计方法主要包括潜移默化法、扬长避短法、立竿见影法和脱胎换骨法。

5. 企业文化符号层设计包括企业标识设计、企业环境设计、企业文化传播网络设计。其中，企业标识设计包括企业名称设计、企业 logo 设计、企业标准色设计、企业标准字设计以及辅助标志设计；企业环境设计一般包括自然环境和建筑布局设计以及办公室设计；企业文化传播网络设计则主要涉及企业报刊设计及企业网站设计。

 课程思政

1. 企业在设计企业文化的过程中应该注重企业党建、思政工作与企业文化的融合，把握正确的政治方向，优化企业运行机制，促进企业发展。

2. 网络舆情危机往往是员工实际问题长期得不到解决，引发其对现实不满形成的，因此企业思想政治工作要与企业行政工作结合起来，积极配合党组织，最大限度地为员工解决实际问题，从源头上消除网络舆情的危机苗头。

 **网站推荐**

1. 企业文化形象设计网：http://www.ppvi.net/。
2. 企业文化网：http://www.7158.com.cn/。

 读书推荐

《互联网企业文化研究》

本书由陈安娜编著，于 2019 年由浙江工商大学出版社出版。

"互联网文化产业在商业模式上更加突出'未来'，也就是说互联网文化科技企业关注点不在于当下盈利与否，而是关注企业价值最大化，尤其关注企业未来成长性。"

在互联网高速发展的今天，互联网企业逐渐摸索出不同于传统企业的企业文化建设模式，但与新兴的互联网企业一样，互联网企业文化在实践之中仍然出现许多不足之处亟待改进和完善。只有构建优秀的企业文化体系，才能激励员工砥砺前行，确保互联网企业在竞争如此激烈的互联网市场中生存发展，最终实现基业长青。

推荐理由：本书对互联网企业的企业文化特色、企业品牌建设以及"互联网+"背景下中国互联网企业文化发展现状进行深入解析，借鉴 Google、Facebook 以及阿里巴巴三大互联网巨头的企业文化建设成功经验，提出互联网企业文化的新思考维度，帮助中国互联网企业重新思考如何在新时代背景下塑造优质企业文化。

思考练习题

一、选择题

1. 企业文化设计需要对个性化语言进行反复提炼，这需要遵循"提—炼—选—（　　）—简"的过程。

    A. 加　　　　　　　　　B. 减

    C. 饰　　　　　　　　　D. 扩

2. 企业精神设计包括多种方法，其中不包括（　　　）。

    A. 员工调查法　　　　　B. 专家咨询法

    C. 领导决定法　　　　　D. 头脑风暴法

3. 考虑到所在行业的色彩取向，金融企业较多采用（　　　）作为企业标准色。

    A. 蓝色　　　　　　　　B. 黑色

    C. 红色　　　　　　　　D. 黄色

二、简答题

1. 简述企业进行风俗改造的四种方法。

2. 简述企业应如何进行员工–领导对话制度设计。

3. 请描述自然环境和建筑布局设计追求的相关目标。

 学以致用

请根据自己的实习或实践经历，为相关企业制定一份企业文化纲领。

 案例分析

滴滴出行的企业文化设计管理[22]

讨论题：

结合本章内容，讨论滴滴出行的企业文化设计工作对企业进行企业文化设计的重要启示。

参考文献

[1] 中国人民大学信托与基金研究所. 2019 年中国信托公司经营蓝皮书[M]. 北京：中国经济出版社，2019.

[2] 胡春森，董倩文. 企业文化[M]. 武汉：华中科技大学出版社，2018.

[3] 孟凡驰. 企业文化研究[M]. 北京：中国经济出版社，2016.

[4] COLLINS J C, PORRAS J I. Building your company's vision[J]. Harvard business review, 1996, 74(5): 65-77.

[5] SCHEIN E H. The role of the founder in creating organizational culture[J]. Organizational dynamics, 1983, 12(1): 13-28.

[6] 张强，李颖异. 企业价值观体系的架构及要素[J]. 管理世界，2015（10）：184-185.

[7] LIPTON M. Guiding growth: how vision keeps companies on course[M]. Boston: Harvard Business Press, 2003.

[8] 田志龙，蒋倩. 中国 500 强企业的愿景：内涵、有效性与影响因素[J]. 管理世界，2009（7）：103-114.

[9] 刘江宁，周留征. 企业哲学的历史演进、分析框架和功用研究[J]. 山东社会科学，2017（1）：145-150.

[10] 雷鸣，杨晨. 日本企业经营理念及对我国的借鉴意义[J]. 企业经济，2011，30（11）：107-109.

[11] 索晓伟. 企业文化的塑造[M]. 长春：吉林文史出版社，2017.

[12] 边建强，赵洁. 特色企业文化实务与成功案例[M]. 北京：当代世界出版社，2008.

[13] 张振宗. 企业文化管理[M]. 北京：中国言实出版社，2014.

[14] 黄烨. 携程公司："互联网+党建"为企业发展注入新活力[J]. 党建，2018（12）：63.

[15] 方政，鲁皓. 文化在企业制度建设中的作用：基于潮宏基案例的分析[J]. 企业经济，2009（11）：27-30.

[16] 谢佩良，王学秀. 企业文化建设案例选编[M]. 北京：中国财政经济出版社，2007.

[17] 张小峰，吴婷婷. 管理者必知：非物质激励的二十一种武器[J]. 中外企业文化，2019（9）：67-70.

[18] 封展旗. 员工职业道德[M]. 北京：中国电力出版社，2012.

[19] 周崇华. 深化员工行为文化建设的探索与实践[J]. 中外企业文化，2022（7）：34-36.

[20] 李全海，张中正. 企业文化建设与管理研究[M]. 北京：中国商务出版社，2019.

[21] LABRECQUE L I, MILNE G R. Exciting red and competent blue: the importance of color in marketing[J]. Journal of the academy of marketing science, 2010, 40(5): 711-727.

[22] 黄玲. 设计管理在出行 O2O 企业形象设计系统（CIS）中的运用研究：以滴滴出行为例[J]. 中国管理信息化，2016，19（24）：91-92.

第六章
企业文化运行

人们塑造组织，而组织成形后就换为组织塑造我们了。

——英国前首相　　丘吉尔

 ## 学习目标

➤ 掌握企业文化的导入步骤
➤ 掌握企业文化维系和传承的方式
➤ 了解企业文化的评估
➤ 把握企业文化的动态管理

引例

吉峰长城企业并购的文化冲突[1]

吉峰农机始创于 1994 年，2008 年完成股份制改造。公司主要从事国内外名优农机产品的引进推广、品牌代理、特许经营等。随着我国农村结构的调整和劳动力成本的上升，用小型机械代替手工劳动是未来发展的趋势，为了更好地发展大农机的概念，吉峰农机进行了跨行业的资本运作，在 2010 年并购了长城公司。

由于两家公司原来的领导风格和企业规模差异较大，吉峰农机并购长城公司后，新公司存在感知的文化差异较为明显，存在着明显的文化冲突。其主要表现在：第一，人员结构不合理。由于新公司业务的高速发展，需要引进大批新员工，但其学历都偏低、年龄太小，这不利于新公司企业文化的相互融合。第二，公司人员流失率过高。公司 2010 年的离职率达到了 26%，说明公司整体人员的稳定性较弱，公司吸引人才的政策和力度还不够，员工对新公司的企业文化认可度较低。第三，制度流程不清晰。公司很多的规章仅限于口头约束或大众惯例，未能形成有影响力的文化氛围，不能够有效地规范员工的纪律、言行以及指导员工的工作。第四，员工的技能培训不够。公司和厂家对员工的培训不够系统，销售精英的经验分享还不到位，导致员工成长缓慢。第五，企业文化建设较弱。也许在潜移默化中，员工已经表现出企业文化的一些方面，但没有得到沉淀和梳理。

从上述案例可以看出，为了避免企业并购后的失败，文化的融合工作应该做到企业并购的前面，要事先对并购企业的文化进行充分调查，要仔细确认其文化的内容。在企业并购前要拿出文化融合方案，形成专门的文化融合小组，实现跨部门的沟通，对其文化差异从各个方面进行分析确认。不论是初创企业文化的小公司，还是需要合并新文化的大公司，企业文化导入的准备工作都尤其重要。

第一节　企业文化的导入

企业文化是存在于头脑中的一种意识形态，它有较强的历史延续性和变迁的缓慢性。企业要改变原有的文化观念很难，需要一个长期的过程。在这个改变过程中，企业原有文化会继续在原有群体中发挥作用，与重组企业的文化发生摩擦和冲突，为了避免这种情况，我们应该做好企业文化导入的准备工作。

一、企业文化导入的准备阶段

在企业文化导入的准备阶段，一方面，企业需要建立共识，这要求企业内部人员，包括管理层和员工均认识到企业文化的重要性，了解本公司的企业文化；另一方面，企业需要制订翔实的计划，促进企业发展的各个阶段中企业文化的发展与繁荣。

（一）建立共识

企业文化建设是企业中不可忽视的、占据最重要地位的部分，也是需要长期坚持的艰巨任务。企业文化的变动常常意味着企业本质层面的变动，因此只有企业内部对企业文化有透彻的认识和坚定的改变决心，文化导入建设才有可能成功，那些突如其来的热情只会让企业文化消逝得更快。

首先要对企业进行简单的资料复盘，确定企业当前的状况。其次是与高级管理人员和企业家进行沟通，了解他们对企业文化建设的愿景。有时企业高管对企业文化建设采取不关心的态度或缺乏明确的文化理念，因此企业文化的建设停留在口头上，难以采取适当途径予以贯彻[2]。领导不仅应该用智慧将企业文化建立起来，而且要以身作则、讲求信用，率先垂范。除了做到以上两点，还得以仁爱之心帮助广大员工知晓并理解企业文化，更进一步达到企业文化所引入的标准，让企业文化核心理念深入每位员工的心中并生根发芽，开花结果[3]。

（二）拟订计划

在企业内部达成共识后应该尽快成立企业文化项目小组，小组成员最好由不同部门的中高层组成，五到十人最佳，同时可以加入公司外部的一些专家。

小组成立后第一个工作应该是制订一个全面的企业文化建设计划。一份完整的计划应包括以下四个方面的内容。

（1）目的：背景问题、项目目标范围和集团规定。

（2）项目计划：工作项目、资源输出职责、进度计划和预算执行。

（3）项目管理：报告制度、项目评审、进度报告。

（4）变更管理：针对利益相关者及其权益的沟通方案、评估方案、调解方案。

企业文化建设计划必须反映管理层的意愿并得到一致的理解。在组织动员大会过程中，只有领导的行动承诺是不够的，应当加强员工培训、学习、沟通等，提高员工对企业文化理念的参与度和认同度，让企业文化真正渗透到企业的各个层面、各种活动中，而不是流于形式[4]。

二、企业文化的诊断阶段

在企业文化的诊断阶段，首先，需要通过调研了解企业文化当前的发展状态、存在的问题以及可提升的方向；其次，需要建立企业文化模型，以方便有效诊断和管理企业文化；最后，需要通过研究企业文化模型，分析影响企业文化差距的因素。

（一）调研企业文化现状

当今企业文化建设存在的最大问题就是不进行诊断或者不重视诊断。这一弊端使得企业文化一开始就缺乏实证基础，后面的工作也只能是天马行空或人云亦云。这是企业文化被诟病"空洞无用"的根源所在。

首先我们要对企业内外部进行周密的调查，从而掌握一手资料，清晰地了解企业文化面临的问题。对于企业内部的调研可以采用中高层访谈法、基层问卷法。在与内部人员建立起一定坦诚互信的关系之后，测评者可以开始利用正式或非正式的访谈机会，和被访问的企业员工分享自己的所见所闻，向其提出关于该组织日常中有疑问的事件。一定时间后，已有资料的积累，可以对之前的受访者进行第二次访谈，邀请受访者说明所观察到的一些行为表象的真正意义，也可以提出自己的观点，与受访者共同讨论、解释、修正。

对于企业外部的调研可以从客户、合作伙伴、竞争对手入手进行精神文化调查、行为与制度文化调查、物质与形象文化调查，如询问："您认为对企业贡献最大的三个人是谁？""企业文化与管理制度相关吗？""外部竞争形势是否对企业文化产生影响？"。

（二）建立企业文化模型

数据本身不会说话，要从数据中看出信息必须建立模型。有效的企业文化测量是诊断和管理企业文化的基础工作。国外对企业文化测量的研究起步比较早，其中以霍夫斯坦德的组织文化测量模型、查特曼构建的组织文化剖面图以及奎因的竞争价值模型和组织文化评估量表等测量工具为代表。国内的研究主要集中在采用双向翻译的途径，引进国外的模型及量表对国内企业文化进行量化研究，以及构建中国情境下的企业文化测评体系。

竞争性文化价值模型（competing values framework，CVF）是当今企业进行文化定量测评经常使用的模型，它能为企业提供一个直观便捷的测量工具。应用该模型，可以将现有的文化图与期望的文化图进行比较，分析出文化的变革方向。但该模型仍有少许不足之处，其维度过于简单，存在不能细致反映企业文化更为具体情况的问题，企业一些具体的文化内容往往在模型中不能被评价表述出来，因此可以采用修正后的模型来进行企业文化的诊断[5]。

（三）分析影响企业文化差距的因素

通过对企业文化模型的审慎研究，我们可以明确现在的企业文化状况以及它将来的发展方向。现有企业文化和期望的企业文化之间的差距一目了然，那么我们就可以根据影响差距的因素来进行改善，如传统文化影响、群体背景、组织形式、人员素质、领导者特征、创新能力等。

对于领导者或管理者，他们需从历史、国外、其他企业以及流动性的市场经济等多种途径吸纳优秀文化信息，并将其有效融合，从而形成新型的企业文化，以指导企业生产和经营。

对于员工，企业文化的创新大部分依赖于企业内部人员的成长和总结，所以要对内部员工进行全员培训，发挥企业职工队伍的主力军作用，使全体员工理解并认可企业价值观，并将其落实于实践中。具体的组织学习和全员培训主要包括以下两个方面：①制订全员培训计划，鼓励并督促员工参与到培训和学习计划当中，增强员工对企业文化的认识与理解。②当员工积极参与并支持创新文化时，可通过诱导性变迁的方法开展企业文化改革，增强员工对企业内部价值观的认识，并借助培训活动、员工会议、标语粘贴、板报等多种宣传方式，为员工营造出价值观感染氛围，使其能够自觉规范个人工作和操作行为[6]。

三、企业文化的战略性规划阶段

在企业文化的战略性规划阶段，需要做好如下三个方面的工作：①明确企业文化建设目标，精准把握企业文化未来发展方向；②分析企业文化战略定位，促进企业文化的可持续发展；③规划企业文化结构，促进企业文化的系统化和科学化发展。

（一）明确企业文化建设目标

企业文化建设目标要落实到规划期内的一系列重点任务中，重点任务应以问题为导向。现阶段我国企业在文化建设过程中普遍面临文化落地难的问题，其症结主要有两个：一是企业文化建设不能有效融入企业的经营管理实践，呈现出文化建设与经营管理"两张皮"的现象；二是基层员工参与度低，呈现出文化建设层级衰减与"上热下冷"的现象。企业文化建设目标往往源自企业的总体经营战略，并对总体经营战略起支撑作用，在某种程度上应该与经营绩效挂钩[7]。

（二）分析企业文化战略定位

良好的企业文化能够提升企业自上而下的管理水平，从而为可持续发展打下基础。企业要想实现快速又优质的发展，就需要加强自身的战略管理，并重点关注文化建设。企业文化和企业战略的关系是相辅相成的，企业只有具备了良好的企业文化，才能提升自身形象[8]。企业文化定位应着眼于以下四个方面。

1. 企业所属行业

不同行业体现出不同的经营特点和经营环境。例如，制造业强调技术品质过硬，一丝不苟的精神，而销售业则强调服务，投其所好、察言观色的技能。企业文化进行战略定位时必须考虑到所属行业特征的不同，从而制定符合其行业的文化建设基本框架。

2. 人力资本

随着社会的发展，员工不再是简单的劳动力，而是作为人力资本发挥着越来越重要的作用。因此企业文化也应该体现出员工所希望的"自由、民主、平等"等精神，从而提高员工的工作积极性。

3. 企业的个性特征

在激烈的竞争中，企业的个性代表了它们的竞争优势，决定了企业生命周期的长短，但企业的个性培养不是一蹴而就的，而是一个长期的过程，需要通过准确、合适的定位才能实现。

4. 消费文化

消费文化着眼于市场，旨在满足人的各项需求。为了满足消费者的需求，企业的产品应物美价廉，对产品的描述应贴合实际，让顾客愉快地感受到这两种价值，这实质上就是文化的表现。

例证 6-1

同仁堂的"德、诚、信"理念[9]

（三）规划企业文化结构

关于企业文化结构，最流行的观点是"四要素说"，即将企业文化分为物质文化、行为文化、制度文化和精神文化，我们可以从这四个维度进行规划[10]。

1. 物质文化

物质文化又称为表层文化，其表现形式相对直观。它是企业员工创造的产品和各种物质设施等构成的器物文化。企业生产的产品和提供的服务是企业物质文化的首要内容，其次是企业创造的生产环境、企业建筑、企业广告、产品包装与设计等。

2. 行为文化

行为文化和物质文化一样，也属于"浅层文化"，是指企业员工在生产经营、学习娱乐中产生的活动文化，是企业经营、教育宣传、文体活动、人际关系活动中产生的文化现象。它是企业经营作风、精神面貌、人际关系的动态体现，也是企业精神、企业价值观的折射。

3. 制度文化

制度文化是以企业的各种规章制度为载体的文化，主要由领导体制、组织机构和管理制度等构成。企业领导体制的产生、发展、变化，既是企业生产发展的必然结果，也是文化进步的产物。企业组织机构是企业文化的载体，它是物质文化和精神文化的"中介"，属于中层文化。企业管理制度是指企业在进行生产经营管理时所制定的、起规范保证作用的各项规定或条例。

4. 精神文化

精神文化是指企业在长期经营过程中形成的精神成果和文化观念，主要由企业价值观、道德观念、经营哲学等构成。在整个企业文化系统中，它处于核心地位。它是物质文化、行为文化和制度文化的升华，属于企业的上层建筑。企业精神文化对员工的影响主要体现在企业核心价值观方面。企业价值观贯穿于企业的经营管理和各种决策中，对员工忠诚度等产生巨大的影响，遍及企业管理的每一个角落，潜移默化而又长久。

四、企业文化的传播阶段

（一）企业文化传播的意义

企业文化如果只有传播者的激情而没有响应者的行动，就是空中楼阁，只有落地生根，把理念转化为行动，才是一种有效的传播方式。传播企业文化不仅有助于为企业发展创造良好的环境，提升公司品牌附加价值，还能增强消费者对企业和品牌的忠诚度和依赖感。企业文化建设的最高境界是让文化融合在公司理念中、沉淀在整体流程中、落实到各个岗位上、体现在实际行动中，要达到这一境界，企业文化的传播显得尤为重要。

（二）企业文化传播的理论模型

传播学奠基人之一的拉斯韦尔提出了著名的"5W 模式"，如图 6-1 所示。该模式的五个要素具有同样的首字母"w"，即：who（谁），says what（说什么），in which channel（通过什么渠道），to whom（向谁说），with what effect（取得什么效果），因此称为"5W模式"。

图 6-1　企业文化传播的"5W 模式"

"5W 模式"表明传播过程是一个目的性行为过程，具有企图影响受众的目的。因此，传播过程是一种说服过程，其中的五个环节正是传播活动得以发生的精髓。

1. 传播者——控制分析

传播主体又称传播者，位于传播活动的起点，对整个传播过程具有重大的影响。大众传播中，传播者可以是个人，即编辑、记者、导演、主持人等，也可以是媒介组织，如报社、电视台、出版社、电影公司等。传播者控制着传播内容，又受到所在社会的基本制度对他们的控制，因此，对传播者的研究又称为控制分析。

2. 信息——内容分析

传播内容是传播活动的中心。它包括特定内容和传播方式两部分。要实现有效的信息传播，就要掌握传播内容的生产、流动与分析、研究，亦即相应的内容分析的环节。

3. 媒介——媒介分析

传播媒介是传播过程的基本组成部分，是传播行为得以实现的物质手段。在传统的传播学研究领域中，对大众传播媒介的研究主要从媒介的传播手段、媒介的时效性、媒介的持久性、受众参与媒介的程度等角度展开。随着大众传播媒介的发展，尤其是进入网络时代之后，对传播媒介的研究角度也在不断调整，但对其基本特征的把握仍然是最关键的。

4. 接受者——受众分析

接受者又称受众，是主动的信息接收者、信息再加工的传播者和传播活动的反馈源。对受众问题的研究分析，主要围绕受众的特点、受众的行为动机、受众的价值及其社会意义这几个方面入手并展开。

5. 传播效果——效果分析

效果研究主要集中在大众传播在改变受众固有立场、观点上有多大威力这一方面，是传播研究领域中历时最长、争议最大、最有现实意义的环节。

（三）企业文化的传播途径

企业文化的传播在组织文化的媒介层面，大体上可以分为管理者、员工、产品、标示符号、广告和自媒体六个部分。

1. 管理者

在传播学中，信息的传播往往不是全部直达普通受众的，而是通过意见领袖来传播。领袖在传播的过程中扮演重要的角色，他们是人际沟通中的"大喇叭"和"守门人"。对外传播什么样的文化，通过什么样的方式进行传播都需要先经过管理者决策。一个好的管理者能把自己的言行和企业文化统一起来并通过自己的行动向外传递企业的文化。

2. 员工

企业文化凝聚着全体员工的共同智慧、共同价值观。星巴克的董事长霍华德曾说过，每个员工都是品牌的形象代言人。普通员工是企业中直接与顾客接触的工作人员，是公众了解企业文化最直接的途径，因此普通员工担任着对外传播企业文化的重要责任。只有当普通员工也深刻理解了企业文化并将之融入自己的日常行为中，才能有效地对外传播。

3. 产品

我们从一个企业的产品中总能发现其企业文化的影子。例如，奔驰的理念是"顾客第一"，顾客在订购汽车时可以向推销人员提出自己的种种特殊要求，包括颜色、内饰、音响、安全设施等。因此公司的产品也在向外界传递着公司的企业文化。

4. 标示符号

产品徽标、工作服、企业环境等都属于物体符号的一部分，是顾客可以直接看见的。例如，麦当劳快餐公司的 logo 是弧形的字母 "M"，以黄色为标准色，深红色为辅助色。黄色总是令人联想到美味，可以促进食欲，红色代表着麦当劳热情的服务态度，门口的麦当劳叔叔人偶是友谊、风趣的象征。这些符号能让顾客对麦当劳印象深刻并在用餐时感受到公司热情洋溢的文化氛围。

5. 广告

广告是企业文化的艺术具象，如今作为营销手段，越来越多地承担起宣传企业文化的功能。以南方黑芝麻糊为例，广告语由原来的"一股浓香，一缕温暖"改为"真黑真营养，健康生活伴侣"。表面上看只是一句广告语的变更，实际上意味着企业对南方黑芝麻糊进行了重新定位。简而言之，企业从营养和健康入手，让南方黑芝麻糊成为更多现代人日常生活食品的首选，从而增加消费人群。

6. 自媒体

企业文化的传播需要时效性，自媒体平台则为企业文化的传播提供了一个具有时效性的载体与渠道。自媒体的有效利用，不仅代表着企业在与时俱进，不断创新，更代表着企业想改掉刻板的、传统的威严形象，以更加平和、趣味性的方式与员工及外界进行接触，确保企业文化传播的灵活性[11]。

例证 6-2

联想的企业文化传播途径[12]

第二节　企业文化的维系与传承

企业文化是企业综合实力的一种体现，随着企业发展到一定的层次，企业文化在企业管理中的作用越来越明显，但只有积淀一定的文化底蕴、对企业文化正确定位以及在实践中建立一套完善的企业文化体系，企业文化才能得以维系。成功维系企业文化之后还要考虑如何传承的问题。优秀的企业文化需要有效的传承机制，使企业文化在企业各个阶段发挥积极的推动作用。

一、企业文化的维系

维系企业文化对企业的长远发展至关重要，为了维护好企业文化，企业需要了解维系企业文化的意义，并采用科学的方法维系企业文化，以促进企业的可持续发展。

（一）维系企业文化的意义

企业文化是需要得到全体员工认同的，一旦形成就不会轻易改变，所以不仅要注重企业文化的建设过程，还要注重其后续的维系。维持企业的活力关键在于使企业的文化有活力，所以企业文化建设是一个不断改造与创新的过程。具体来说，维系企业文化有以下三点意义。

（1）企业文化具有熏陶功能。当企业文化倡导学习时，员工便会被激励，从而不断地通过学习提升自己的知识和工作技能。长此以往，员工就会不断得到提升，基层员工可能会因此不断升职，走上管理岗位；科研人员会不断追求更先进的科技发明，促进自身和公司的共同发展。

（2）由于企业文化在公司内部得到维系而非瓦解，企业将省出管理员工的很大一部分人力，员工会自觉遵守行为规范并不断自我学习。在这样一种良性循环下，企业能将更多精力投入在产品质量上而非人员管理上。

（3）企业文化是联结企业人、财、物的中介，是全体企业人必须共同恪守的理念，遵守的行动准则，是实现企业正常生产经营的精神支柱。

（二）维系企业文化的方式

企业文化作为共同价值观应该被员工牢记于心，并在工作中体现出来。维系企业文化的长久发展可以从以下五个方面进行。

1. 企业战略

企业战略即根据内外部环境，为了企业持续稳定的发展而制定的总体对策。根据企业的经营战略，从内容、层次、组织三个方面重新调整经营理念，强化企业精神支柱和凝聚力。企业文化与战略结合使得企业文化上升了一个层次，强化了企业文化的地位和作用，有利于提高企业文化在员工心目中的地位，从而促进企业文化的长远发展。

2. 企业道德

企业道德是企业对自身理念、行为和形象的内在评价。道德观是一种比较稳定的意识形态，将此融于企业文化，有利于员工长期持有此种理念。如双鹤药业将诚实守信、忠善亲和加入企业文化，在长期的经营中形成自己独特的企业风格："雷厉风行、敢为人先"。

3. 行为准则

行为准则的设计以企业文化为基础，结合经营理念来描述、界定员工的行为。行为准则不仅是一种规范，有利于公司的运营，更是企业文化的外在表现方式。员工通过遵循行为准则，潜移默化地被企业文化所影响，从而有利于企业文化的维系与发展。在实际操作中，切忌千篇一律，应根据不同岗位的特点，设计不同的行为准则。

4. 科学管理

第一，保持高阶层的新陈代谢；第二，保持危机感；第三，要不断形成企业内的小组活动；第四，要不断调整战略措施；第五，应该注重人才的使用和培养。

5. 柔性激励

柔性激励是一种以人为中心的人性化管理方式，是基于人的心理和行为规律，采用非强制性的方式使员工产生一种将组织意愿转化为个人自觉行动的潜在说服力，其最终目的是强化员工自觉实现组织目标的一系列行为[13]。

例证 6-3

海尔集团的发展战略[14]

二、企业文化的传承

确立企业文化的理念并不难，难的是如何将这份文化传承和推广，使其深植于企业的经营和管理之中。企业文化的传承并不是一味地保留，而是随着时代的变化，为了企业更好地发展而在原有企业文化的基础上主动求变。主要通过以下六个方面来实现文化的传承。

1. 打好基础

新人入职时开展欢迎新人的见面会或交流会等，首先建立起新、老员工之间良好的第一印象与和谐关系，在这样融洽的气氛中，新员工很快就会消除生疏感，自然容易进入状态，彼此留下好印象，也对工作的交接与学习非常有帮助。

2. 完善交接制度

一些员工离开时不进行交接或敷衍交接工作，甚至一些带有不满情绪的员工会把重要资料、数据删除销毁，这对企业来说无疑是巨大的损失。因此，制定严谨、科学的工作交接制度很有必要。如可以进行一周的带薪交接，若超过这个周期则进行无薪交接，直到交接工作完毕。

3. 建立人才培育机制

一个匆忙上岗的员工和一个经过适应、磨合并获得前辈的经验与指点的员工，所产生的工作效果是截然不同的。因此，企业应建立人才培育机制，为企业培养优秀人才，促进企业长久发展。

4. 建立工作日志制度

建立工作日志制度能保证员工把每天工作中的心得体会、经验教训记录下来。这不仅有利于员工对自身工作进行回顾总结，也对下一位接手工作的员工有很大的帮助。但这种方式千万不能流于形式，要有监督、有使用、有管理。

5. 进行物质与精神激励

例如，设立员工贡献奖，让利益驱动员工钻研、总结经验并乐于与大家分享。除此之外，将荣誉奖与精神鼓励相结合，如将员工的经验心得刊发在内刊上供大家学习阅读，帮助员工获得大家的认同。

6. 建立公平的薪酬和绩效考核办法

企业应保证薪酬具有合理充分的水平和结构，绩效考核合理，奖惩分明。采用能够吸引和挽留人才、激励董事及员工的薪酬政策，以促进企业业绩的提高。

第三节　企业文化的动态管理

企业文化是企业管理系统中的"上层建筑"，它不易被改变，但也并非完全不能改变，培育有效的企业文化是一个长期的动态过程，企业文化的动态管理就是对该过程进行长期监控与主动调整，使企业文化逐渐成为企业成长与发展的灵魂。

一、企业文化的培育过程

企业文化是企业在长期的生产经营过程中积累形成的，但优秀的企业文化不会自发形成，必须经过培育。培育企业文化离不开企业文化的传递、调控和内外互动。

（一）企业文化的传递

企业不能光靠口号和理念来营造企业文化，要营造一种适合员工工作、成长的环境，让文化思想贯穿在企业运营的各个环节。从领导行为、团队的行为到员工个人的行为，都应该符合企业文化的价值观念。

企业文化常见的传递方法有三种：①企业宣传。企业宣传是提升企业文化影响力的重要方式。可以通过企业网站、微信公众号、平面广告、宣传册等方式将企业文化与企业形象相结合，全面推广企业文化，让更多的人了解和认同企业文化。②制度约束。制度是企业文化的重要组成部分，企业应该建立系统的制度，将企业文化落实到每一项规定中，让员工自觉遵守。③领导示范。企业领导应成为企业文化的宣传者和引导者，在岗位上做出表率和示范，展示企业文化的行为准则和规范，带领所有员工积极践行企业文化。

当然，企业文化的传递也不是一帆风顺的，存在以下难点：①员工接受程度。员工认同度是企业文化传递的关键因素，如果员工对企业文化缺乏认同感，那么传递就无法发挥实际效果。②文化差异。对于企业文化，不同的行业、企业、地区都有不同的理解和应用方式，企业文化需要一个漫长的建设过程。③文化传承。企业文化不是静态的，要随着企业的发展不断变化和适应。企业需要不断培育企业文化传承人，使企业文化得以传播并延续。

（二）企业文化的调控

在员工日常工作活动中，有些行为是与企业文化一致的，有些是与企业文化背道而驰的，此时管理者要及时进行调控，让员工对企业文化有新的感知。

这种调控可以从惩罚和奖励两方面来进行。当员工错误理解规章纪律时，适当的惩罚不仅能够让员工重回轨道，也能显示出领导的态度，从而达到文化纠偏的作用。同时，聪明的管理者也会对好的行为进行适当的奖励，并通过宣传教育让更多的员工参与进来，使企业倡导的行为得到不断的巩固和加强。最终将企业文化融入员工的"血液"，在无人监管的情况下也能自觉遵守规章制度并达到绩效标准。

（三）企业文化的内外互动

企业文化是通过物体布局所传达的感觉以及员工与外界进行交往的方式来表达的，最终通过可视和可感两种途径来传达。

可视因素包括企业商标、产品包装、员工着装、广告宣传等。可感因素则包括产品的质量、售后服务、员工的精神面貌等。消费者会通过自己所见所感来决定是否进行进一步的购买，从而对企业文化产生间接的影响。

产品实体的差别有时很细微，比较大的差别是通过产品的附加层次、增值层次所体现出来的文化差别，并以此影响消费者的心理和购买意向，这就是产品文化的魅力。只有重视企业文化的企业才会注重产品设计、商标设计、建筑物设计等，把自然美和社会美有机结合起来，使消费者在消费的同时得到精神上的享受。

例证 6-4

麦当劳：不仅卖快餐，还卖"观念"[9]

二、企业文化的阶段性发展

企业文化的发展一般会经历以下三个主要阶段。

1. 朦胧期

朦胧期是企业提出创建但还未真正确立企业文化的时期，这一时期的企业文化体现在员工共同的行动和认识中，蕴含在企业的规章制度、管理风格中，它客观存在，但还未被大家认识并形成体系。

2. 文件期

文件期是指企业已经创建了一套自身的文化体系，但还未将其广泛推广和利用。员工仍保有原来的行事风格，对企业文化没有更深刻的体会。这一时期的企业文化既没有体现在管理中，也没有融入员工的行为。

3. 固化期

企业文化在创建并投入企业的日常生活后，不论员工是否认可、是否倡行都将最终固定下来，形成该企业的风格，企业文化也就进入了固化期。有的企业能通过合理有效的调控，使得企业所倡导的文化体现在管理的方方面面，最终通过提升核心竞争力提高企业的盈利和生存能力。上述企业文化的发展阶段可以用图 6-2 来表示。

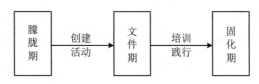

图 6-2　企业文化的发展阶段

三、企业文化的动态管理与评估

企业文化不是一成不变的，需要依据企业的不同发展阶段、企业发展战略的调整、外部环境的变化等因素进行调整，这要求企业加强对企业文化的动态管理和评估，以确保企业文化可以更好地适用于企业的发展。

（一）企业文化的动态管理

在对企业文化培育过程和阶段性发展进行深入分析的基础上，可以从如何创建企业文化、如何精炼企业文化、如何传递企业文化三个方面对企业文化的动态管理进行分析与讨论。

1. 创建企业文化

在任何时候，领导驱动都是企业文化建设不可或缺的一部分，但企业文化是企业内部所有员工的文化，而不是管理者一个人的文化。因此在创建企业文化时应该广泛征求员工的意见，从而增加企业文化的可接受性。

2. 精炼企业文化

精神文化是企业文化的核心部分，由于企业文化内容丰富且具有复杂性，因此需要精炼。精炼的原则有三个：一是把握核心；二是通俗易懂；三是有美感。只有让员工认可、接受、践行，企业所倡导的文化才能成为真正意义上的企业文化。

3. 传递企业文化

一般来说，即使是最完善的企业文化，在推行的过程中也会遇到各种阻力。企业应做好动员、培训、宣传等工作，加强员工对企业文化的理解；另外，企业也要切实为员工着想，将以人为本的理念落实到管理中。

（二）企业文化的动态评估

企业文化评估是对企业文化实施效果进行科学测评，是企业文化制度化不可或缺的一个环节。在实践中可以采用如下步骤进行评估。

1. 确定评估指标

企业文化建设的评估过程是一个对企业文化现状进行检讨和分析的过程，旨在总结得失经验，为进一步的文化建设提供决策性意见。评估指标应能反映企业文化建设的整体状况、能检验企业理念的实施情况、能保证评价的客观和全面。

2. 成立专门的评估机构

企业文化评估工作可由企业文化主管部门负责，并在企业文化建设委员会的指导下开展工作。企业也可号召各部门主管成立专门的企业文化评估小组。

3. 合理安排评估周期

企业应定期进行企业文化评估工作，一般在每年的 11 月进行，当特殊情况发生时可适当延迟评估工作。

4. 确定评价维度

企业文化是一个庞大而复杂的系统，影响因素众多。为了客观、准确地评价企业文化的总体水平，需选取能从多方位进行评估的因素。从企业文化内涵来看，可从以下八个维度进行评估，如表 6-1 所示。最终进行资料的收集整理并撰写方案。

表 6-1　企业文化评价模型

测 评 维 度	测 评 要 素	测 评 目 的	测 评 方 法
维度 1	企业文化的地位与作用	企业领导及员工的重视程度	问卷调查 抽样访谈 专题研讨 直观考察 市场调研 信息反馈 综合评估
维度 2	企业环境	企业内外经营环境的影响	
维度 3	企业精神文化	企业理念在员工中的认同度及对实践的指导性	
维度 4	企业行为文化	员工行为与企业理念一致性及执行度	
维度 5	企业形象文化	企业形象规范性及品牌的知名度	
维度 6	企业文化传播网络	传播网络建设的健全性和有效性	
维度 7	企业文化氛围	氛围是否能起到激励作用	
维度 8	企业文化建设阶段性目标达成	企业年度方案是否达到预期目标	

例证　6-5

山东丽鹏：打造员工认同的企业文化[15]

本章小结

1. 企业文化是存在于头脑中的一种意识形态，它有较强的历史延续性和变迁的缓慢性。企业文化导入的准备阶段的工作主要包括建立共识和拟订计划。

2. 企业文化的诊断阶段的工作主要包括调研企业文化现状、建立企业文化模型以及分析影响企业文化差距的因素。

3. 企业文化的战略性规划阶段的工作主要包括明确企业文化建设目标、分析企业文化战略定位以及规划企业文化结构。

4. 企业文化传播的"5W 模式"包括传播者（who）、传播内容（what）、传播渠道（which channel）、传播受众（whom）以及取得什么效果（what effect）。

5. 企业文化传播的媒介包括管理者、员工、产品、标示符号、广告和自媒体。

6. 维系企业文化的方式包括企业战略、企业道德、行为准则、科学管理以及柔性激励。

7. 企业文化可通过如下六个方面进行传承：打好基础、完善交接制度、建立人才培育机制、建立工作日志制度、进行物质与精神激励以及建立公平的薪酬和绩效考核办法。

8. 企业文化的培育包括企业文化的传递、企业文化的调控以及企业文化的内外互动。

9. 企业文化的发展一般会经历三个主要阶段：朦胧期、文件期以及固化期。

10. 企业文化的动态评估包括四个步骤：第一，确定评估指标；第二，成立专门的评估机构；第三，合理安排评估周期；第四，确定评价维度。

课程思政

1. 企业文化建设以及思政工作的开展均是为了进一步提升企业的生产力，通过先进文化内容引导企业员工的思想价值观念，使其恪尽职守、热爱工作，为企业创造更高的价值和效益。通过企业文化建设推动思政工作改革创新，有利于进一步丰富思政工作内容，进而使企业员工坚定自身的理想信念，对自身肩负的责任有清晰的认知，提高企业员工的责任意识和责任感。

2. 企业文化应与时俱进，不断更新，始终契合企业实际发展情况。在借助企业文化建设推动企业思想政治工作创新过程中，应重视运用企业文化营造良好的思政工作氛围，并立足于企业的实际状况创新思想政治工作内容、工作方式和工作模式，切实提高企业思政工作的质量和效果。

网站推荐

1. 伊利企业文化官网：https://www.yili.com/about/culture。

2. 中石化企业文化官网：http://www.sinopecgroup.com/group/gywm/qywh.shtml。

3. 中国邮政企业文化官网：http://www.chinapost.com.cn/html1/folder/181313/5714-1.htm。

读书推荐

《企业文化管理》

本书由陈春花编著，于 2006 年由华南理工大学出版社出版。

推荐理由：文化是种像钉子一样坚硬的"柔软"东西，实施起来十分艰难，但取得的效果却牢不可破。企业文化是企业中一整套共享的观念、信念、价值和行为规则，以至于得以促成一种共同的行为模式，这种共同的行为模式则是企业文化最强大的力量之所在。大部分情况下，人们都会认同企业文化具有巨大的作用，但是对于企业文化如何产生、如何发挥作用，甚至对于什么是企业文化这些最基本问题的认识非常模糊。企业文化直接决定着领导者的行为方式，企业文化直接影响着人力资源的有效性，企业文化对于提升企业独有的核心竞争力有着深刻而长远的作用，企业文化就是回答企业持续成长问题的根本之所在。

 思考练习题

一、选择题

1. 企业文化中的（　　　）因素具有强大感召力，在企业的经营管理中占统治地位。
   A. 企业精神　　　　　　　　B. 企业制度
   C. 企业管理　　　　　　　　D. 企业战略
2. （　　　）是企业文化的核心，为物质文化、制度文化和行为文化提供思想基础。
   A. 物质文化　　　　　　　　B. 精神文化
   C. 行为文化　　　　　　　　D. 制度文化
3. （多选）以下属于企业物质文化体现的有（　　　）。
   A. 产品设计　　　　　　　　B. 产品包装
   C. 企业精神　　　　　　　　D. 员工服饰

二、简答题

1. 简述企业文化导入的四个阶段。
2. 简述企业文化传承的方式。
3. 简述企业文化如何阶段性发展。

学以致用

请结合自身经历及本章内容，谈谈如何为身边的小公司创建企业文化。

 案例分析

西安杨森制药有限公司的企业文化[16]

讨论题：

结合本章内容，讨论西安杨森的企业文化对于你进行企业文化导入、管理方面的启示。

 参考文献

[1] 陈其超，张敫. 吉峰长城企业并购的文化冲突与整合[J]. 现代企业教育，2013（6）：23-24.

[2] 张淑运. 现代企业文化导入机制研究[J]. 特区理论与实践，2002（1）：46-49.

[3] 张毅. 企业文化导入方略[J]. 企业活力，2008（6）：68-69.

[4] 陌艳婷，史杰. 组织变革中的管理沟通[J]. 现代营销（学苑版），2012（10）：31.

[5] 黎群，唐艳. 对企业文化测评方法的研究[J]. 北京交通大学学报（社会科学版），2007（4）：48-52.

[6] 王妮娜. 企业文化建设的途径及创新机制探究[J]. 商场现代化，2016（5）：94-95.

[7] 黎群. 如何规划企业文化建设的重点任务[J]. 企业文明，2020（9）：66-68.

[8] 付强. 关于企业文化在企业战略管理中的作用分析[J]. 商讯，2020（27）：117-118.

[9] 刘克梁. 企业文化实务与经典案例评析[M]. 北京：当代世界出版社，2009.

[10] 闫向连，油晓峰. 企业员工忠诚度模型的构建：基于企业文化结构的视角[J]. 云南财经大学学报，2012，28（6）：146-153.

[11] 崔文澜. 关于多种渠道强化企业文化传播的探讨[J]. 中外企业家，2020（3）：148-149.

[12] 丁雅敏. 我国高新技术企业的文化传播模式研究：以联想的企业文化传播为例[D]. 南昌：江西师范大学，2012.

[13] 刘亦文，胡宗义. 柔性激励机制设计及其模型研究[J]. 软科学，2010，24（9）：43-46.

[14] 张春梅. 产融结合：中国企业的快速发展之路[M]. 北京：经济日报出版社，2013.

[15] 玉茗. 文化让企业发展之路越走越宽广：访山东丽鹏股份有限公司董事局主席孙世尧[J]. 现代企业文化（上旬），2015（9）：94-95.

[16] 魏东华. 西安杨森的雁文化[J]. 企业改革与管理，2008（9）：48-49.

第七章
企业文化冲突与整合

世界上一切资源都可能枯竭，只有一种资源可以生生不息，那就是文化。

——华为技术有限公司主要创始人、总裁　　任正非

学习目标

➢ 了解企业文化冲突的概念与表现
➢ 了解企业文化冲突的影响以及应对措施
➢ 掌握企业文化整合的内容、原则及模式
➢ 了解跨文化管理的概念和特点
➢ 了解实施跨文化管理的原因及作用
➢ 掌握跨文化管理的策略

引例

腾讯并购 Supercell 中的文化整合[1]

2016 年 6 月，腾讯以 86 亿美元的价格从日本软银手中并购了 Supercell 84.3%的股权。此次并购使得腾讯无论在游戏玩家数量还是游戏收入上都遥遥领先其他竞争对手，稳坐国内第一手游开发商的位子。与此同时，腾讯拿下了打开国际手机游戏市场大门的金钥匙，进一步提升了腾讯的全球影响力。

为了使并购最终达到预期效果，腾讯管理层对并购企业进行了经营和财务方面的整合，解决两者的企业文化冲突也是重中之重，首要任务就是对腾讯并购 Supercell 产生的文化冲突进行识别，然后根据识别的要点拟定全方面的解决方案。从企业层面来分析，在发展战略方面，腾讯希望在收入和盈利上不断增长以给予股东丰厚的回报，而 Supercell 的目标是不计投入，做出世界上最好的游戏产品，让玩家可以"玩十年"；管理制度上，腾讯内部等级森严，实行制度化管理，而 Supercell 则提倡去官僚化，实行扁平管理；工作态度上，腾讯员工把加班当作日常，强调集体协作和行动，而 Supercell 员工没有加班习惯，希望在规定时间内完成自己范围内的工作；沟通表达上，腾讯员工较含蓄，而

Supercell 员工则更直接；工会组织在腾讯内部地位较低，员工维权意识较弱，Supercell 的工会组织则十分强大，具有非常大的话语权，能够给予员工有效的维权支持。从以上五个方面的对比可以看出，双方存在较大文化差异，如果贸然进行整合或者在文化整合中采取了不合适的整合模式，势必使得双方的企业文化发生直接碰撞，文化冲突的存在可能使得并购工作受到重重阻拦。

为解决并购 Supercell 所产生的文化冲突问题，腾讯派出管理高层和专业团队，与被并购方进行了充分交流，以尊重芬兰国家文化和 Supercell 的企业文化为前提，同时基于腾讯对于跨国并购文化整合中沟通特点的深刻认识，主动采取了多种沟通技巧，消除了被并购方对于文化差异带来较大冲突的顾虑，让 Supercell 感受到了腾讯作为主并方的真诚，也增加了 Supercell 对腾讯企业文化的信任度和好感，大大减小了跨国企业并购中文化整合的阻力。

从上述引例可以看出，在跨国并购的过程中，文化整合的核心是解决并购双方因文化差异而产生的文化冲突，这是一项非常有挑战性的工作，往往也是并购成功与否的关键。本章将首先对企业文化冲突进行详细阐述，以此为引子，进一步系统介绍企业文化整合及其模式，进而基于全球化背景为企业跨国经营提出一系列跨文化管理的策略建议。

第一节　企业文化冲突

随着经济全球化的发展，很多企业倾向于利用跨国并购的方式来实现跨越式发展和国际市场开拓，而文化冲突正是决定并购是否成功的一项重要因素。事实上，即使是在企业日常管理中，不同员工群体之间也可能会存在一定的文化冲突，企业若能够合理利用文化差异性，将会获得事半功倍的效果。本节着重介绍企业文化冲突的概念与表现、造成企业文化冲突的原因以及企业文化冲突的影响，并有针对性地提出企业文化冲突的应对策略。

一、企业文化冲突的概念与表现

冲突理论于 20 世纪 60 年代兴起，其认为具有稀缺性的社会资源在分配时必然存在不公平现象，进而产生利益冲突，从而引起社会体系的不断变化[2]。在通常情况下，冲突可被视为相互作用的主体之间因不相容的目标或行为而导致的不和谐状态。当冲突与企业文化相结合之时，文化冲突往往意味着不同形态的文化及其元素相互对立乃至排斥的状态，这种冲突可以是在文化与文化之间，也可以是在特定文化系统内部分文化元素之间。

（一）企业文化冲突的内涵与特征

企业文化冲突是指不同形态的文化或文化要素之间相互对立和排斥的过程。在传统认知之中，企业文化冲突只有当企业进行并购或合资时才会出现，不同企业所处的文化背景差异使得企业并购合资工作往往需要经受企业文化冲突的考验。然而，需要指出的是，企业文化冲突并非只存在于并购、合资及跨国企业中，事实上，每个企业内部都存在文化冲突事实。企业内部的员工由于成长环境、个人履历、工作经验等存在差异，其价值观和行为方式往往具有明显差别，在这种情况下，企业内部同样会产生个体、团队、部门之间的文化冲突，这才是企业文化冲突的最常见事实。一般而言，企业文化冲突具有以下三个特征。

（1）非线性。不管文化冲突处于企业内部还是外部，由于文化本身具有交叉性、独立性和层次性的特点，因而异质文化的冲突和交融往往呈现错综复杂的状态，这使得企业文化冲突具有非线性的重要特点。

（2）间接性。文化对于个体的作用是潜移默化的，企业文化冲突同样如此，具体冲突需要首先在情感、思想等精神领域产生，进而通过个体或集体行动进行表达。

（3）内在性。文化以思想、观念、精神为核心，因而文化冲突实际上也是内在思想精神冲突，这使得文化冲突对企业的影响不仅是潜移默化的，更是由内到外的。

（二）企业文化冲突的表现形式

1. 企业内部文化冲突和企业外部文化冲突

根据企业文化冲突发生的场景，企业文化冲突可划分为企业内部文化冲突和企业外部文化冲突两种类型。企业内部文化冲突是指项目内部和员工之间因文化见解不同而产生的冲突。这种内部冲突可能导致员工沟通不畅，降低员工工作效率，进而对企业生产产生负面影响。而企业外部文化冲突则往往发生在企业并购或合资的过程之中，不同企业因文化背景的巨大差别而产生文化差异，如若处理不当，便会致使外部文化冲突的产生。

2. 显性文化冲突和隐性文化冲突

根据企业文化冲突表现形式的不同，企业文化冲突可分为显性文化冲突和隐性文化冲突。显性文化冲突主要包括制度文化冲突、物质文化冲突和行为文化冲突，其中行为文化冲突是显性文化冲突的最明显表征。隐性文化冲突是由企业管理者或员工不同的价值观念所导致的。企业精神文化需要通过制度、行为、物质等加以表现，而意识层面上的隐性文化冲突也需要根据语言和行动进行表达，这也使得隐性文化冲突往往深植于企业员工潜意识中而不容易被发现。但是，隐性文化冲突的长期积累必将导致后续更为严重的显性文化冲突，从而对企业发展造成严重破坏[3]。

二、造成企业文化冲突的原因

为切实消解企业文化冲突，我们必须深刻了解造成企业文化冲突的具体原因，这样才能对症下药，找到解决文化冲突的有效方法。鉴于企业文化冲突可分为显性文化冲突和隐性文化冲突，这两种表现形式在企业内外部均存在，本部分将分维度剖析造成企业内外部显性文化冲突和隐性文化冲突的具体原因，为有效解决企业文化冲突提供参考。

（一）造成显性文化冲突的原因

鉴于显性文化冲突包括制度文化冲突、行为文化冲突和物质文化冲突，本书将从如下三个方面探讨显性文化冲突产生的具体原因。

1. 制度文化冲突产生的原因

企业内部的制度文化冲突主要由跨部门合作制度缺乏和部分制度的滞后性所引起。一方面，当企业规模逐渐扩大时，专业化分工逐渐成为企业发展的新要求，多部门结构的设立也使得跨部门合作制度建设成为必然。当跨部门合作制度构建相对不完善时，低效对接将使得跨部门合作面临多重制度文化冲突。另一方面，企业制度文化具有相对稳定性，这种相对稳定性隐含着制度滞后这一属性。当企业制度文化无法跟上企业快速发展的步伐之时，现有制度无法对企业快速发展的生产经营活动产生原有的约束作用，企业制度文化冲突也会因此而产生。

2. 行为文化冲突产生的原因

行为文化冲突的产生受到来自精神层面和制度层面的文化冲突的巨大影响。企业部分员工对于企业的核心价值观念及相应的规章制度具有较高的认同度，因而会自觉接受企业精神文化和规章制度的约束。然而，企业中始终会有一部分员工并不完全认同企业的精神文化及由此延伸的制度文化，当他们的自我认知无法与企业精神和规则相契合之时，抵触情绪的产生往往会促使他们产生抵触乃至反抗行为，这是企业行为文化冲突的一大成因。

而在企业外部，不同企业所处的文化背景差异也是导致行为文化冲突产生的一大影响因素。不同的文化背景使得各企业及其员工具有截然不同的行事风格，由此导致的行为文化冲突在跨国并购合资工作中体现得淋漓尽致。

3. 物质文化冲突产生的原因

与行为文化冲突类似，物质文化冲突的产生往往受到精神文化冲突的重要影响。对于企业价值观的理解差异和由此产生的归属感差别使得企业员工无法对企业标语、企业工作环境等物质符号产生一致的认识。此外，培训工作不到位也会间接导致物质文化冲突，如企业在平稳发展阶段往往更加重视新进员工培训工作，因而此时的新进员工能够通过系统培训，对企业物质文化产生更为系统的理解和高度的认同。而在企业快速扩张阶段，企业往往将培训注意力集中在如何提升员工快速满足客户需求的能力之上，从而忽视了企业文化，尤其是物质文化的培训工作，这种认知不对称也促使物质文化冲突频发。

（二）造成隐性文化冲突的原因

一方面，隐性文化冲突在企业内部大规模存在。员工的成长背景差异往往导致员工之间存在巨大的个人价值观差别。新时代员工的加入将使得新旧价值观之间产生巨大冲突，即使是对于同一年龄阶层的员工而言，每个员工个体所经历的成长环境也是截然不同的，这也使得隐性文化冲突在同一年龄阶层员工之中同样存在。事实上，企业的发展阶段同样会导致隐性文化冲突的产生。如在企业平稳经营阶段，员工更倾向于将企业文化作风定位为脚踏实地、不盲目追求经济利润，而在企业开拓进取阶段，员工往往认为企业的创新工作是为了追求短期利润的提升。

另一方面，在企业外部，隐性文化冲突更是企业并购合资中面临的一大难题，这在跨国并购或合资工作中具有更为明显的体现。在价值观上，中外企业的跨文化冲突原因主要体现在个人主义和集体主义的矛盾之上。受到中国传统文化的长时间浸染，中国企业更加强调集体利益大于一切。而西方企业员工更加追求独立自主、自我价值实现和个性发展。中西方价值观念的巨大差异便成为造成隐性文化冲突的另一大原因。

三、企业文化冲突的影响

在很大程度上，企业文化冲突会增加企业内外部矛盾发生的不确定性，对企业文化实施及经营管理造成不良影响[4]。

1. 决策效率低

当冲突各方都坚持自己的价值观念、思维方式和行为方式，遇到问题互不相让，各行其是时，企业及其领导者要花相当的精力、时间进行协调，导致决策效率低下或难奏效。

2. 坚持己见，固执保守

文化冲突影响跨国公司经理与当地员工的和谐关系。若经理坚持己见，用呆板的规章制度控制组织运行又不善于做员工的工作，而员工一时难以适应经理的要求，工作不思进取或坚持原来做法，双方彼此不配合、不协调，固执保守，就难以有所作为。

3. 组织涣散

以上两种消极影响势必导致组织涣散，无法形成集中统一、标准化、规范化的管理，可能出现日常工作的各自为政、各行其是，管理者难以将其统合起来。

4. 沟通受阻

文化冲突影响精神文化、制度文化、行为文化、物质文化的实施，当经理不设法解决组织涣散问题时，管理沟通就会随之受阻，有令不行。

5. 非理性反应

当经理和员工的冲突越来越大时，经理如不能正确对待企业文化冲突，就会感情用事，并引起员工的非理性反应，不予合作，甚至反抗。

6. 怀恨心理

非理性反应势必导致一味埋怨对方保守或鲁莽，冲突愈演愈烈，双方丧失合作信心，甚至认为选错合作伙伴。

四、企业文化冲突的应对措施

企业文化冲突会带来很多不良后果，必须加强企业文化冲突管理。企业可从树立正确的文化管理理念、树立人本主义思想和注重文化融合等角度应对企业文化冲突。

（一）树立正确的文化管理理念

在进行跨文化管理时要树立正确的文化管理观念。首先，要承认并理解差异的客观存在，克服狭隘主义思想，重视他国语言文化、经济、法律的学习和理解。任何一种文化都是通过长期的历史积淀逐渐形成的，都是国家和民族的共同意识，是具有合理性的。其次，要把文化差异看成一种机遇和优势，而不只是一种威胁和劣势。文化的差异虽然给企业跨国经营和并购带来了挑战，但更多的是机遇和商机。恰当、充分地利用不同文化表现出来的差异可为企业发展创造商机。

跨国企业要建设适合对象国国情的新型企业文化，需要根据企业的实际情况和未来发展目标等因素来有计划地实施。文化整合主要有以下三种模式：①吸收方式。此模式比较适用于子公司和母公司文化强弱差距较大的情况，子公司弱势文化完全被母公司强势文化所取代和吸收，完全采用母公司的企业文化。②融合方式。此模式下合作双方文化能够相互促进、相互妥协、相互渗透，不同文化能够融合为一个整体，从而形成一种全新的企业文化。③平行方式。此模式较多运用于文化差异非常大且克服需要很长时间的文化，尽量避免发生文化冲突，维持各种文化的独立性，强调多元文化的共存共荣。

（二）树立人本主义思想

企业的发展主要依靠人才资源，谁拥有最丰富的人才资源，谁就可能掌握尖端的科学知识，谁就能获得有利的竞争优势。这就要求管理者必须具有强烈的人才管理意识，并通过企业文化这一价值观形式将优秀人才凝聚起来，得到员工的普遍支持。

首先，企业文化冲突的客体是人，即企业的所有人员。文化的差异体现在人的思想、价值、行为等方面。解决文化冲突的关键就是要使不同的文化进行融合，形成一种新型文化，而这种新型文化只有根植于企业所有成员之中，通过企业成员的思想、价值观、行为体现出来，才能真正达到解决文化冲突的目的。

其次，解决文化冲突的主体也是人，即企业的经营管理人员。在企业跨国经营的过程中，母公司的企业文化更多的是通过熟悉企业文化的经营管理人员转移到国外分公司。在企业的日常经营管理中，经营管理人员通过对企业成员的培训、教育和灌输，通过制定体现新型企业文化的制度，将这种企业文化最终根植于企业之中，从而形成一种上下和谐、内外一致的合力，对企业的经营管理产生巨大作用。

由于文化冲突的主体和客体都涉及人，因此解决文化冲突的关键是要强调对人的管理，既要让管理人员深刻理解公司的企业文化，又要加强对公司所有成员的文化管理，让新型文化真正在管理中发挥其重要作用。

（三）注重文化融合

如何解决文化冲突，这既体现在不同文化间的碰撞过程中，又体现在不同文化间的交汇融合过程中。文化融合指的是不同文化在承认、重视彼此差异的基础上，相互尊重、相互协调，从而形成一种全新的组织文化。这种文化具有较强的稳定性，它要求企业创造一种开放包容的文化环境，在此基础上，企业的经营管理才可能真正走向全球化、高效化和多元化。文化融合应注意从以下两个方面着手。

首先，建立共同经营观和企业文化。通过文化差异的识别和敏感性训练，提高企业职员对文化的鉴别和适应能力。在文化共性认识的基础上，根据环境的要求和公司战略的需要建立起企业的共同经营观和强有力的企业文化。它有利于减少文化冲突，使得每一个职员能够把自己的思想与行动同企业的经营业绩和宗旨联合起来，在国际市场上建立良好的企业声誉，增强企业文化应对环境变迁的能力。企业文化的核心内容是共同的价值观念，它是企业发展的精神财富和企业日常经营活动的经营理念。这种共同的价值观念是所有员工的共同的理念和信仰，只有具有共同价值观念的企业才能促使所有员工凝聚在一起，共同致力于企业发展。解决文化冲突对企业生存和发展有重要影响，企业文化管理进行得成功，就会对企业产生 1+1>2 的增值效应，推动企业生产力的发展。

其次，进行文化多样化的培训。营造多种文化和谐发展的企业文化是解决文化冲突的有效途径。对企业所有员工进行文化敏感性方面的培训，尽量消除不同文化背景的员工发生误会和冲突的可能，或在冲突已经发生的情况下尽量减少其负面影响。同时，要营造相互信赖、真诚合作的氛围，减少不同文化之间的障碍。跨文化培训和教育不仅是预防和解决不同文化之间的跨文化差异和跨文化冲突的最佳渠道和手段之一，而且能够帮助员工积极主动地去尽快适应其他文化，加强来自不同文化背景的员工之间的沟通交流，以互相理解。

总而言之，在目前企业经营国际化浪潮的冲击下，只有明确文化差异及其根源和影响，制定相应应对策略，才能使企业在激烈的竞争中立于不败之地。

例证 7-1

中石化并购 ADDax 过程中面临的文化冲突[5]

第二节 企业文化整合

当今时代是一个合作与竞争并存的时代，越来越多的企业开始将目光汇集到企业经营中的文化整合上，世界各国的企业越来越清醒地意识到，加强企业经营过程中的文化整合是企业长远发展回避不了的问题。

一、企业文化整合概述

贝里认为，企业文化整合是并购双方的企业文化不断适应、相互渗透、逐渐融合的过程，并根据企业并购中文化整合的不同表现形式总结为如下四种模式，分别为一体化、吸收、分隔和混沌化[6]。企业文化要实现从无序到有序，必须经过有意识地整合。但完全自由放任的文化整合不利于企业发展，因为这一过程缓慢、持久，且整合方向具有随意性。因此，企业文化整合首先是对企业内部不同文化或文化因素的一体化整理和结合，形成统一的文化主张和文化体系。

一个成熟的企业系统不仅应有完善的组织结构，而且应有较为深厚的组织文化。文化渗透于整个企业系统中，它对企业系统的影响是隐性的、潜在的，但又是至关重要的。企业文化整合就是突出文化对企业系统整合的重要作用，使文化向企业系统的管理机构内渗透，向生产和经营行为中渗透，并向经济领域辐射其影响，形成一种强势的精神力量，既维系着企业组织，又影响着企业人的行为活动。所以，企业文化整合是通过企业文化来对企业所有活动进行整合。

企业文化整合的过程是企业共同价值观调整、再造的过程。企业的文化整合与管理组织整合相比，是隐性的且根植于员工头脑中，因此实现其整合比较困难。对企业文化整合可理解为对各种企业人群的文化观念系统在不同的层次、水平、层级的整理与结合，企业文化和企业生产经营方面互相作用并形成一致的价值认同。企业文化整合需要运用一定的方法和按照一定的程序进行，戴尔和肯尼迪在他们的著作《塑造公司文化》中指出："建立共识，彼此信任，建立技巧，耐心和保持弹性是我们认为最终解决问题的办法。"劳伦斯·米勒在《美国的企业精神》一书中提出："为了发展新的文化，必须动员一切力量，为了改变公司的文化，必须要有实例、训练、指示、教导、强化以及对新作风予以支持的制度。"

企业文化整合有两种不同的情况：①同一企业内部文化内容各要素的整合；②同一时空中不同企业文化之间的整合。前一种文化整合实际上是指当企业处于一般的平稳发展期时，占据主导地位的主流文化弥散、渗透到企业的各种亚文化中。后一种文化整合则是当企业处于转型、变革等剧烈变迁期时，由于原有的主流文化受到挑战，各种外来文化、本企业传统文化、现代文化交织在一起，相互碰撞和冲突。这时的文化整合是不同文化之间的相互适应、协调，并在此基础上通过选择合适的文化成分，进行文化创新，形成新的主流文化。也就是说，企业文化整合分为企业内部文化内容和要素之间的整合以及企业与企业之间文化的整合。企业文化整合过程需要全体员工共同参与，需要坚持宽容的精神，加强理解的意识，进行创造的活动。

二、企业文化整合的内容

企业文化的整合是企业在多层面上对本组织的文化进行梳理和同化的过程，这一过程包括对内文化整合和对外文化整合两大整合过程，对内整合主要是个体意识与群体意识的整合、主流文化与亚文化的整合，对外整合主要包括公司之间（母公司与子公司）的文化整合、企业兼并中的文化整合。

（一）个体意识与群体意识的整合

在心理学上，意识一般是指人们的自觉的心理活动，即人对客观现实的自觉反应。企业群体意识是一种组织意识，它是企业员工对企业目标的认定和实现目标所具有的信念和意识，以及对企业的情感和归属感。企业群体是一种人群结合，个体意识如何融入群体意识中，需要一个整合的过程。群体意识以共同价值的认定和实现为核心内容，伴之归属感等情感。企业群体意识是在平等互利、共同协商的基础上，各个企业员工意识之间共同作用的结果，因此，企业员工的群体意识是不同层面的员工群体之间互动作用的结果。

企业文化整合试图将各个企业员工的个体意识与企业群体意识融为一体，形成一种企业文化，构造一种核心价值观，即得到企业所有员工认可的群体意识。从实践来看，每一个新员工进入企业员工群体，都在自觉或不自觉地受到企业员工群体意识的整合。自觉是指企业在接受新员工入职时，有意识地对新入职员工进行企业文化培训，让其首先接受企业文化，新入职员工也就自觉地接受企业群体意识。而不自觉是指新员工在入职以后，受企业员工群体意识的耳濡目染，不自觉地接受了这些意识。这两个过程都可以说是群体意识对个体意识的整合过程，只不过前者带有引导性、自觉性整合；后者是无引导、不自觉的整合。

（二）主流文化与亚文化的整合

有意识地运用主流文化去整合亚文化，使亚文化为主流文化服务，这是企业文化整合的重要内容和任务。在一个企业文化共同体中，企业员工之中总是孕育着一种自发的亚文化群体，企业的主流文化对这类文化的宽容程度，在很大程度上就成了衡量企业文化合理完善程度的标准。主流文化对亚文化的整合不是对亚文化的否认与抛弃，而是对亚文化发展方向的关注、对亚文化功能的引导和利用，避免亚文化成为影响企业发展的不健康文化。

对亚文化发展方向的关注主要是防止企业中出现小团体文化、内斗文化，以及含糊文化、人治文化、面子文化、老好人文化等。因为这些亚文化的存在和蔓延将会不断侵蚀企业原来所倡导的主流文化，最终将会影响整个企业的运行，甚至致使企业走向灭亡。对亚文化功能的引导和利用，要意识到亚文化的存在是客观必然的。一方面要防止亚文化朝着不健康的方向发展，另一方面要积极地开发亚文化的正向功能，在保持亚文化健康的前提下，利用健康的亚文化积极向上的功能，补充和丰富主流文化，使得企业文化丰富多彩。

（三）公司之间的文化整合

首先是总公司与分公司的文化整合。总公司与分公司具有相同的法人，属于一个企业，两者的文化关系在很大程度上类似于主流文化与亚文化之间的关系，但是又不完全相同。如果总公司与分公司在同一地域，则两者之间的文化没有什么差异，总公司与分公司的文化整合就是主流文化与亚文化之间的整合。如果总公司与分公司不在同一地域，其文化整合就较为复杂，一方面要体现总公司的主流文化，另一方面又要形成分公司的文化，那么就要在保持核心价值观一致的情况下，结合分公司的具体情况，容许分公司有自己的文化个性和特色。

其次是母公司和子公司的文化整合。子公司是母公司出资兴办的具有独立法人的企业，两个企业以资本为纽带联系在一起。当母公司对子公司占控股地位时，那么母公司的文化对子公司的文化具有决定性影响。但是这样的母子公司文化关系与总公司与分公司的文化关系在很大程度上存在着差异。总公司与分公司属于一个公司，而母公司与子公司是两个公司，所以企业文化的整合变成了一个公司对另一个公司的文化控制，这种控制是通过产权关系影响董事会成员，从而影响子公司文化的。

（四）企业兼并中的文化整合

在企业兼并实践中，与企业兼并同步而来的往往是两种企业文化的碰撞与融合，这就存在着文化不兼容风险。每一个企业均有其企业文化，并购中的文化冲突是难以避免的。企业兼并不仅仅是两家企业之间的经济行为，更是一种文化行为。因此，文化整合常常是企业兼并成功与否的关键问题。20世纪90年代初，日本大公司进军好莱坞可谓气势如虹，然而，仅仅半年就铩羽而归。究其原因，资金雄厚的日本公司正是输在了文化整合上。企业办到了美国，却没有融入美国文化中，最终只能撤出好莱坞。而海尔集团兼并青岛红星电器公司，因为注重了文化整合，结果得到了事半功倍的效果，其已被收入哈佛商学院的案例库。兼并不是"一签了之"，而是一个过程。兼并后的文化整合就是其中的一个重要内容和环节。不同的企业有不同的文化，企业兼并必然会引发两种不同文化的碰撞。

在企业兼并的案例中，优势企业经过长期激烈的市场竞争的锻炼，一般形成了具有自身特点的企业精神、经营理念等完整的企业文化，而劣势企业的企业文化则一般具有消极滞后的特点。如果兼并方能够自觉地用自己优秀的企业文化去改变被兼并方消极的企业文化，将会使企业产生一种新的生机和活力，并带来可以预期的经济效益。反之，如果兼并方对自己优秀的企业文化不善利用，反而会被被兼并方的消极落后的企业文化所同化，最终可能导致兼并的失败。当两个企业发生兼并时，不同的企业文化很容易使得兼并后的企业陷入一片混乱之中。因此，兼并企业与被兼并企业之间的文化整合具有特别重要的意义。

三、企业文化整合的原则

（一）坚持文化宽容原则

在文化整合中保持宽容精神是进行文化整合的前提。唯此，不同文化的人之间才能相互尊重、理解、达成共识，从而实现可能的融合。不同文化间的宽容，需要企业员工之间相互尊重，在人格上实现平等。人们常以"领导""上司"来称呼管理者，这表明管理者与员工双方在心理上处于不同态势：管理者处于高势，员工处于低势。管理者应避免由这种心理态势带来的不良影响。管理者与员工之间的宽容，还需要提倡一种相对自由民主的态度。这种态度是让员工有自己思考、选择、判断的自由，管理者应适时地给予指导，以确保员工选择、判断的正确性。

（二）坚持扬弃的原则

企业文化建设是一个漫长的过程，绝不是一朝一夕的事情。每一个企业都有自己不同的创业和发展的轨迹，并形成了不同时期的特色文化。要认真调查、研究企业变革与发展的历史和现状，认真分析比较企业传统文化与现代文化矛盾的焦点和特点，明确哪些是对企业起推动作用的文化因子，哪些是对企业发展起阻碍作用的因子，辨识清楚了这些，才能弘扬其优异成分，抛弃其不良部分，并对文化体系进行建设性的构筑。同时，在企业文化整合时，要注意吸收中华民族文化中的优异成分，保持民族文化精华在企业文化中运用和延伸，形成一种新型的、具有民族特色的、积极向上并符合企业发展的企业文化。

（三）坚持共性和个性相结合的原则

在企业文化建设中，由于制度、文化传统等原因，我国企业普遍缺乏企业文化的个性建设，企业文化雷同的现象较为普遍，而西方国家的企业则比较注重个性塑造。企业文化整合中要正确处理共性和个性的关系，既要充分发挥传统，体现企业的行业性质和经营形态，又要注重企业个性化设计和塑造，要在共性中突出个性。在现代社会里，企业的生产设备、机器厂房可能没有什么差别，现代化的管理工具和管理方法可能都具有共性色彩，但是，其经营风格、价值取向、企业精神、管理理念等，不同的企业有不同的个性。同时，企业文化整合过程中对员工的要求也要体现共性和个性的关系，企业文化既强调员工对企业价值观、企业经营理念和企业目标的认同，又充分尊重员工的个性，提供适合其个性的工作岗位，让其充分施展聪明才智。

（四）坚持借鉴和创新的原则

企业是开放的，管理思想和管理科学是可以共享的。企业文化整合不仅要体现企业自身的特色，还要吸纳世界文明，借鉴西方企业管理文化中的科学内容，学习发达国家的先进经营管理经验；借鉴其他企业，尤其是国内外知名企业的文化精华，甚至是竞争对手的优异经营思想，并加以吸收创新。所谓创新，就是在发扬传统文化的积极成分，剔除和摈弃那些过时的理念、内容和方法的同时，根据实际情况和形势变化，形成与时俱进的企业经营理念，整合梳理出具有本企业特色的，既具有时代气息，又能够保持其核心价值观的历史继承性的企业文化。

四、企业文化整合模式

考虑到企业文化存在差异性，在对企业进行整合时需要整合企业文化。然而，企业文化整合绝非一朝一夕之事，一人一己之功，而是一个系统的、审慎的选择、实施和修正的过程，因此需要选择适当的企业文化整合模式。

（一）文化促进模式

文化促进模式下，兼并方的强势文化与被兼并方的弱势文化同时存在，兼并方的强势文化并不是去吞并被兼并方的弱势文化，而是在保持自身企业文化基本不变的基础上，引入弱势文化的优秀因子，让两种文化同时健康发展，主要的表现形式是强势文化在一些具体的文化参数上发生变化，使原有的强势文化的功能更加齐全，结构更加完美。比如，1993 年，华北制药集团与美国、德国、日本和我国香港地区的一些公司合作，陆续成立了 16 家合资公司。新成立的公司继承了华北制药集团"人类健康至上，质量永远第一"的企业文化，同时吸收、接纳了外资企业重视市场开发和顾客导向的企业经营文化，最终取得了良好的经济效益。

（二）文化融合模式

文化融合模式就是企业在兼并过程中将几种已经现实存在的文化有机地融合起来，形成一种新文化。虽然我们通常还能在这种新的文化中找到原有文化的痕迹，但毕竟这种新的文化已经与原有的文化有本质的不同，即使雷同，也绝非原版。需要指出的是，这里所说的几种文化在实力对比上与文化促进模式有强势和弱势文化不同，它们几乎是势均力敌的。比如，中国邮电工业总公司与比利时阿尔卡特贝尔公司和比利时王国合作基金会合资建立上海贝尔公司，在公司成立的一开始就遵循了互惠互利的原则，通过彼此的沟通、融合，将三家企业原有的企业文化共同整合为一种全新的贝尔文化，获得了巨大的成功。

（三）文化注入模式

文化注入模式也被称为文化吸纳模式。所谓文化注入，就是指在"强弱兼并"的情况下，作为强势一方的并购企业将自己原有的企业文化在并购的过程中注入新成立的企业中，而作为弱势一方的被并购企业在文化整合过程中通常是被接受的一方。采用这种模式成功的案例也有很多，其中，比较有代表性的是海尔集团。海尔集团在其发展壮大的过程中曾经并购过很多企业，通常，在兼并一家新的企业后，海尔集团派出去的首先不是市场营销人员或者财务人员，而是企业文化中心的人员。这是因为海尔集团认为，要想真正兼并一个企业，并使这个企业真正融入海尔集团，必须让海尔的企业精神和文化深入人心，成为他们自觉接受的行为理念，正是在这种思路下，被并购企业员工与海尔集团的融合度不断提升，企业的生产经营效益也有了大幅度的提高。

（四）文化瓦解模式

所谓文化瓦解模式，就是指被并购方既不接纳并购企业的企业文化，又放弃了自己原有的企业文化，在打破双方企业文化框架的基础上建立新的企业文化。在这种情况下，从被收购企业的原有企业文化的存在性上讲，其已经处于瓦解的状态。应该说，这种企业文化整合模式是四种文化整合模式中风险系数最高的。需要指出的是，瓦解模式可以是并购方有意选择的，也可以是并购方无意造成的，比如在文化注入模式中，如果双方企业文化的关系处理不好，则很容易由注入模式转变为瓦解模式。

以上四种模式是我国当今所采用的企业并购中文化整合的主要模式，具体到自身企业文化的特殊性，在并购的初始阶段可以先进行一定程度上的文化隔离，经过一段时间的磨合和融合之后再采用融合模式，效果会更好。当自身企业与被并购企业相比，在文化上具有明显的优势，同时被并购企业在文化上并不具有非常优秀的因子时，文化整合的过程还可以进一步深入到同化模式。

例证 7-2

海尔集团在并购过程中的文化整合[7]

第三节 跨文化管理

在经济全球化的今天，跨文化管理已成为理论界和企业界关注的热点，随着经济全球一体化进程的加快，实施国际化经营是企业发展的一种必然趋势，为了适应企业国际化的发展，管理者必须考虑到文化差异，即企业要做好跨文化的管理。

一、跨文化管理的概念与特点

（一）跨文化管理的概念

跨文化管理也叫交叉文化管理，即对涉及不同文化背景的人、事、物的管理。通俗地说，它是指跨国企业在全球化经营时对其子公司所在国的文化采取包容的管理方法，克服异质文化冲突，从而形成卓有成效的管理过程，创造出企业自身独特的文化[8]。跨文化管理是对多元文化的企业进行管理，具有一定的复杂性、共通性、特殊性及协商性。因此，对跨文化管理最根本的界定就是研究包含两种及两种以上不同文化背景群体的管理方法。

（二）跨文化管理的特点

跨文化管理就是对文化差异及文化差异所产生的冲突进行交叉管理，通过对多种文化采取一系列的包容、创新、融合的管理方法，创造出企业独特文化的管理过程。跨文化管理具有以下特点。

1. 包容性

管理学大师彼得·德鲁克曾说过，跨国经营的企业是"一种多文化的机构"，并将其经营管理的含义定义为："把政治上、文化上的多样性问题结合起来而进行统一的管理。"包容不是简单的多种文化共同存在、共同发展的过程，而是各种优秀文化要素之间相互吸引和相互作用的过程。跨文化管理就是将多元文化进行融合，突破看似有限的市场空间和社会结构，实现优势互补和资源重组，最后达到双赢甚至多赢的结果。

2. 学习性

跨国企业在其跨国经营中，需要不断面对新的国家、新的地区和新的文化，需要应对不断出现的新问题、新挑战，企业需要在学习中成长，而且这种学习不同于一般企业学习，它是一种跨文化学习。一方面，跨国企业是一个跨文化组织，内部多元文化的差异和隔阂需要企业管理层和员工进行跨文化的学习，促进内部人员之间的了解、理解和有效合作。另一方面，跨国企业面临的是不同文化的世界市场，只有不断进行跨文化的学习，了解和掌握不同文化条件下的市场特点以及竞争与合作者的行为方式、消费者的生活习俗等，才可能在跨国市场上取得竞争优势。

3. 创新性

文化的本质在于创造，文化的发展在于创新。跨文化管理的创新性表现在如下两个层次：①企业文化本身的创新，即在原有文化的基础上，结合新的实践和时代要求，结合企业发展的需要，所进行的文化上的超越和创造。②文化观念的创新，即企业在跨文化管理的过程中，崇尚不断创新的理念。跨文化管理的创新性对于跨国企业不断适应新的挑战、提高企业的综合竞争力具有非常重要的意义和作用，而跨国企业组织形式和人才的多元化，使得跨国企业文化具有开放性、活跃性和多样性的特性。

4. 层次性

跨国企业本身是一个包含多层次、多环节和多要素的庞大网络，不同层次、不同企业的文化也具有不同特点，因此要实现跨文化管理就要将跨国企业的多元性、分散性的时空状况通过一种有效的网络有机联结起来，形成既有层次又紧密联系的跨文化管理体系，从而促进企业有序高效运作。

二、实施跨文化管理的原因

每个国家都有自己的文化，其文化背后蕴藏着不同的思维方式和民俗习惯，因而人们在进行国际贸易活动时会因为文化差异在交易习惯上表现不同，从而影响商贸活动的有效开展，有时甚至会因为不了解对方的文化而导致商务活动的失败。实施跨文化管理的原因在于我们在进行国际贸易时必须对对方的文化有所了解，有效避免文化差异带来的商务失败行为。重视文化差异性，加强跨文化管理是跨国企业的必备课程。

（一）适应经济全球化的需要

经济全球化是指商品、服务、生产要素等跨国界流动的规模不断扩大，形式不断增加，技术与信息在各国间广泛迅速传播，通过深化国际分工，在世界范围内提高生产经营资源的配置效率，从而使各国经济相互依赖程度日益增强的经济发展趋势。经济全球化不仅仅是贸易的全球化，还有投资全球化、生产全球化、消费全球化。伴随着经济的全球化，一些有实力的公司开始跨出国界，在国外直接进行投资、生产、经营，这必然要求公司的管理也要全球化。为了适应跨国公司的发展，管理者必须考虑公司所在国的文化差异，即跨国公司要做好跨文化的管理。

（二）解决文化差异与冲突的需要

由于跨国公司彼此之间的文化不同，因此在一些管理的基本问题上，如经营目标、市场选择、管理方式等重大问题上存在着差异。当面临两种或两种以上的不同文化同时作用时，就会产生文化上的某种差异和困惑，从而对跨国公司的经营与管理产生负面的影响，在公司内部引起文化冲突。所谓文化冲突，是指不同形态的文化或者文化要素之间相互对立、相互排斥，它既指跨国公司在他国经营时与东道国的文化观念不同而产生的冲突，又包含在一个企业内部由于员工分属不同文化背景而产生的冲突。在跨国公司中对文化差异、文化冲突管理不当，势必会影响公司的经营管理，造成不良后果，甚至导致合作的失败。

跨国公司进行跨文化管理时，关键在于如何跨越文化差异、文化冲突的障碍，在两种文化的结合点上寻求和创立一种双方都能认同和接纳的、发挥两种文化优势的管理模式。跨国公司只有通过跨文化管理才能更好地解决文化差异、文化冲突所带来的问题。

（三）解决管理方式差异的需要

管理移植是指将一个国家、一种文化环境中行之有效的企业的管理思想、管理制度、管理方法和管理技术转移到另一个国家、另一种文化环境中去，其目的是取得相应的效果，获得相应的利益[9]。由于跨国公司分布在不同的国家、地区，这些国家、地区的经济、政治、文化背景各不相同，因此并不是任何先进的管理思想、管理理念、管理方法、管理制度、管理技术都是可移植的。从发达国家移植过来的管理方法，发展中国家的企业要根据自身的具体情况来进行修正和改进，使之与原有的管理方式、管理思想、管理技术等融为一体，通过跨文化管理可以使得不同企业在进行管理移植时，把不同文化背景下的思想、制度、方法、技术很好地融合在一起，从而提高管理移植的效果，获取相应的收益，达到管理移植的目的。目前，跨文化的管理移植主要有单程道管理移植和多程道管理移植两种。单程道管理移植一般是发达国家向发展中国家进行的管理移植，多程道管理移植一方面是世界各国之间的管理移植，一方面是一个国家同时向几个国家学习，移植它们先进的管理方法和技术。

三、实施跨文化管理的作用

跨文化管理的作用在于即使身处不同的文化背景，也能积极制定出适合此文化背景以及本企业长期发展的管理机制和组织结构，使资源配置达到最优状态；能够最大限度地挖掘企业潜能和企业所在地的市场潜能，从而极大地提高企业的综合效益。

（一）跨文化管理对员工的导向和软约束作用

导向包括价值导向和行为导向，企业价值观和企业精神能够为企业提供具有长远意义的、更大范围的正确方向。跨国公司通过跨文化管理形成母公司与各个子公司都要遵循的企业文化，形成员工共有的价值观念、信念、行为准则以及具有相应特色的行为方式、物质表现等。跨国公司通过跨文化管理形成的企业的宗旨、最高目标、共同愿景、价值观念等对跨国公司的母公司及各个子公司以及所有的员工的价值取向和行为取向起引导作用，使之符合公司所确定的总目标。这种导向是通过跨国公司共同的企业文化的塑造来引导公司员工的行为心理，使人们在潜移默化中接受共同的价值观念，自觉地把企业的目标作为自己追求的目标。

企业的共同文化为跨国公司确立了正确的方向，对那些不利于企业长远发展的不该做、不能做的行为，具有一种软约束的作用，能提高员工的自觉性、积极性、主动性和自我约束力，提高员工的责任感和使命感。跨国公司通过跨文化管理形成的企业文化对公司员工的思想、心理和行为具有约束和规范的作用，这种约束不是制度式的、外在的硬约束，而是一种内在的软约束，它是通过企业中弥漫的文化氛围、群体行为准则和道德规范来约束的。由于跨国公司的母公司与各个子公司地处不同的国家、地区，它们的经济、政治、文化背景不同，员工的生活方式、行为方式、思维方式也不同，要用一种外在的、强制的方式去约束地处不同国家和地区的员工是不现实的，只有通过跨文化管理形成共同的企业文化，才能对员工的思想、心理和行为进行有效的约束和控制。

（二）跨文化管理对员工的凝聚力和激励效应

跨国公司通过跨文化管理形成的企业文化具有一种极强的凝聚力量。企业文化是企业的黏合剂，可以把员工紧紧地团结在一起，使他们的目的明确，步调一致；把各个方面、各个层次的人都团结在本企业文化的周围，对企业产生一种凝聚力和向心力，使员工个人思想和命运与企业的兴衰紧密联系起来，使他们感到个人的工作、学习、生活等任何事情都离不开企业这个集体，与企业同进退、共命运。跨国公司只有通过跨文化管理才能把分布在不同国家和地区的各个子公司有力地凝聚在一起，共同为公司的长远发展而努力。

激励是一种精神力量，企业文化所形成的企业内部的文化氛围和价值导向能起到精神激励的作用。跨国公司通过跨文化管理可以使各个子公司及其员工从内心产生一种高昂情绪和发奋进取精神。通过跨文化管理形成的共同的宗旨、最高目标、愿景、价值观等对员工的激励不是一种外在的推动，而是一种内在的引导，它不是被动消极地满足人们对实现自我价值的心理需求，而是通过企业文化的塑造使每个员工从内心深处产生为企业拼搏的献身精神。

（三）跨文化管理是企业可持续发展的动力

"小型企业看老板，中型企业看管理，大型企业看文化"，企业文化是一种具有品牌效应的无形资产，有强大的生命力和扩张力；它虽然不能直接创造经济效益，但能通过对人的管理，影响生产、销售，从而影响企业的效益，决定企业的命运和发展，是一种作用巨大、潜力无穷的文化生产力。物质总有一天会枯竭，但是企业文化却是生生不息的，它会成为支撑企业可持续发展的支柱，没有好的企业文化的企业难以实现可持续发展。跨国公司只有通过跨文化管理形成适合本公司发展的独特的企业文化，才不会失去持续发展的动力。

由于文化背景、价值取向、行为方式不同，跨国公司内部很容易产生文化冲突。随着跨国公司经营区域和员工国籍的多元化，这种多元文化冲突就表现在公司内部管理上和外部经营活动中。在内部管理上，人们不同的价值观、不同的生活目标、不同的思维方式以及不同的行为准则规范必然增加组织协调难度，导致管理成本增加，甚至造成组织机构低效运转；在外部经营中，由于文化冲突的存在，跨国公司不能以积极和高效的组织形象去迎接市场竞争，往往在竞争中处于被动地位，甚至丧失大好的市场机会。跨国公司需要"全球化技能"来解决资源分配、决策制定等问题，同时也需要"地方化技能"来解决地方适应、分散经营等方面的问题。能否正确处理好全球化和地方化的关系，关键在于跨国公司如何进行跨文化管理，如何促进公司之间的协调发展和优势互补。

四、跨文化管理的策略

企业走出国门，进入一个陌生的新环境中，不可避免地会与新文化环境产生摩擦、矛盾，此时企业需要对差异文化进行整合，选择恰当的跨文化管理策略，同时协调组织内的各个职能，从而高效地实现企业管理。

（一）培养员工跨文化管理意识

通过进行跨文化管理的培训，培养员工跨文化管理的意识是解决文化差异、搞好跨文化管理最基本、最有效的手段[10]。现代企业推崇行动当地化的行为准则来制定跨文化的管理规则。全球化的跨国公司在跨文化管理过程中需要招募一定人数的当地员工。当地员工不仅熟悉当地的人文地貌、市场走向和实施的法规，还容易与当地的消费者达成共识。雇用当地员工不仅可以节省部分开支，更有利于公司在当地拓展市场、站稳脚跟。员工是公司战略目标的实施者，员工的跨文化交流对促进员工的和谐相处，指引员工信息互通，提高工作效率具有重大意义。促进员工跨文化交流也有助于员工理解企业的文化内涵，将公司利益贯彻在日常工作中，其意义不仅是企业制度的遵守，也有利于增强企业内部的凝聚力。

（二）企业文化与经营管理方式的跨文化交流

企业进入别国，由于两国的企业文化具有一定差异，企业文化与企业经营管理方式需要重新整合。在企业文化的创新领域里，尤其要重视企业人文创新。现阶段，跨国公司在进行跨文化管理时应特别认识到人才是跨文化管理的中介和客体。放眼未来，跨文化管理的终极目标就是让拥有不同文化背景的、接受不同教育的员工高效率地完成工作，打造出一种适合当地的跨国企业文化，并且促进企业员工培养先进的价值观与世界观[5]。只有这样，在下一步才能够按照跨国公司先前制定好的规章制度开展企业生产，最终达到跨文化管理包含的高效与共赢发展的目标。另外，实施跨国公司跨文化管理具体工作的执行者的另一个身份是跨国公司的组织者以及管理者。目前，中国的跨国公司的跨文化管理者大都由母公司派遣高素质、有经验、熟悉当地企业文化的员工去其他国家或者当地城市的子公司，按照母公司的意愿完成经营管理相关工作。跨国公司的经营者既要对母公司的企业文化有深刻的认识，也要与时俱进。企业文化与经营管理方式的跨文化交流过程中，更应该坚守以人为本的原则。

（三）成立跨文化交流组织

为了更好地适应并融入当地社会，中国的跨国公司实施跨文化管理时应当重视培育新型的跨文化机制，壮大跨文化学习组织，目的在于帮助中国企业在激烈的市场竞争中生存和发展，在未来成功扎根当地。首先，建立学习组织可以使员工共同进步，快速适应市场，做到信息共享。在组织中，中国的员工和拥有不同文化背景、来自不同国家的员工对彼此的文化与个人特质进行深入了解，同时，在工作中互相学习，分享各自的工作经验。这样，可以促进两国员工工作效率的提高，也可以加深他们对跨文化管理的认同。其次，跨文化交流需要的是紧跟时代步伐，适应"一带一路"的发展规划。这给中国的跨国公司提出了更重要的任务与要求。成立健全的学习组织，积极地参与更加多元化的复杂任务，组织的建立有助于增强企业内部凝聚力，抵抗企业外部环境的变化。

例证 7-3

沃尔玛中国跨文化管理[11]

 **本章小结**

1. 从心理学角度而言，冲突是个体之间因不兼容目标情感而导致的紧张状态。具体至企业文化层面，企业文化冲突是指不同形态的文化或文化要素之间相互对立和排斥。

2. 企业文化冲突的特点包括非线性、间接性和内在性。

3. 隐性文化冲突产生的原因包括员工的成长背景等个体差异、中西方价值观念的巨大差异；显性文化冲突产生的原因包括制度文化冲突、行为文化冲突和物质文化冲突。

4. 企业文化冲突的应对措施包括树立正确的文化管理理念、正确对待文化差异的存在、树立人本主义思想和注重文化融合。

5. 企业文化整合是并购双方的企业文化不断适应、相互渗透渐至融合的过程。

6. 企业文化整合的内容包括个体意识和群体意识的整合、主流文化与亚文化的整合、公司之间的文化整合和企业兼并中的文化整合。

7. 企业文化整合的原则包括坚持文化宽容的原则、坚持扬弃的原则、坚持共性和个性相结合的原则以及坚持借鉴和创新的原则。

8. 企业文化的融合模式包括文化促进模式、文化融合模式、文化注入模式以及文化瓦解模式。

9. 跨文化管理也叫交叉文化管理，即对涉及不同文化背景的人、事、物的管理。通俗地说是指跨国企业在全球化经营时对其子公司所在国的文化采取包容的管理方法，克服异质文化冲突，从而形成卓有成效的管理过程，创造出企业自身独特的文化。

10. 跨文化管理的特点包括包容性、学习性、创新性和层次性。

11. 实施跨文化管理的原因包括适应经济全球化的需要、解决文化差异与冲突的需要以及解决管理方式差异的需要。

12. 实施跨文化管理的作用包括跨文化管理对员工的导向和软约束作用、跨文化管理对员工的凝聚力和激励效应以及跨文化管理是企业可持续发展的动力。

13. 跨文化管理的策略包括培养员工跨文化管理意识、企业文化与经营管理方式的跨文化交流以及成立跨文化交流组织。

 课程思政

1. 企业价值观是企业赖以生存的精神支柱，而跨文化冲突的根源恰在于价值观的不同。在平等对待及尊重对方价值观的基础上，企业需要发挥企业内部不同文化的优势，并找到不同文化的结合点，立足经济发展的新态势和新内涵，整合重塑统一的价值观。

2. 中外合资企业中，中外双方员工具有截然不同的世界观、人生观、价值观，面对这些在不同文化背景下成长的员工，思想政治工作者必须具备较高的政治素质和文化素质，必须善于用哲学、政治学、心理学、社会学、伦理学以及自然科学知识来增加思想政治工作的文化含量，这样才容易把思想政治工作做细、做深、做透，才容易使大家入耳、入脑、入心，才会取得实效。

 **网站推荐**

1. 中国企业文化网：http://www.new-365.com/。

2. 中国文化管理协会企业党建与企业文化工作委员会：https://www.chinacocs.org.cn/。

 读书推荐

《Z 理论：美国企业界怎样迎接日本的挑战》

本书由日裔美国学者威廉·大内编著，英文书名为 *Theory Z：How American Business Can Meet the Japanese Challenge*，于 1981 年首次出版。作者选择了日、美两国的一些典型企业进行研究，发现日本企业的生产效率普遍高于美国企业，而美国在日本设置的企业，如果按照美国方式管理，其效率变差。根据这一现象，作者提出美国的企业应结合本国的特点，学习日本企业的管理方式，形成自己的一种管理方式。他把这种管理方式归结为 Z 型管理方式，并对这种方式进行了理论上的概括，称为"Z 理论"。

推荐理由：《Z 理论》与《成功之路》《日本的管理艺术》《公司文化》一起被称为美国管理"四重奏"。《Z 理论》推进了人们对管理学知识的了解，促进了不同国家管理经验的交流。《Z 理论》在提出管理模式和实际研究等方面也有其学术价值。

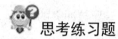 **思考练习题**

一、选择题

1. 企业文化冲突产生的主要原因是不同企业文化的不同特质所构成的（　　　）之间的过分悬殊。

    A. 基本理念　　　　　　　　　　B. 基本精神

    C. 基本道德　　　　　　　　　　D. 基本价值观

2. 企业文化的选择往往通过（　　　）来实现。

    A. 积累　　　　　　　　　　　　B. 冲突

    C. 整合　　　　　　　　　　　　D. 变革

3. （　　　）是企业文化整合的直接条件。

    A. 企业文化积累　　　　　　　　B. 企业文化传播

    C. 企业文化冲突　　　　　　　　D. 企业文化变革

二、简答题

1. 简述企业文化冲突的含义。

2. 简述企业文化冲突的影响因素。

3. 简述跨文化管理策略。

 **案例分析**

联想收购 IBM 全球 PC 业务[12]

讨论题：

1. 联想与 IBM 的企业文化各有什么特点？

2. 联想并购 IBM PC 业务部的过程中遇到了怎样的文化差异与冲突？

3. 联想并购 IBM PC 业务部的过程对你有哪些启发？

 参考文献

[1] 赖晓科. 我国企业跨国并购文化整合研究[D]. 成都：电子科技大学，2018.

[2] COSER R L. A home away from home[J]. Social problems, 1956, 4(1): 3-17.

[3] 黄美玉. 中外合资企业的文化冲突与管理[J]. 现代管理科学，2005（12）：53-54.

[4] 曾萍. 现代企业文化理论与实务[M]. 昆明：云南大学出版社，2014.

[5] 易琴琴. 中国企业跨国并购中的文化冲突与整合研究[D]. 南昌：南昌大学，2014.

[6] BERRY J W, POORTINGA Y P, SEGALL M H, et al. Cross-culturalpsychology: research and applications[M]. 2nd ed. Cambridge: Cambridge University Press, 2002.

[7] 段煜. 企业跨国并购财务风险研究[D]. 南京：南京信息工程大学，2019.

[8] 潘清泉. 管理心理学[M]. 武汉：华中科技大学出版社，2020.

[9] 李春晓. 国内外优秀企业管理思想研究[M]. 长春：吉林大学出版社，2016.

[10] 侯志红，徐静霞，荆瑞杰. 企业文化浅论[M]. 沈阳：辽宁大学出版社，2018.

[11] 门雷雷. 沃尔玛在中国市场的跨文化管理研究[D]. 邯郸：河北工程大学，2018.

[12] 宋云. 企业战略管理[M]. 6 版. 北京：首都经济贸易大学出版社，2022.

第八章
企业文化变革与创新

改革是积极的，保守是消极的，前者以真理为目标，后者以安宁为目标。

——美国作家 爱默生

 学习目标

> ➤ 掌握企业文化变革的原因与障碍
> ➤ 掌握企业文化变革的内容与原则
> ➤ 了解企业文化变革的模式与流程
> ➤ 了解企业文化创新的内涵与重要性
> ➤ 了解中国企业文化创新的趋势

引例

索尼的变革之路[1]

　　索尼公司创建之初，其创始人井深大和盛田昭夫就立下梦想：把电子和工程的综合技术应用于生产消费产品，使索尼领导世界电子产品新潮流。在企业使命的指引下，索尼发明了世界上第一台袖珍式立体声录音机、第一台微型电视机、第一台微型放像机等，从而享有"索尼产品永远最新"的商界美誉。

　　20世纪80年代到90年代，全球电子企业竞争日益加剧，索尼的营销工作也随之陷入困境。在索尼工作了35年的出井伸之临危受命出任总裁，丰富的工作经验使他对索尼在经营和产品方面存在的弊端认识得非常清晰，他认为索尼最需要的就是进行理念的变革。出井伸之敏锐地认识到有朝一日家电和计算机技术将会与娱乐业的电影和音乐融为一体，形成一个全新的行业。为此，索尼公司采取的第一步就是在1996年推出了一系列个人计算机，为CD音频重放规定了标准性能。

　　出井伸之还勇于改变索尼公司的企业形象。1997年，索尼开始大做全球形象广告，改变了过去借助当地的广告商塑造适合本土市场的广告做法，以全球化形式统一企业形象，运用统一的广告词以求得在全球市场上树立索尼公司年轻、充满活力的新形象。为了能够抓住年轻的消费群，索尼不仅在电视台大做广告，更在全球各地以年轻人为对象的电视节目中频频露脸。事实证明，索尼的广告策略是成功的，它所提出的"数码梦想小子"的新形象已深深扎根于消费者心中。

与其他典型的公司一样，索尼公司深深体现着日本文化的印记：终身雇佣、年资晋升、协商决策。然而，在产品与技术急剧更新的数字化时代，这种氛围和模式显然不适应时代的快速发展。因此，出井伸之对公司内部的组织模式也进行了大刀阔斧的调整，他提出了"虚拟公司"的概念，由"虚拟公司"这一临时性机构调度各部门员工，利用临时小组形式进行混合产品开发。同时，索尼公司还成立了一个由 4 位经理所组成的高层管理委员会，主要负责促进各部门的思想交流，向公司各分部灌输更多的协作精神。正如出井伸之所言："许多人以为日本人不能改变传统，但我们正在改变。"

从上述引例可以看出，企业文化需要根据当下的经济发展、经营环境与竞争形势适当进行改变。当外界环境发生巨变时，若不能顺势而变，原有的企业文化甚至可能会成为企业发展与前进的阻碍，因此企业文化变革是行业乃至时代发展的一种必然选择。

第一节　企业文化变革的原因与障碍

在全球经济一体化的背景下，企业之间的竞争更加激烈和残酷。只有不断变革创新，主动适应外部环境变化，企业才能有效存续并获得市场竞争优势。在企业变革之中，企业文化变革处于核心地位，如果企业变革工作没有从企业文化层面做起，那么企业变革的最终成效将十分有限。

一、企业文化变革的内涵

（一）企业文化变革的定义

变革实际上是丢掉原有的规则，改变固有的思维模式。企业文化变革是指由企业文化特质改变所引起的企业文化整体结构的变化，是企业文化发展运动的必然趋势[2]。

由于企业发展前景的未知性，企业成员往往无法基于"事实"确定企业发展的共同目标，因而共同的"价值前提"成为组织成员达成发展共识的基础。共同决策"价值前提"使得企业组织形成强有力的内在力量，确保组织成员能够为企业真心实意且齐心协力地做出实质性贡献，这一"共同价值"实际上便是企业文化的体现。从这一角度而言，企业文化变革实际上是对企业进行"价值前提再造"，该过程从企业管理者开始，最终实现全体企业员工思维、观念和意识的更新转变，保证企业员工能在崭新环境中不断挑战自我，同时形成新型的共同价值前提，以此指引员工勠力同心，以高度统一的价值认知标准为参与新一轮市场竞争而共同奋斗。

（二）企业文化变革基础理论

20 世纪是企业文化理论发展的黄金时期，企业文化变革基础理论也随着企业文化理论体系研究深化而得到推进。在这一时期，企业文化变革理论之所以能够得到发展，很大程度上得益于企业文化实践的深度变革。在 20 世纪，随着生产技术的不断革新，美国、日本等发达国家企业生产效率不断提高，进而推动企业文化"上层建筑"随着经济基础的筑牢而不断改进。在此背景之下，勒温的组织变革模型、Z 理论等企业文化基础理论的存在变得可能。

1. 勒温的组织变革模型

组织变革模型由美国社会心理学家库尔特·勒温提出，该模型包括解冻、变革、再冻结三大步骤。勒温认为，在进行企业文化变革过程中，会存在推动力与阻碍力两种力量对变革进程产生影响。推动力能够加快企业进行文化变革的步伐，使文化变革保持合理进度持续推进；阻碍力则会妨碍企业文化变革步伐向前迈进，使变革工作难以维持[3]。

在解冻阶段，原有企业文化将随着实体制度的改变不断消解，原有企业文化对企业发展的推动作用逐渐消失，此时员工心理契约的破坏、员工行为失范等文化因素都可能成为企业文化变革的阻碍力。

在变革阶段，原有文化因素逐渐成为企业文化变革的阻碍力，员工对新建文化范式的抵制、对新型文化因素的抗拒将大大阻碍文化变革进程。因此，在此阶段中，文化变革工作的最重要目标便是打破员工固有的认知模式和行为方式，力争在消除原有文化因素的阻碍作用基础之上，以员工对新型文化要素的认同推动企业文化变革工作不断向前。

在再冻结的固化阶段，经过变革阶段的"新""旧"博弈交锋，新型文化价值观和文化体系已经逐渐被企业员工认可和接受，此时企业应注重对企业员工心理契约进行重建，不断修复企业沟通和反馈机制，确保企业文化变革成果得以固化。

2. Z 理论

Z 理论是由威廉·大内提出的。该理论主要强调人与企业、人与工作之间的关系。威廉·大内通过对美国、日本两国企业进行对比研究，认为日本企业具有"集体领导""平等"的特有企业文化，这些文化因素为日本企业创造了共同协作背景，大大提升了日本企业问题决策和执行效率。然而，威廉·大内通过深入调研取得巨大市场成功的日本企业，发现以上经营风格的形成并非一蹴而就，企业要想实现企业文化的巨大变革，必须经过漫长的阵痛期，在此期间，原有企业文化基因将成为企业文化变革的重大阻碍。

在 Z 理论之中，威廉·大内提出，企业文化变革需经历 10~15 年的漫长过程，只有遵循以下具体步骤，才能确保企业文化变革取得最终成功，避免前期大量变革成本石沉大海。

（1）参与企业文化变革的员工需要学习与领会 Z 理论的基本原理，挖掘每一个企业员工个体的正直品质。

（2）分析企业原有的管理指导思想与经营理念，尤其关注企业原有宗旨的设定。

（3）领导者与各级管理人员需要共同制定新的企业文化体系，明确企业期望以何种管理方式开展后续生产经营工作。

（4）通过创立高校合作、协调组织结构与激励措施等形式贯彻新制定的企业宗旨。

（5）在企业文化变革执行阶段，应注重培养管理人员掌握弹性人际关系技巧。

（6）检查每个人是否理解将要执行的 Z 型管理思想。

（7）将工会纳入改革计划之内，确保企业文化改革获得工会的支持与参与。

（8）确立稳定的雇佣制度。

（9）制定合理的长期考核与提升制度。

（10）进行工作轮换，培养员工多种才能，拓宽其职业发展道路。

（11）做好基层员工的鼓动与激励工作，使变革在基层顺利进行。

（12）寻找可以让基层员工参与变革的领域，让员工真正参与到文化变革工作之中。

（13）确保员工个体与组织建立系统全面的关系。

（三）企业文化变革的主体分析

企业文化变革是以一种效益更高的企业文化替代、转换原有文化的过程。然而，不同于一般的企业文化管理工作，企业文化变革的主体截然不同。一般而言，企业文化管理工作注重全体成员的共同参与，而在企业文化变革中，具有变革精神的企业家是企业文化变革的重要代理人[4]。

由于原有企业文化对企业文化变革存在巨大的阻碍力，而这些阻碍力从基层员工到管理者层面均大面积存在，全体成员共同参与准则在企业文化变革初期并无可能实现。要克服以上倾向，企业文化变革工作需要具有外来者视野且同时具备企业内部人力资源的领袖人物领导，然而具备以上特定组合的企业家资源相对匮乏，因而企业文化变革领袖人物的稀缺性是企业文化变革的关键约束条件。

即使企业文化变革存在具备充分条件的领袖人物，在具体变革进程中，充当领袖人物的企业家仍需通过"选择""竞争""合作"等行为促成新型企业文化体系的真正构建。首先，企业家需要根据企业内部结构和外部市场竞争环境的特定变化，专门制定未来竞争战略，以此"选择"企业文化变革的具体方向。其次，企业文化变革领袖人物的稀缺性意味着企业中因循守旧的高层管理者占有更高比例，卓越领袖人物需不断与其"竞争"，努力减少因循守旧的高层管理者所在既得利益集团对企业文化变革的干扰。最后，领导企业文化变革的企业家不仅要领导动员企业中层管理者培养与自身类似的领导才能，更要深入基层，与普通员工达成跨层次通力合作，以身体力行的方式获得广大员工对新思想、新文化的理解、认同和参与，以多层次"合作"推动企业文化不断向前迈进。

例证 8-1

华能辛店电厂：以文化变革推动企业存续[5]

二、企业文化变革的影响因素

环境变化是企业文化变革的根本原因，企业进行大规模文化变革便是为了企业文化指导下的企业生产经营活动与客观环境变化保持协调稳定。因此，企业文化变革是在竞争环境、行业文化、技术变化等诸多外部因素和发展战略、领导者、企业员工等内部因素的共同推动下而产生的系统变革行为。

（一）企业文化变革的外部影响因素

作为社会运行的重要细胞，企业的生产经营活动必须与外部各利益相关者建立充分的联系，其产品和服务才有存在的意义。企业文化变革工作也不例外，这项系统性工程往往是在经济、社会、文化、政策等外部环境发生不可忽视的变化之时所进行的企业文化适应性调整。

1. 经济形势的变化

经济形势的变化不仅仅对企业经营产生直接作用，也会对企业文化变革造成重要的影响，特别是经济增长或通货膨胀等方面的变化会直接或间接地影响企业员工的工作状态和心态。在经济低迷时期，员工的工作积极性可能大幅削弱，企业必须考虑通过积极企业文化的塑造以提振员工士气；而在经济高涨时期，为避免员工过度浮躁，导致企业唯利是图，企业更应该注重稳健型文化类型的培育，同时需要把握住难得的发展机遇，坚持稳健与创新并重的文化风格，以创新驱动企业在良好的经济形势下实现健康发展。

2. 社会和文化环境的改变

社会和文化环境对企业文化变革也有重要影响。比如，社会价值观的变化、文化多元化等都会对企业文化变革产生作用。在崇尚高尚价值观的社会环境之中，推崇利己主义的企业文化必将衍生出不利于消费者权益乃至全社会健康发展的生产经营行为，其企业文化变革势在必行。随着社会多元化的不断加深，企业文化也必须适应这种多元化浪潮。在此背景下，企业文化必须通过系统变革，变得更加灵活和多样化。

3. 政策法规的变动

企业文化需要随着政策法规的变化而改变，主要是因为政策法规的变化会直接影响企业运营方式和企业的社会形象。当政府扶持性政策向企业倾斜时，企业积极树立进取型企业文化诚然无可厚非，但若企业处于限制性政策名单之中，企业仍贸然采取快速发展策略，则会引致企业遭受更大的生存危机。如果企业文化与最新的政策法规不相符合，就有可能违反法规规定，进而面临被罚款、吊销经营许可证等风险，有损企业形象。

4. 技术进步的影响

新技术的开发和应用也会影响企业文化的变革。比如，人工智能发展为社会带来了新的工作方式和组织形式，需要企业文化做出相应的调整。数字经济时代下信息技术的快速发展也使得企业经营从线下不断向线上发展，经营虚拟化特征日益凸显。信息技术的普及和运用使得企业信息化程度越来越高，企业之间的信息更加公开和透明化，也对传统文化理念提出了新的挑战。这些由知识技术进步所带来的时代变化均要求企业文化不断变革创新，以适应生产力发展的真切需求。

（二）企业文化变革的内部影响因素

不仅企业外部环境因素变化会对企业文化变革产生影响，企业内部环境的改变同样也会成为企业采取文化变革工作的催化剂。在众多企业文化变革内部影响因素之中，企业文化若想从一种文化模式变革成为另外一种文化模式，企业发展阶段是企业采取具体文化变革行为的首要考虑因素。除此之外，企业家和员工素质等因素同样是催生企业文化变革的重要内部条件。

1. 企业生命周期

企业文化是为企业发展而服务的，而企业具有人格化的生命发展周期，在不同的成长阶段需要不同的引导和支持。这就需要企业文化模式根据企业各阶段发展战略进行调整乃至变革。

（1）在企业创始初期，初创企业并没有足够的实力在市场中与其他对手竞争，在市场中生存是该阶段企业最大的发展目标，在此前提下，企业必须采取稳健型企业文化，通过利润的逐步积累以谋求进一步的发展。

（2）在进入成长期之后，企业利润开始呈现加速上升态势，为占据更加可观的市场份额，企业往往需要采取变革行动，打造面向市场型的积极企业文化模式。

（3）在成熟阶段，企业已具备相应的市场规模和实力，此时企业更加注重自身实力的逐步提升，因而企业文化改革将朝着"竞争"和"效率"的方向进行。

（4）在衰退阶段，企业成本消耗逐渐增加，市场利润也急剧下滑，此时企业面临着再生的挑战，因而在此背景下的企业文化应向"风险竞争型""忧患意识型"方向不断变革。

2. 企业组织结构

企业组织结构会随着企业发展而不断发生变化，这种变化不仅仅局限于企业规模大小的改变，当企业面临并购、重组等更为复杂的战略决策时，企业组织结构更会发生翻天覆地的改变。企业组织结构变化其实也是企业文化整合与优化的过程，是企业内部不同部门之间乃至不同企业之间文化的磨合、渗透与优化过程。只有实现文化融合并成功重塑，才能使得企业组织结构改革取得实质成效。

3. 企业领导风格

企业领导或企业家是企业文化变革的关键约束条件，作为企业文化的创造者，不同的领导者具有截然不同的领导思想和价值观。当企业中进行领导者更替时，新的领导风格和方式将不可避免地与企业现有文化产生冲突，这也预示着企业文化变革即将到来。

4. 员工个体因素

员工个体因素同样可能催生企业文化变革，职工队伍的年龄构成、学历构成、技能水平等都会影响企业文化建设。员工对于公司文化的情感和价值观会影响他们对文化变革的接受程度。如果员工对原有文化有深厚的情感依恋，他们可能会对文化变革产生抵触情绪，甚至可能产生不满、反抗行为。与此同时，员工的知识与经验会对文化变革的成功与否产生影响。如果员工缺乏对新文化的理解和适应能力，他们可能会无法适应文化变革带来的变化，从而导致变革失败。社会文化逐步趋于多元化和个性化，这也使得人才需求个性化特征日趋明显。企业必须顺应这种趋势，不断推陈出新，更新企业文化，才能吸引和留住人才。

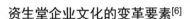

例证　8-2

资生堂企业文化的变革要素[6]

三、企业文化变革的障碍

企业文化变革是一个"新""旧"文化博弈的漫长过程，由于既有文化体系在企业组织中已建立多时，深厚的文化根基使得企业文化变革并非一帆风顺，变革过程总会受到来自多方的阻力与障碍。

1. 既有利益的强烈冲击

企业文化变革常常意味着企业利益集团之间的权力和利益重大调整。变革将使当权者强烈感受到意识层面和利益层面的巨大挑战，为维护自身来之不易的企业地位和既得利益，当权者常常会极力反对乃至全盘否定企业文化变革。此外，员工也不会毫无保留地对文化变革工作持完全支持态度，这在很大程度上是由企业文化变革前景与企业员工利益之间的关系不确定性而导致的。在这种情况下，企业文化变革极度缺乏强有力的基层群众基础。只有让员工意识到变革成果与员工个体利益真切挂钩，才能引导员工思维方式和行为方式发生真正改变。

2. 企业原有文化价值观的阻碍

从精神文化层面上讲，企业文化变革是一场企业价值观的重大变革。而价值观是人们对客观世界总的看法和根本观点，具有持久、稳定的特性。在原有企业价值观的长期熏陶下，企业中很多员工会形成固定的思考方式和问题解决方式，深入人心的企业价值观将成为员工思想和行为核心准则。如果企业的原有价值观已经深入员工内心，并且已成为其工作的准则，此时既有价值观体系若受到文化变革工作的挑战，员工会不可避免地产生沮丧、失落等负面情绪，进而采取抵触、排斥甚至反抗的行为。

3. 企业现行制度的规则障碍

作为企业文化体系中的物化体现，企业制度是企业管理思想与管理经验的反映，企业制度不仅对企业产权进行了详细的明文规定，更是组织制度、管理制度和财务制度的高度集合。作为联结企业人、财、物的重要中介，企业制度是全体企业员工和管理者必须共同遵守的规章守则，是维持企业正常运转的物质利器。企业文化变革不仅会对企业价值观体系进行革新，也会对现有企业制度体系产生巨大冲击，在这种情况下，明文规定的企业制度将面临一系列重大调整，这要求企业员工工作行为做出重大转变，然而日常养成的行为惯性将导致员工极度抵触新制度规则的重新确立，现行制度也就成为企业文化变革面临的一大规则障碍。

4. 原有习惯的巨大冲击

企业文化具有强大的惯性，这种惯性是员工们日复一日工作形成的习惯累积而成的。文化习惯一旦养成，员工只需受到一定刺激后便能触发相应的工作行为，而无须进行过多思考。员工的内在反应机制使得员工行为习惯根深蒂固，因而企业文化变革想要从行为层面改变员工便显得尤为困难。传统的企业文化或许已经落伍于市场和时代发展，然而长期的稳定仍然会让员工感到安稳和省心。因此，企业文化变革要想取得实质成功，必须对原有习惯的巨大冲击做出正面回应，引导员工在新文化理念的指引下走上新工作习惯的养成路径。

第二节　企业文化变革的内容与原则

在充分了解企业文化变革内涵的基础之上，本节将着手对企业文化变革的具体内容展开阐述。企业文化体系主要包括精神、制度、物质和行为四个层面，企业文化变革正是针对这四大维度进行改革工作，但它们各自在变革过程中具有不同的相对地位。与此同时，为确保"新"企业文化在"新""旧"文化要素的对抗中胜出，确保企业文化变革取得最终成功，企业文化变革工作还需遵循系统性等原则。

一、企业文化变革的内容

基本的企业文化体系由精神、制度、物质和行为四大部分组成，作为企业文化的动态变化，企业文化变革也无法脱离四大维度所组成的基本框架而发生。具体而言，在企业文化变革中，制度文化变革、物质文化变革和行为文化变革工作需在精神文化变革统领下进行，而在前三者之中，制度文化变革是企业文化变革的重要保障，物质文化变革为企业文化变革提供环境依托，而行为文化变革则是企业文化变革的实践落脚点[7]。

（一）以精神文化变革为向导

企业的精神文化是由该企业的精神力量形成的一种独有的文化优势，稳定的企业精神文化是企业文化的核心所在，其决定着制度文化、物质文化和行为文化的发展方向，企业精神文化的决定性作用也使得企业文化变革工作必须以精神文化变革为核心向导。就精神文化变革而言，企业文化变革必须首先确保内部员工形成新的共同核心价值观，通过新价值追求的一致达成，促使员工不断凝魂聚气，重塑个体对企业组织的心理契约，进而奠定企业文化变革的思想基础。新达成的共同发展理念必须在企业宗旨、使命、愿景、精神等方面均得以体现，通过内涵科学、释义清晰的新精神文化体系构建，不断深化员工对新型价值观念的认同，进而摒除原有思想惯性，激发员工追求新发展目标的积极性和创造性。

（二）以制度文化变革为保障

企业制度是企业为了更好地实施管理并完成战略目标而制定的一系列行为规范和准则。员工行为并非单纯受企业文化的影响，还受企业规章制度的影响。通过企业制度能够使得新型企业文化得以固化，因而制度与企业文化密不可分。企业制度往往对员工的思想和行为提出硬性要求，因此如果制度文化变革不得当，员工不仅难以认同新制定的企业文化体系，更可能产生反抗之感而不断与企业文化发生偏离。

企业制度文化变革对企业文化变革工作的保障作用主要体现在"变革—再冻结"阶段。当企业文化变革以精神文化变革为向导，变革阶段中的员工将逐渐对新型企业文化产生认同感，然而，由于接触时间相对较短，员工可能在新旧文化之间难以抉择，从而阻碍企业文化变革进程。此时，制度文化变革被视为强有力的保障措施，通过建立新型产权制度、组织制度和管理制度，不仅清晰界定各产权主体权力，合理构建企业分工协作及权责分配机制，更以管理水平高效协同提升从制度层面加强员工对"新"企业文化的信心，成为"冻结"新型企业文化、提升员工文化认同感的重要保障。

（三）以物质文化变革为依托

精神文化的强硬灌输和制度文化的强制执行并不能真切提升企业员工对企业新型文化体系的真实认同感，只有依托企业员工在长期的生产经营活动中与企业内外环境各方面因素相互作用、交融而形成的稳定思想和行为准则，才能确保员工真切体会新型文化体系所带来的真实收益，也才能让员工全身心投入新型企业文化建设工作之中。在物质文化变革工作中，企业既要从所处的外部环境出发，加大对员工适应外部环境的教育培训，更要聚焦于企业内部，不断推动企业工作条件和环境升级，为员工营造舒适的物质工作环境，并以全新的企业视觉识别系统不断提高内外部对企业物质形象的正面认知。

（四）以行为文化变革为落脚点

若员工认同新型企业文化，那么他们会表现出相应的新行为方式，并对后期个体工作绩效产生实质性影响。事实上，企业进行文化变革的最终目的便是期望通过文化的指引，帮助企业员工树立新型工作准则，养成新工作习惯，通过个体工作绩效的不断提升实现企业经营绩效的进一步提高。因此，企业文化变革应充分以行为文化变革为落脚点。在"解冻—变革—再冻结"的多个阶段中，企业均应注重员工行为文化变革工作，在整体文化变革过程中逐渐实现行为文化变革量变到质变的飞跃，保证企业各项生产经营活动和员工履职尽责的各项行动都体现新型企业文化行为标准，通过员工业务精通、纪律严明、勇于创新、担当奉献的行为范式实现，推动企业在文化变革基础之上达到产品服务升级和市场开拓目标。

二、企业文化变革的原则

企业文化变革工作任重而道远，大部分企业均具有文化变革意识，但由于文化变革时间漫长且任务艰巨，许多企业往往在变革途中折戟。事实上，企业文化变革工作不仅需要明确其具体变革内容，更要遵循以下五大原则，才能使文化变革工作有序推进，从容应对变革途中多重阻碍的巨大挑战。

（一）市场决定原则

在市场经济条件下，市场决定原则是企业进行文化变革时必须遵循的原则。在市场经济条件下，只有通过市场作用使得资源要素在企业间和企业内部实现合理配置，充分发挥资源配置作用，才能确保企业实现高质量发展。企业文化变革工作同样如此。企业文化变革工作并非闭门造车，企业所处的市场环境是企业文化变革所要考虑的首要因素。若企业文化未能与市场竞争环境动态适应，企业发展将滞后于行业内其他企业的发展进程。

需要强调的是，企业文化的超前性虽有助于引领企业以高于市场发展的速度去生产产品和服务，然而，若不充分考虑现有市场条件，过度超前的企业文化变革也将可能使得企业缺乏足够浓厚的现实市场基础，此时企业文化变革工作反而将成为企业发展的累赘。

（二）系统全面原则

一方面，与一般企业文化工作类似，企业文化变革工作同样需要企业领导、管理者和普通员工的共同参与。不仅如此，市场决定原则也要求企业文化变革还需充分考虑外部市场的消费者、竞争对手等多重利益相关者的企业文化需求，只有全面结合内、外部多重利益相关者的共同利益而采取的企业文化变革工作才能实现有效利益分配。另一方面，企业文化变革同样包含精神文化变革、制度文化变革、物质文化变革和行为文化变革等多个层面的变革工作，只有在明确各层面文化变革具体工作和相对地位的基础之上，系统地把握文化变革工作中各阶段的变革重点，才能有效构建企业文化变革整体体系，明晰企业文化变革路径规划，保证企业文化变革有序进行。

（三）自上而下原则

不同于普通企业文化构建工作，企业文化变革并不以企业全体员工为主体，具有变革精神的企业家才是企业文化变革的重要代理人，因而企业文化变革领袖人物的稀缺性是企业文化变革的关键约束条件。企业文化变革主体的确定使得企业文化变革工作须以自上而下的形式进行。结合企业内部结构和外部市场竞争环境选择企业文化新方向，并努力降低既得利益集团对企业文化变革的干扰，企业家不仅要领导动员企业中层管理者树立与新型文化类型相匹配的领导才能，更要身体力行，通过言传身教倡导广大员工对新思想、新文化不断进行理解，确保员工对企业文化变革工作产生真切认同。

（四）要素匹配原则

企业文化很大程度上由企业战略及组织结构决定，因此在企业文化变革时应确保变革工作与企业战略及组织结构两大要素充分匹配。

从企业战略角度而言，企业既有文化往往由企业原有战略决定，而当企业决定改变组织战略方向时，既有文化显然将不适应新战略的发展，文化与战略的背道而驰将成为新战略实施的一大阻碍。只有实现企业文化与企业战略的相互匹配，才能为战略实施奠定坚实的企业文化基础，要素匹配程度的提升也将为企业文化变革扫清重重障碍。

从组织结构角度而言，每个企业的组织结构都不尽相同，因此也衍生出各式各样的企业文化，两者若产生冲突将使得企业文化实施失去结构基础而导致文化体系松散。因此在进行企业文化变革时，尤其要注意企业文化变革与组织结构的适配性，若现有组织结构并不支持所要推行的新文化，同时现有组织结构难以更改，那么大规模的企业文化变革将导致企业浪费巨额变革成本却无法取得成功。

（五）持续推进原则

企业文化的变革并不是一蹴而就的，变革需要长时间持续推进。企业文化变革工作并不是简单地下发文件或制定口号，而是需要从根源上变革员工的观念以及行为。然而，思想惯性和行为惯性的存在以及既得利益的明确性使得员工的思想和行为并不容易在短时间内得到改变，即使得以将员工引导至企业文化变革路径之上，企业仍需要花费大量时间与精力将新型文化进行冻结固化，因此企业在文化变革工作上必须做好打持久战的准备，不过分低估文化变革难度，才有可能降低变革工作半途而废的风险。

第三节　企业文化变革的模式与流程

在了解企业文化变革内涵、具体变革内容及其应遵循的原则基础之上，本节将着重介绍企业文化变革的重要模式及企业文化变革的具体流程。

一、企业文化变革的模式

（一）沙因的转型性变迁模式

以勒温三阶段模型为基础，沙因进一步提出了转型性变迁模式，该模式事实上是从心理学层面对三阶段模型进行细化解析。转型性变迁主要包括"解冻—学习—内化"三个阶段。

在解冻阶段，沙因对创造企业文化变革的动机进行了详细阐述，如不一致的证伪性信息、生存焦虑或内疚感、为克服学习焦虑而产生的心理安全感是文化变革的个体内在动机。在学习阶段，企业及其员工不仅要认同和模仿角色榜样，还要在此过程中寻找解决方案并进行试错性学习。在内化阶段，员工对新文化范式的内化不仅要具体到现行的关系模式之中，更要深入自我观念和认同感之中。

沙因指出，转型性变迁模式需遵循以下两大原则：一是生存焦虑或内疚感必须大于学习焦虑；二是为使生存焦虑或内疚感大于学习焦虑，重点在于减少学习焦虑而非增加生存焦虑。根据这两大原则，心理安全感的创造是必要的。

（二）科诺与克莱格的企业文化变革模式

科诺与斯图尔特·R. 克莱格提出了一种企业文化变革模型。他们认为，变革过程有以下三个必要的因素[8]。

（1）高层管理者变动。这是企业文化变革一切工作的起点。根据企业文化变革的自上而下原则，领导者与管理者有着更改企业价值观、战略、经营理念与愿景的权力，而企业文化变革领袖人物的稀缺性更是企业文化变革的关键，只有当高层管理者发生重大人事变动时，企业文化变革才会产生。

（2）产品市场的战略变动。该战略的变化会极大影响企业文化变革工作。如若企业想要引进新的产品，就必须在工作中强调创新理念与价值观，并鼓励开展具有挑战性的工作，这便要求对企业文化进行改革，以进取性企业文化的树立助推以上目标的实现。

（3）组织结构与人事管理系统变动。这与企业文化变革需和组织结构相匹配原则相契合。如对于劳动密集型组织而言，由于其工作重点在于稳定发展，因而其人事管理制度并不鼓励冒险行为，企业文化也应根据该特征对员工的行为方式和价值观施加影响。

（三）理查德·巴雷特的企业文化变革模式

理查德·巴雷特在其著作《解放企业的心灵》中提出，企业文化变革的核心就是企业价值转换的实现[9]。在进行企业价值转换之前，企业需要弄清企业追求的整体价值及员工追求的个人价值，并清晰地了解现实价值与理想价值的差距。

在此基础上，巴雷特提出了一整套应用于企业文化变革的工具，该工具通过测量企业员工个人价值观、企业现行价值观及员工理想的企业应有价值，了解价值分布情况，并对构成情况进行合理判断。与此同时，该工具可对企业与员工不同的价值追求进行比较与分析，得出二者之间的差距，据此确定理想的企业价值目标，实现员工个人与企业所追求的价值协同发展，进而推进企业文化改革工作。

理查德·巴雷特认为，文化变革的过程可以描述成螺旋上升的动态模式，具体的路径为"无意识（A1）—意识（B1）—学习新行为（C1）—实践新行为（D1）—价值变化（E1）—无意识（A2）—意识（B2）—学习新行为（C2）—实践新行为（D2）—价值变化（E2）—……"。长远看来，企业文化变革是一个螺旋上升、循环往复的过程，这要求企业及时根据市场环境的变化收集信息、总结经验，更新企业已有的观念意识，不断对企业文化体系进行完善。

二、企业文化变革的流程

不管基于上述何种模式，我们都可以看出，企业文化变革不是短时间内就能完成的，企业文化变革需经历漫长的时间推移才能逐步见效。在这一长期的变革过程之中，企业文化变革必须遵循"现有文化诊断—变革小组建立—变革方案制定—变革前期准备—变革方案实施—反馈信息收集—过程风险管控"的系统流程，才能确保变革工作有的放矢，沿着科学合理的变革路径不断进发，最终取得理想的文化变革效果。

（一）对现有文化进行诊断

无论是聘请外部的专业人士辅佐企业进行文化变革，还是由企业自身进行文化变革相关操作，文化变革系统流程都应该从诊断企业文化现状开始。诊断工作不仅要对企业整体文化进行评估，也需要对各个部门的细化文化现状进行衡量，从多层面全面刻画企业文化发展现状。

想要真正地对企业文化现状具备客观认知，企业必须进行大量内外部调查以获得翔实且可靠的第一手资料。其中，内部调查根据调研对象层级可划分为三个部分：①对高层管理者进行单独访谈，有针对性地了解企业战略发展思路；②与中层管理者进行座谈，掌握企业组织结构和管理制度基本情况和存在的问题；③对企业一线员工进行问卷调查，了解员工对企业文化现状的认知。而外部调查主要从客户、政府以及社区等方面进行，主要目的是明确外界对企业文化的认知，为企业文化变革提供一定的参考。

（二）建立文化变革小组

文化变革小组是企业文化变革的重要组织基础。首先，在文化变革小组的人员构成方面，文化变革小组成员应满足多样化要求，从高层管理者到一线员工都应该有所涉及，确保文化变革小组对企业文化现状和未来变革发展方向具备全面认识，并保证文化变革工作能够真切反映企业各阶层的真实文化需求。

其次，文化变革领袖人物同样是文化变革小组开展工作的关键人物，变革小组的领导者应该是企业内令员工普遍信服的高层管理者，不仅能够融入员工之中，身体力行地了解员工的真实需求，更能秉持公平公正原则，以事实为基础，对文化变革过程中的优秀员工进行适当激励。

最后，由于在文化变革小组建设之初，企业的具体文化变革方向并未完全确定，在文化变革工作不断推进的过程之中，随着文化变革方向的逐步明确，文化变革小组部分成员可能意识到个人价值观与企业未来价值观出现偏离，此时文化变革小组领导不仅要对该部分成员进行科学引导，也要根据两者的具体偏离程度，适时考虑对文化变革小组人员的构成进行动态调整。

（三）制定文化变革方案

企业文化变革必须有一个详尽、切实可行的方案来指引一系列工作，该方案需要简洁、易被接受和理解，避免出现抽象理论和专业晦涩的术语。一般来说，企业文化变革方案应包含以下七个方面的内容。

（1）对现有文化进行准确而简要的表述，阐述文化变革对企业发展的必要性。

（2）表明企业文化变革的具体目标，并保证变革小组对这些目标具备充分认同。

（3）列出变革小组及其领导者。

（4）确定变革的内容，明确变革内容之间的先后顺序。

（5）对变革方式进行选择。企业需要确定此次变革是部分变革还是整体变革，在此基础上，企业还需要明确变革采取循序渐进的方式还是其他变革方式。

（6）变革的实施计划，具体包括变革时效性、策略、阶段性目标、变革措施与具体操作步骤等。

（7）变革的预算。首先是时间预算，文化变革方案需列出大致的变革进程时间表，并安排好每位变革参与者参与文化变革工作的时间，处理好文化变革小组成员日常工作与变革工作的关系。其次是资金预算，文化变革需要多少资金支持，资金应该在各项变革事宜中如何分配，这都需要在文化变革方案中加以体现。

（四）变革前的准备工作

为减少变革过程中受到的阻力，企业需根据现有文化诊断报告和具体文化变革方案，在文化变革正式实施之前做足充分准备。

一方面，为了让企业文化变革拥有坚实的群众基础，文化变革小组需要帮助员工认识变革的必要性，真诚与员工交流文化变革的原因，在向员工传达此次变革的预期成果的同时，务求让员工了解若不及时进行变革会对企业带来何种危害。正如杰克琳·谢瑞顿所言："人们除了要知道变革的'内容'，还需要知道变革的理由。"[10]

另一方面，企业文化变革是一项系统且庞大的变革工程，因此需要人力、物力、财力、信息等大量资源的支持，企业需确保在资源基本到位的情况之下逐步实施变革，以保证文化变革的持续性。缺少任何资源，文化变革工作都有可能突然中断，导致变革半途而废。

（五）实施企业文化变革

经过充分策划、准备等前期工作后，企业需要按照先前制定的变革方案稳步推进各项变革工作。在实施文化变革过程中，企业应注意以下三项事宜。

（1）员工态度的转变不可能靠领导者的权威及强制要求就可以达成，领导者需要充分发挥自身的人格魅力及领导艺术，使员工心悦诚服。作为带动文化变革的主要人物，领导者可以利用某些物质层面的内容来推动变革，例如改变衣着、佩戴企业的标识，甚至通勤方式都可以向员工提供文化变革的积极信号。

（2）广泛的参与对于员工来说也是一种有效激励手段，如果员工能够有效参与文化变革，他们便会感到来自组织的极大尊重，员工的广泛参与将极大推进变革进程；

（3）部分员工可能不会快速接受新的价值观和行为，因此必要时企业需采取培训等措施加速员工接受。企业文化变革的培训侧重点应放在观念与态度的转变上，可通过聘请外部专家、学者、优秀企业管理者等形式，由较为客观的外部人员向员工传输新思想与新观念。

（六）收集反馈信息

在变革实施过程中，及时收集员工的反馈信息尤为必要，只有及时发现变革中存在的问题，并及时提出相应的解决方案，才能真正保证企业文化变革质量。需要注意的是，企业文化变革不仅仅需要收集来自企业内部员工的反馈建议，外部客户、供应商等利益相关者对企业文化变革工作的态度同样尤为重要，只有充分结合内外部多重利益相关者对企业文化变革的综合意见，对文化变革工作进行动态调整，才能使得文化变革成效真正契合多方利益。

（七）文化变革的风险管理

企业文化变革始终是一次从已知走向未知的过程，其前程的高度不确定性必然会给员工带来一定的焦虑感，对员工工作效率造成不利影响，变革方向一旦设置错误，更有可能导致企业万劫不复，因此文化变革的风险管理不可或缺。企业文化变革小组应在收集反馈信息的过程中，对企业文化变革工作做出科学风险评估，经过辨识、分析及评价找到影响企业文化变革的关键风险因素，出具风险评估相关报告。根据风险评估结果，企业应及时提出相关防范措施来应对潜在风险，防止其进一步恶化。

第四节　企业文化创新

事实上，企业文化变革并非意味着新文化元素在企业诞生，企业文化变革往往是企业为谋求经营绩效提升而采取的文化体系适配性调整，这意味着改革后的企业文化模式虽在企业首次出现，但并非崭新的文化要素组合。从这一角度而言，企业文化创新是比企业文化变革更深一层的文化改造工作，在产品迭代速度加快、信息技术发展日新月异的现代市场，企业文化创新已成为企业提升核心竞争力的必然要求。

一、企业文化创新的内涵

企业文化创新是指为了使企业自身发展与企业所在内外部环境相匹配，根据企业本身的性质和特点形成体现企业共同价值观的新型企业文化，并对特定新文化类型不断创造和发展的活动过程。由于价值观制约与支配着企业的战略目标和经营理念，是企业生存与发展的基础，因此企业的价值观是企业文化创新的核心。充满创新精神的企业价值观通常包括勇于冒险、接受风险、允许失败、容忍冲突与不切实际、减少控制、权力下放等特征。

对于中国企业而言，首先，企业文化创新是一个传承优秀传统文化的过程。中华民族在几千年的延绵发展中创造了举世瞩目的多彩文化成果，这些都是企业文化创新取之不尽的精神财富，企业文化创新可以吸收其中的文化精华。

其次，企业文化创新是一个不断吸收外来文化的过程。他山之石可以攻玉，在全球化进程不断加速的今天，企业文化创新工作只有不断跳出历史框架，摒除历史偏见，以面向世界的广阔视野吸收借鉴来自外部的新知识和新思想，才能真正激发企业文化创新活力。

最后，企业文化创新是企业结合发展实际不断突破自我的过程。在文化创新路径之中，为不断完善自我，企业必须始终坚守"否定之否定"原理，不断开拓进取，突破与企业经营管理实际脱节的文化理念和观点，实现向新型经营管理方式的转变[11]。

二、企业文化创新的重要性

在当前竞争激烈的市场环境中，企业文化创新变得尤为重要。只有通过企业文化创新，形成企业品牌、企业形象以及企业认知度的重要标志，才能以此指导企业核心竞争力提高，并为企业战略创新提供"软环境"支撑。也只有通过企业文化不断地推陈出新，才能在企业中形成良好的创新氛围，真正推动企业持续健康发展。

（一）提高企业核心竞争力

在市场经济中，企业只有不断提升自身的核心竞争力才能在激烈的市场竞争中生存和发展。企业核心竞争力的核心层面包括文化力、创造力和学习力，三者相互影响、相互作用，共同成为企业取得竞争优势的力量源泉。企业文化创新正是三者相互交融的重要表征。通过企业文化创新不断树立优秀的新标杆企业文化，实现文化力、创造力和学习力的互促互进，进而为企业技术能力和管理能力提升提供充分保障，有助于企业产品与服务快速升级，为企业核心竞争力提升与可持续发展提供强有力的内生动能。

（二）促进企业战略创新

在知识经济时代，知识和技术已成为企业参与市场竞争的核心要素。而知识技术的提升需要企业为全体员工提供一个与知识技术能力、学习培养任务相匹配的组织环境。企业文化创新氛围的不断培育，有助于在组织内部形成善于学习、勇于创新的良好"软环境"，以此为企业战略变革提供必要的组织文化环境支撑，这也是企业战略变革和创新工作最终成功的重要保障。

（三）促进企业可持续发展

坚持企业文化创新有助于企业组织摒弃过去不合理的发展思维和观念，确保企业紧跟市场行情的变化和发展趋势，帮助企业认清内外部环境状态，进而有意识地调整发展方向和相关政策措施。当内外部环境发生改变时，企业文化体系也需要进行一系列的创新和丰富，从而开启其新一轮的企业发展引领作用。一个企业无论实力多么雄厚，如果其企业文化创新工作停滞不前，企业文化面貌长期没有任何改变，创新动力的缺失将致使该类型企业不断加速衰退，甚至面临被市场淘汰的危险。

三、企业文化创新的要点

作为企业发展的一项永恒主题，企业文化创新模式不一而同，所涉及的创新途径多种多样，因而无法对企业开展文化建设创新工作提出具体建议，各个企业需根据自身所处环境进行创新战略抉择。然而，在整体的企业文化创新工作之中，仍有部分共性的创新观念和创新思路需要严格遵循，才能确保企业文化创新工作有效推进。

（一）企业文化创新观念

作为企业文化再造的首要任务，企业文化创新观念的树立须确保适应企业所处内外环境变化的需要，建立符合市场乃至时代发展的企业价值观，以此带动企业员工思维方式和行为方式的重大变革。

首先，企业应树立发展的观念。缺乏发展意识的企业必然面临远大发展愿景和凝聚力的同时缺失，这也使得企业失去文化融合的基础。内部文化冲突与摩擦在每个企业之中都会存在，在文化变革之时文化冲突只会更加凸显，只有发展观念的共同树立才能逐渐消弭文化冲突。企业发展与企业内部个人命运息息相关，只有通过发展增加企业内部合作交流机会，逐步统一内部团体利益，内部文化冲突与摩擦才会减弱，企业文化也才有趋于统一的可能。

其次，企业应树立诚信的观念。随着高新技术产业的不断兴起，技术创新的重要性日益提升，现代企业对于创新工作的重视程度不言而喻。然而，许多企业往往只重视创新数量的提升，着力于以专利数量体现企业创新实力，"伪创新产品"的不断出现隐含的是企业创新质量的停滞不前。作为企业精神的第一要义，企业应将诚实守信融入创新工作之中，树立良好的职业道德，诚实守信，依法经营，只有坚持经济效益与社会效益"双赢"才能真正赢得市场青睐。

最后，企业还应树立学习的观念。在经济全球化、信息爆炸的时代背景下，企业不再是一个终身雇佣的组织，产品服务的快速迭代使得企业生命周期受到严厉挑战，只有通过培养整个企业组织的学习能力和意愿，在学习中不断实现企业文化变革、开发企业新型文化要素、以创新夯实企业根基，才能确保员工个体和企业自身从容应对时代挑战，终身学习型组织的建立成为必然。

（二）企业文化创新思路

企业文化是企业家的文化，是事业心、责任感、人生追求、价值取向、创新精神等方面的综合反映。企业管理者经营观念的转变是企业文化创新的关键前提。本章多次强调，企业文化变革创新领袖人物的稀缺性是企业文化变革和创新工作的关键约束条件，因此，企业文化创新思路方向也应由企业领导者所统领。

首先，作为企业文化创新的"首席设计师"，企业家应对企业文化的内涵具备更深层次且全面的理解。在过去的企业文化建设中，企业家往往只强调组织书法比赛、歌舞活动等活动体现企业文化，这样的思维定式显然不是企业文化体系所追求的文化创新内容，企业家必须把注意力聚焦于企业价值观、企业精神和企业形象上，以思想统领企业文化创新工作。

其次，企业家应具备强烈的创新精神，确保其思维活动和心理状态保持非凡活力。通过紧跟市场需求信息，及时对外界信息进行重新组合并形成新的文化决策。张瑞敏和柳传志之所以创下了个性鲜明的海尔文化与联想文化，为各自企业创下丰厚的无形资产，恰恰是由他们的创新素质决定的。

最后，企业家应建立以人为本的文化管理思想。企业家是企业文化创新的引领者，但并不是企业文化创新工作的唯一主体，脱离企业员工的企业文化创新建设不利于企业可持续发展，企业家也切忌将企业文化创新视为对员工进行进一步约束的软文化工具。在企业文化创新之中，企业家必须身体力行，帮助员工树立正确的职业道德及职业习惯，考虑如何制定激励制度以提升员工的创新积极性，并根据实际情况对员工进行针对性培训，切实提升员工的综合能力和素质。只有坚持以人为本的文化管理思想，企业文化创新才能拥有坚实的创新根基。

四、中国企业文化创新的趋势

在社会主义市场经济不断发展的过程中，中国企业逐渐意识到，企业文化是企业经营管理的灵魂和内在支配力量，企业文化的主导作用和支配地位使得其逐渐成为经营管理实践方式的主要标识，企业只有较早认识文化创新的发展大势，实现企业文化创新飞跃，才能尽早掌握市场竞争主动权。

（一）经济色彩日益浓厚

我国计划经济时期，企业主要为行政性生产服务，企业文化不可避免地带有"官本位"观念和政治色彩。在社会主义市场经济下，市场已成为资源配置的主要方式，社会生产力的不断发展也促使社会经济逐步转向市场约束型经济，企业任何战略活动都必须更好地融合到现代市场经济的发展之中，这使得企业文化体系中的政治色彩大大减弱，各企业的文化个性日益鲜明。企业文化创新管理也必须越来越浓厚地凝聚现代市场经济意识，才能帮助企业更好地开拓产品市场。

（二）学习型组织的建立

作为企业发展的重要趋势，学习型组织的构建在知识经济时代至关重要，它通过鼓励个人学习和自我超越，在提升员工灵活性和适应性的同时，确保企业保持发展活力，不断满足市场日益变化的需求，进而有效提升企业核心竞争力[12]。通过提倡个人与组织共同学习，学习型企业文化能够帮助企业在知识经济时代不断节约知识成本，并在充分关注员工个人长远发展的基础之上，实现个人愿景和企业愿景的高度融合[13]。当然，在建设学习型组织的过程之中，企业还需注意避免形式主义、员工参与不足等问题，方能让学习型企业文化真正成为企业取得竞争优势的关键要素。

（三）社会效益地位提升

在现代经济下，企业如何实现可持续发展已成为众多企业的一大重要议题。在此前提下，企业社会责任不再被看成企业的额外负担，而更应该是企业发展的内在要求和价值目标。企业若想取得可持续发展，则必须追求经济、社会和环境效益的统一，追求员工个体、企业整体和社会、环境和谐共生。为实现企业社会责任实践工作，企业社会责任文化构建必不可少。只有培育强烈的社会责任文化，才能够真正将社会责任融入企业管理实践之中，实现企业社会责任的真正落地。企业社会责任与企业文化的不断交融，不仅能够帮助企业实现企业文化模式创新，更能为企业带来产品流程绿色创新，进而通过企业利润的增加促进企业可持续发展[14]。

例证 8-3

橙信公司荣获"广东省五一劳动奖状"

本章小结

1. 企业文化变革是指由企业文化特质改变所引起的企业文化整体结构的变化，是企业文化发展运动的必然趋势。

2. 企业文化变革领袖人物的稀缺性是企业文化变革的关键约束条件。在具体文化变革进程中，充当领袖人物的企业家需通过"选择""竞争""合作"等行为促成新型企业文化体系的真正构建。

3. 影响企业文化变革的外部因素包括：经济形势的变化、社会和文化环境的改变、政策法规的变动、技术进步的影响；而企业生命周期、企业组织结构、企业领导风格、员工个体因素是影响企业文化变革的重要内部条件。

4. 企业文化变革的障碍包括既有利益的强烈冲击、企业原有文化价值观的阻碍、企业现行制度的规则障碍和原有习惯的巨大冲击。

5. 企业文化变革的内容体系建设应以精神文化变革为向导、以制度文化变革为保障、以物质文化变革为依托、以行为文化变革为落脚点。

6. 企业文化变革应遵循以下五大原则：市场决定原则、系统全面原则、自上而下原则、要素匹配原则、持续推进原则。

7. 企业文化变革流程为：现有文化诊断—变革小组建立—变革方案制定—变革前期准备—变革方案实施—反馈信息收集—过程风险管控。

8. 企业文化创新指为了使企业自身发展与企业所在内外部环境相匹配，根据企业本身的性质和特点形成体现企业共同价值观的新型企业文化，并对特定新文化类型不断创造和发展的活动过程。企业文化创新的重要性包括以下三点：①提高企业核心竞争力；②促进企业战略创新；③促进企业可持续发展。

9. 在企业文化创新中，企业应树立发展、诚信、学习的观念。作为企业文化创新的"首席设计师"，企业家应对企业文化的内涵具有更深层次且全面的理解，具备强烈的创新精神，建立以人为本的文化管理思想。

10. 中国企业文化创新具有以下三大趋势：①经济色彩日益浓厚；②学习型组织的建立；③社会效益地位提升。

课程思政

1. 在进行企业文化建设的过程中，企业也应注重思想政治工作在文化建设中的渗透，从而提高员工对于思政工作和文化建设的认识。例如，在进行"奉献"企业精神的建设时，企业可以同时开展关于"大庆精神"以及"铁人精神"的思想政治宣传工作，员工就可以从"大庆精神"以及"铁人精神"中更好地认识到"奉献"的重要性，从而使得企业文化更加容易地建立起来。

2. 为了进一步加强企业文化建设，更好地约束员工的行为，提高员工的思想政治水平，企业可以发挥出榜样作用，提高员工对于思想政治文化的深刻认识。例如，企业不仅要宣传我国著名的劳动榜样，还应该选出企业中的榜样，从而更好地对员工进行激励，加强员工对相关的榜样精神的认识。

 **网站推荐**

企业文化传播网：http://www.zgqywhcbw.com/。

 读书推荐

《企业文化生存与变革指南》

本书原版作者为美国学者埃德加·沙因，由马红宇、唐汉瑛等人翻译，于2017年由浙江人民出版社出版中译本。

企业领导者是文化的产物，也是文化的创造者，他们不仅要在组织中学习如何管理企业文化，更要懂得如何在新组织中创造新文化。为了完成以上职能，领导者必须厘清企业文化及其变革的相关概念与工具。该书便是从文化是什么、何时进行文化评估、如何进行文化评估和变革等角度为意图有所作为的领导者提供企业文化建设建议。

推荐理由：意图了解文化发展本质的企业管理者可以在此书中得到解决企业生存与发展关键问题的启示；而企业员工也可以通过此书充分理解企业文化，找到促进自身职业生涯发展的文化契机。

思考练习题

一、选择题

1. 企业文化变革的原则不包括（　　　）。
　　A. 市场决定原则　　　　　　　　B. 系统全面原则
　　C. 自下而上原则　　　　　　　　D. 要素匹配原则
2. 企业文化变革的内容体系建设应以（　　　）变革为向导。
　　A. 精神文化　　　　　　　　　　B. 制度文化
　　C. 物质文化　　　　　　　　　　D. 行为文化
3. （　　　）是企业文化变革的关键约束条件。
　　A. 变革领袖人物的稀缺性　　　　B. 企业原有制度
　　C. 企业价值观　　　　　　　　　D. 企业生命周期

二、简答题

1. 简述企业文化变革的影响因素。
2. 简述企业文化变革的流程。
3. 论述进行企业文化创新的重要性。

 案例分析

IBM 两次企业文化变革的启示[15]

讨论题：

IBM 这两次企业文化变革给我们带来哪些启发？

 参考文献

[1] 刘光明. 看"索尼"如何进行营销文化的变革[J]. 中国商办工业, 2002（4）: 21-23.

[2] 胡玉春. 转型升级背景下DH公司企业文化变革研究[D]. 呼和浩特: 内蒙古大学, 2020.

[3] LEWIN K. Frontiers in group dynamics: II. channels of group life; social planning and action research[J]. Human relations, 1947, 1(2): 143-153.

[4] 李燕萍, 施丹. 企业文化变革的新制度经济学透视[J]. 经济评论, 2007（4）: 138-142.

[5] 梁彦冰. 华能辛店电厂: 以文化变革推动企业改革[J]. 中外企业文化, 2020（7）: 24-26.

[6] 李星. 日本企业文化形成与变革研究: 以资生堂企业为例[J]. 现代商贸工业, 2016, 37（33）: 95-96.

[7] 龚兰高. 基于高质量发展的企业文化变革[J]. 企业管理, 2021（4）: 122-123.

[8] KONO T, CLEGG S. Transformations of corporate culture: experiences of Japanese enterprises[M]. New York: Walter de Gruyter, 1998.

[9] BARRETT R. Liberating the corporate soul[M]. Boston: Butterworth-Heinemann, 1998.

[10] SHERRITON J C, STERN J L. Corporate culture, team culture: removing the hidden barriers to team success[M]. New York: American Management Association, 1997.

[11] 陈元芳, 张捷, 刘大利. 企业文化简明教程[M]. 武汉: 华中科技大学出版社, 2013.

[12] 杨志波, 董雅松, 杨兰桥. 制造企业数字化、服务化与企业绩效: 基于调节中介模型的研究[J]. 企业经济, 2021, 40（2）: 35-43.

[13] 曾鹏云，周海燕，李想. 学习型企业文化对企业绩效影响的实证研究[J]. 商业经济研究，2022（17）：138-141.

[14] 王青，徐世勇，沈洁. 企业社会责任文化促进企业可持续发展的机制研究：以江森自控为例[J]. 中国人力资源开发，2018，35（3）：149-158.

[15] 王靖，王庆. 企业文化变革要议：以 IBM 公司为例[J]. 华北电力大学学报（社会科学版），2008（1）：54-58.

第九章
企业家精神

十年来我天天思考的都是失败，对成功视而不见，也没有什么荣誉感、自豪感，而是危机感。

——华为技术有限公司主要创始人、总裁　任正非

 学习目标

➢ 了解企业家精神的基本内容和影响因素

➢ 了解企业家精神的理论基础

➢ 了解企业家精神的微观和宏观作用

➢ 掌握新时代企业家精神的塑造要素、特征及培育路径

引例

从任正非看企业家精神[1]

全国工商联发布 2018 中国民营企业 500 强榜单，华为再次荣登中国民营企业排行榜榜首。能够 6 年蝉联国内民企老大，华为的领军人物任正非自然居功至伟。身为华为"教父"的任正非在二十余年间将一家普通小公司发展成为矗立于国际商界的顶级企业，其不懈奋斗的企业家精神已成为中国企业极具参考价值的时代借鉴。

任正非自华为创立之日起，便始终秉持着专业化、活下去、规范运作和职业管理、以成为世界级企业为愿景的经营管理理念，这与其本人所具有的企业家精神特质密不可分。从小成长于知识分子家庭的任正非在幼时经历过"文革"和贫寒的恶劣环境，而父亲始终教育他，只有知识才能真正让人摆脱逆境，对知识的执着追求从小便在任正非心中扎下了根，这种追求也在日后引领任正非和华为逐步走上专业化道路。青年时期，任正非则经历了十余载军旅生涯，这使得他的心中烙下了深刻的军人印记，强悍而坚韧的军人作风让任正非在经营华为之时深谙"生于忧患，死于安乐"之道，在拓宽国内市场的同时将更多重心置于海外市场开发之上，以确保企业正常运行与发展。任正非本人行事低调，与"严格把关"的军人精神相结合，使得华为内部实施的规范运作和职业管理

文化显得并不难理解。更为难能可贵的是，任正非是一个善于自我批判、敢于自我批判的优秀企业家，他深入汲取"否定之否定"智慧，要求员工不要怕失败，但必须善于从失败之中汲取成功因素，这种辩证思想支撑着华为持续创新并不断与国际接轨，努力实现成为世界级领先企业的伟大愿景。

从上述引例中可以看出，华为的成功与任正非的企业家精神密不可分，后者在华为经营管理中的充分融入，使得华为的每一步战略举措几乎都带有任正非独特的企业家精神色彩，事实也证明两者的完美结合促使华为不断勇攀高峰。这说明企业家精神价值发挥的效果成为决定企业生存和发展的重要因素。本章将从企业家精神的内涵出发，探究企业家精神的地位和作用，最终指出企业家精神的科学培育路径。

第一节　企业家精神的内涵

在传统社会中，土地、矿产等往往被视为企业发展的最稀缺资源。然而，在现代社会，企业要想获得可持续发展的优势，创新便显得必不可少，唯有创新才能为企业塑造更为强大的核心竞争力。在此背景下，作为社会价值的创造者，企业家必须充分培育企业家精神这一无形生产要素，方能为企业和社会发展注入更加强劲的原动力。

一、企业家精神微观主体分析

在探讨企业家精神之前，我们需要清晰地了解企业家精神的主体。学者对企业家精神主体的理解不尽相同，有学者认为企业家精神主体是企业家自然人个体，另有学者则认为企业家精神主体既可能是微观企业，也可能是产业和国家层次[2]。事实上，企业、产业和国家层面企业家精神的发挥，同样离不开企业家微观个体精神的发挥，企业家个体的精神特质、态度倾向与个人素质的培育和发展是企业和宏观层面企业家精神的微观基础。因此，在具体了解企业家精神内涵之前，对于企业家这一微观主体的理解有助于加深我们对企业家精神的探究。

法国早期政治经济学的代表人物萨伊认为，企业家是冒险者，是把资本、劳动力、土地等生产要素结合起来进行生产的第四种要素，在经营活动中他们要承担企业破产的风险。剑桥学派的马歇尔认为，企业家是凭借自己的创新力和洞察力，发现并消除市场的不均衡性，创造交易机会和交易效用，指出生产过程方向，并使生产要素组织化的人。美国管理学家彼得·德鲁克认为，从传统意义来说，企业家是致力于谋取利润并为此承担风险的人，是能开拓新市场，开发新需求，带来新顾客的人。企业家是创新者，他们与众不同，有目的地寻求新的资源，善于捕捉变化，并且可以将变化作为未来发展机会。根据美国著名经济学家保罗·萨缪尔森的说法，企业家的作用就在于长期持续地创新，而创新的关键在于技术创新，以便其生产的产品可以在市场中具有较强的竞争力[3]。美国经济学家约瑟夫·熊彼特认为，企业家不断地在经济结构中进行"革命性突变"，创造性地破坏了旧的生产方式，实现了新的生产要素组织，他们是促进国民经济发展的主体[4]。

我们通常认为企业家理论源于西方现代经济理论，实际上，企业家理论很早就在古老的东方萌芽，并适应了当时的社会、经济和文化条件而不断发展。东方的古代管理思想和文化对企业家精神的形成和发展具有重要影响，与后来的西方企业家理论有着千丝万缕的联系，并促进了后者的兴起。

中国传统的管理理念以"人"为核心。作为儒家学派的代表人物，孔子秉持"仁"和"礼"两大核心理念，"仁也者，人也"，"仁者，爱人"。孟子也认为"民为贵"，"天时不如地利，地利不如人和"，将这些思想应用到企业中意味着举用贤才是人事管理第一要素。东方管理思想文化是一种以中华传统管理思想文化为主要内涵的广泛而深刻的管理理论，具有人本性、柔和性、系统性、包容性和服务性的特征。这些传统的东方管理思想在以人为本、道德至上、远见卓识、运筹帷幄、随机应变、诚实守信、勤奋节俭、创新等方面，都对企业家精神的产生起到了重要的作用。简而言之，企业家精神是人类社会和经济发展的重要动力来源，是东西方管理理念和思想不断发展的结果。

二、企业家精神的基本内容

企业家是企业在经济活动中的重要主体，从事组织、管理的工作和承担业务风险。作为积累财富和创造价值过程中最有生产力和最活跃的因素，企业家精神是企业家特殊技能（包括精神和技巧）的集合，是指企业家建立和管理企业的综合能力，它是重要而特殊的无形生产要素，是企业成长的优良基因。

从"企业家精神"一词的内涵分析，精神首先是一种精神品质、一种思想形式、驱动智慧和思维的意识形态。企业家精神也展示着企业家这个群体所拥有的共同特征，这是他们独特的个人品质、思维方式和价值取向的抽象表达。它是对企业家理性和非理性逻辑结构的超越和升华。创新、冒险、敬业、诚信、包容是企业家精神的五个基本内容。

（一）创新精神

创新是企业家的灵魂，创新精神是企业家精神最基本的特征，反映了企业家的洞察力、决断力和行动力，即面对市场变化的敏锐察觉、对市场定位的坚定决心和对资源整合的迅速行动。勇于创新的企业家敢于尝试新的想法和方法，不愿意一成不变地或按照竞争对手的惯有手段经营。相反，他们更希望通过创新推动事情朝着自己设想的方向发展，因而其方式方法没有固定形式。

企业家的创新活动由三种力量驱动：一是发现企业"私人王国"的愿望；二是克服困难并表现出卓越的意志；三是创造和利用他们的才华带来的乐趣。在这三种力量的驱动下，企业家具有一种"战斗冲动"，这种非物质的精神力量即所谓"企业家精神"。在具体的生产经营活动中，企业家的创新精神体现为：推出新产品；提供产品新质量；实施新的管理模式；采用新的生产方法；开辟新市场[5]。

（二）冒险精神

冒险是企业家的本性。对于企业和企业家来说，不敢冒险才是最大的风险。如果企业经营者想要成功并成为杰出的企业家，他必须具有冒险精神。经济学家理查德·坎蒂隆和弗兰克·奈特将企业家精神与风险或不确定性联系在一起，他们认为没有甘冒风险和承担风险的魄力，就不可能成为企业家。企业创新风险是二元的，要么成功，要么失败，企业家没有第三条道路可选。美国的 3M 公司有一个非常有价值的口号："为了发现王子，你必须亲吻无数只青蛙"。"亲吻青蛙"通常意味着风险与失败，但是"如果你不想犯错误，那就什么也不要做"。

企业家是一群特殊的个体，他们有着英雄情结且敢于冒险，敢于坚持，敢于否定自己，他们具有超出常人的勇气和远见。作为不甘心安于现状的冒险代表，企业家的冒险精神意味着他们必须敢于打破原来的规则，不拘一格、敢于思考、敢于实践。值得一提的是，杰出的企业家必须具有冒险精神，但冒险并不意味着盲目努力，而是基于视野、能力和资源的科学匹配而做出快速决策[6]。在具体的生产经营活动中，企业家的冒险精神主要体现在：公司战略的制定和实施；提高或降低公司生产能力；新技术的开发与运用；新市场和新领域的开发；增加或淘汰生产品种；产品价格的上升或下降。

（三）敬业精神

敬业是企业家精神的动力。企业家的创业精神是指企业家个体迎难而上、兢兢业业、艰苦卓绝、勤俭节约的精神。这种敬业精神表现为个人对精力和智慧的统一调动，全心全意地投入事业当中并始终贯彻执行；对于企业集体而言，这样的精神品质表现为一种共同的行为，凝聚了为集体利益而奋斗的联合力量。如果一个国家没有这样一群愿意冒险、勇于开办新厂、采用新技术、直面竞争的挑战并且乐于引入新管理方法的企业家或管理者，就不可能走上繁荣富强之路。

企业利润的获取只是企业家成功的标志之一，事实上，要想确保企业可持续发展，对事业的负责和忠诚才是企业家的不竭动力和最高真理。在具体的生产经营活动中，敬业精神主要体现在：企业家的积极进取、顽强奋斗、开拓创新、兢兢业业的职业道德和勤俭节约的精神风貌。

（四）诚信精神

诚信是企业家精神的基石。"民无信无以立""诚信者，天下之结也"都表明了诚信的重要。诚，指真实诚挚的道德品质；信，指信守诺言的可靠作为。"诚信"，意味着内外兼修，言行一致，知行合一。对于企业家而言，诚信不仅是一种良好素质，更是一种责任担当；不仅是一种价值取向，更是一种企业准则；不仅是一种社会声誉，更是无法量化的竞争资源。

诚信是企业家的立身基础，在市场经济背景下，企业经营不仅需要讲法律，更需要讲信用、讲诚信。没有诚信的商业社会将充满极大的道德风险，大大增加交易成本，并造成社会资源的巨大浪费。在具体的生产经营活动中，企业家的诚信精神表现在：除了要在经济发展上追赶超越，还必须在精神文化上有所坚守，重视包括诚信在内的商誉，务求做到一诺千金、货真价实，绝不在商业领域中见利忘义。

（五）包容精神

包容是企业家精神的精髓。企业家的包容精神是指企业家具有包容心，愿意与人友好相处，并且愿意与他人合作。在企业内部，企业家的宽容精神更多地体现在支持员工的创新行为上，并对创新失败予以高度的包容和谅解。

在具体的生产经营活动中，企业家的包容精神主要体现在：尊重人才；善于用人，敢于用人；虚怀若谷，善于倾听别人意见，尤其是批评自己的意见；弘扬民主精神，避免专制独断。

例证 9-1

仿制和创新并重——齐鲁制药[7]

三、企业家精神的影响因素

鉴于企业家精神对于企业发展的重要作用，如何科学培育企业家精神显得尤为关键。在此之前，我们需要明晰影响企业家精神培育和发展的多重因素，方能对症下药。

（一）个体影响因素

企业家的先天及后天因素均有可能引导企业家精神走向不同的方向。企业家本身的先天因素（如性格、个性特征等）是影响企业家精神水平的重要因子，与此同时，企业家后天的经历、经验及其在生活工作中逐步形成的成就欲望也是影响企业家精神施展的重要个体因素。

1. 先天因素

性格和个性特征是企业家精神最为内在和主观的影响因素，它们直接影响企业家的行为，甚至影响决策的制定。例如，先天乐观的企业家比悲观的企业家更能接受意料之外的情况甚至是灾难性的变化。在一定程度上，他们对风险的承受力更强，面对风险带来的影响会更为冷静。性格开朗外向的企业家也会比保守主义者更容易接受新事物，对于机会的识别与把握也更为敏感。而具有强烈自主意识的企业家更加偏执、固执和自我，对感兴趣或熟悉的领域保持宽容和开放的态度，而对其他领域则更多持排斥和拒绝的态度。

2. 后天因素

一方面，企业家的成长经历，以往的工作经验、行业经验和管理经验都对企业家精神的形成产生非常重要的影响。企业家创新精神的形成与其受教育的程度所激发出来的求知欲强弱有很大的关系，而其冒险精神在很大程度上是企业家面对成长道路上的挫折和艰难而逐渐形成的。因此，企业家的选拔通常会考虑到他们所接受的正规教育、成长经历和工作经验等，以判断他们是否具有企业家精神。

另一方面，许多研究表明，与其他人相比，企业家对成就的渴望更大。一般而言，对成就的强烈渴望会驱使个体为自己设定挑战性的目标和严格的要求，迫使自己取得成功。对成就的渴望是产生与发扬企业家精神的内在动力。而成就动机并非企业家先天具备，这样的动机取向实际上需要结合企业家在后天的成长经历、工作经历等而逐步培育得到。

（二）企业内部影响因素

不仅企业家个体会对企业家精神发挥产生影响，企业内部的多重因素也会引导企业家精神产生异质性发展。企业本身的性质是影响企业家精神的重要因素，除此之外，企业在不同的发展阶段采用的不同发展策略，也有可能在很大程度上影响企业家精神的发展进程。

1. 企业类型

商业组织和非营利组织对企业家精神有着不同的要求。由于商业组织参与经济利益的获取和分配，它们会更加强调冒险精神和竞争精神；而非营利组织则倾向于强调奉献精神、敬业精神和责任感。就企业产权性质而言，国有企业、私营企业、外资企业等不同产权类型的企业都会对企业家精神的培养与发展产生影响。相较于国有企业，缺乏雄厚资金实力的私营企业为在竞争激励的市场中存活并发展，其企业内的组织领袖必须不断培育其创新精神，勇于担责，才能真正实现以创新谋生存、谋发展。

2. 企业发展阶段

初创组织、发展中组织以及衰落组织为企业家提供了完全不同的组织微观环境。处于成长阶段的初创企业通常规模较小，组织抗风险能力较小，这便要求企业家有很强的主动性、敏锐的风险意识和抵抗风险的能力。处于成熟阶段的组织在维持当前市场地位的同时，需要积极开拓新市场，或进行更大程度的市场渗透，因此开创与发展应当是企业家这一阶段的基本思想。而在一个即将走向衰退和消亡的组织中，企业家更需要果断的决策、勇敢的放弃和坚韧不拔的毅力，以敏锐的洞察力寻求新的发展空间。

3. 企业发展策略

如果企业具有合理的企业家选拔与评估机制、科学的企业家决策机制、健全的企业家激励和约束机制、鼓励创新的企业文化以及人性化的宽松的工作环境，那么就能够激发企业家的冒险精神、创新精神和承担风险的能力，也能孕育出更丰富的企业家精神。

（三）企业外部影响因素

事实上，企业家精神还受到企业外部的影响。一个企业的成功往往与企业家对外部机遇的敏感程度有关，企业家需要主动接受时代的挑战，带领企业不断适应外部社会的变化，这样才不会被现代化和信息化的洪流"冲走"。因此，外部环境的变化也是影响企业家精神发展的重要维度。

1. 时代背景

时代的交替与变化是企业家精神发生质变的机遇。农业时代的自然经济是一种保守、停滞、封闭和孤立的经济，在缺乏商业因素的经济环境中，企业家精神极度缺乏产生和形成的条件。在工业经济时代，生产力迅猛发展，物质生活水平急剧提高，市场上进行着大量的商品交换。在竞争激烈、优胜劣汰的商品经济中，企业家精神终于找到了合适的生存土壤，得以萌芽、成长并持续壮大。时至今日，在以网络为普遍特征的信息时代，科技在推动生产力发展中发挥着越来越重要的作用，"科学技术是第一生产力"。随着数字化和智能化社会的到来，科学精神比以往任何时候都更加重要。

2. 文化道德伦理规范

每个国家及其民族都有其核心价值体系，由此形成了整个社会的普遍道德标准和行为范式。一方面，企业家受到社会核心价值体系的深刻影响，会在不自觉中受到文化、道德和伦理规范的约束；另一方面，企业家也会积极迎合这一核心价值观念，以寻求社会的广泛认可。文化、道德和伦理体系是影响企业家精神的最外围、最普遍和广泛的因素。只有在开放包容、诚实守信、合作共赢、尊重企业家及其贡献、鼓励创新以及宽容失败的社会文化环境中，企业家才能拥有更加强烈的创业与创新意愿。相反，在与企业家精神培育背道而驰的消极社会文化环境中，企业家精神则表现出短暂的泡沫和个案现象，难以得到持续发展。

3. 政治经济体制

在高度集中的计划经济体制下，企业家精神的产生和发展不可避免地受到很大的限制，自主生产经营权和公平竞争市场环境的缺乏使得企业家精神缺少充足的培育空间。而在市场经济体制下，市场竞争随时都在考验着企业的生存和发展能力，缺乏企业家精神必然导致企业走向快速衰落。如果企业家所处的制度环境具备健全的创新与创业扶持政策、先进的金融发展水平、较高的政府治理效率以及较高的法制化水平，那么优越的制度环境将为企业家的创新与创业活动提供有力的支持和可预测的行为框架，从而更容易激发企业家的创新精神。

4. 行业背景

不同行业为企业家提供了不同的成长环境。不同行业企业家的工作环境、工作方法、工作方式和工作内容是不同的。迥异的环境造就的企业家应当具有自己的行业标志。在市场竞争激烈、技术变幻莫测且行业快速发展的行业环境中，企业家获取的信息通常是不准确的、难获得的或者滞后的，企业家决策面临着强烈的模糊性。为此，企业家必须增强他们的创新精神、冒险精神和风险承担的能力，通过创新寻求机会以适应行业环境。

例证 9-2

俞敏洪：找准市场定位，实现学生精神飞跃[8]

四、企业家精神的理论研究

自柯林斯和摩尔在明确区分"管理企业家"与"独立企业家"之后，学界关于企业家精神的理论研究主要聚焦于企业家精神主体的探讨之上。

（一）个体企业家精神理论

个体企业家精神主要是指创业者在创业初期就表现出的企业家精神，他们拥有良好的个人声誉、成就欲望和不断追求资源整合机会的能力，即以个人或一群自然人为载体，在对成功的渴望的驱动下，独立发挥创新、创业、冒险、勤奋、节俭、自我完善的精神，并通过资源整合来最大限度地发挥自己的效用以满足社会需求。个体企业家精神理论主要关注以下三个方面的内容。

1. 企业家的个人创业特质

企业家的个人创业特质通常被概括为具有领导风格、成就欲望、个人主义、风险倾向等，认识个人创业特质的异质性对理解不同企业家的差异性创新行为具有高度意义。只有充分识别具有创业潜力的个体，才能对这一企业家群体进行针对性培训，并提供充足的创新性活动机会。

2. 个体企业家精神的关键要素

从个体企业家精神要素的研究中发现，敢于创新、积极进取、勇于开拓、坚持不懈、实事求是的精神是个体企业家最突出的精神要素。个体企业家的关键精神要素并不一定成为其创业成功的关键特质，前者往往是后者的重要基础。

3. 个体企业家精神在创业过程中的行为表现

创业的实质是企业家完成感知、衔接感知并评价创业机会，整合资源以创建新企业，寻求新企业的生存和成长三项关键任务的过程[9]。企业家创业时并非完全"一穷二白"，企业家在创业前的社会资源和个人禀赋构成了他的创业资源基础；创业行为本质上是企业家的冒险精神和理性决策的"交手"过程，这表现为企业家在获取创业资源并应对环境不确定性的过程中所体现的科学性。

（二）公司企业家精神理论

公司企业家精神是指企业家精神在全公司的渗透，它不仅限于公司领导或某人所表现出的企业家精神，还更多体现在公司的创新和创业行为上。公司企业家精神理论的研究已经突破了个体企业家精神理论研究对于企业家精神主体界定的局限性，研究对象从拥有成功创业经验的个体企业家扩展到整个公司，研究范围更为广泛。

相较于个体企业家精神理论，公司企业家精神理论更加关注企业家精神本身与公司绩效之间的关系。在充满动态性和敌对性的环境中，企业家精神与公司的高绩效有很强的正相关关系。在不利的产业竞争环境中，企业家精神程度越高，公司收入增长越快。

随着科学技术的不断更新以及企业内外部环境的迅速变化，企业要想保持可持续的发展趋势，必须在全企业内倡导培养企业家精神。首先必须从公司治理层面入手，完善相应的企业管理的选拔、激励和科学决策机制，将企业家的创新效用最大化，从而激发企业家的创新行为，进而以企业家的创新行为为激励，通过企业家身体力行的创新精神实践激励员工不断培育基层工作创新精神，以此提升全企业的创新氛围，通过创新水平的提升引领企业走向可持续发展道路。

（三）内部企业家精神理论

个体企业家精神和公司企业家精神均重视企业家精神在企业内部的培育和发展，学者在此基础上逐步探索内部企业家精神发挥对企业绩效和长期发展的真实贡献，进而逐渐形成崭新的内部企业家精神理论。

内部企业家精神理论以"所有公司的现有体系和结构是限制员工的主动性发挥的原因"为假设前提，从内部企业家精神培育以及其对企业经营绩效的影响等方面展开研究。从其构成要素的角度来看，图米和哈里斯在他们的研究中提出，内部企业家精神体现在团队合作、学习错误、接受异议、期望创新、积极主动、角色榜样、归属感和责任感八个方面[10]。陈忠卫和郝喜玲采用了以创新、冒险和进取三个维度来衡量企业家精神的一般方法，并充分考虑了创业团队层面的企业家精神在以上三个维度的特殊性，把创业团队企业家精神的基本特征总结为四个维度：集体创新、共同认知、共担风险和协作进步[11]。可以看到，与个体企业家精神理论和公司企业家精神理论相比，内部企业家精神理论中对于企业家精神的理解不仅聚焦于创新、风险承担等层次，对于团队精神的培育、协作发展的强调是该理论中企业家精神的另一重要构成维度。

（四）社会企业家精神理论

伴随着市场规模的不断扩大和企业边界的逐渐延展，学界和实践界逐渐意识到单单从企业内部探讨企业家精神培育存在较大的局限性，企业家精神应置于更大的市场范围乃至社会领域进行谈论和研究，在此基础上，社会企业家精神理论应运而生[12]。

社会企业家精神理论是企业家精神理论在社会领域的扩展，即如何把企业家的创新和冒险等精神运用到社会非营利组织中以创造新的价值。它可以被理解为具有社会型特质的企业家不懈追求和把握为社会服务的机会，充分发挥企业家精神以整合资源，完成自身所肩负的社会使命，创造出更高的社会价值，而不仅仅局限于实现企业自身利润最大化的经济目标之上。

社会企业家精神理论的研究起步较晚。社会企业家精神的载体是社会非营利组织，在这些载体的大力支持下，它促进了国家和社会经济的持续快速增长。企业家精神事实上不仅存在于营利性组织之中，公共服务机构的发展同样需要企业家精神的助推功效。例如，现代大学不仅需要具备良好的教学资源，更需要培育社会企业家精神加以引领发展，才能带领现代大学不断迈向创新道路。

时鹏程和许磊通过对国外企业家精神研究的回顾和总结，率先系统地提出了企业家精神的三个层次论，即强调个体及其与环境互动的个体层次论、强调企业组织及其与环境互动的组织层次论和强调范围更广阔的企业家精神的社会层次论[2]。其中社会层次论认为在社会层面（如对政府官员）应该进行制定创业政策和营造创业环境等方面的培训，有必要进一步出台有利于激发社会企业家精神和促使社会企业家进行创业的政策。

五、企业家精神的作用

企业家精神的发挥不仅能够在企业内部为员工树立工作典范，引导企业员工向既定的企业愿景目标努力奋斗，更能在此过程中起到形象塑造、行为改造等作用，真切提升员工自我价值、企业价值和社会财富。不仅如此，随着中国特色社会主义进入新阶段，经济新常态下经济增长由高速发展逐步转向高质量发展，在经济结构战略性调整的时代背景之下，企业家更是肩负着重要的历史使命，新的时代内涵使得企业家精神在新时代必须为产业结构转型和经济发展工作做出更多贡献。

（一）企业家精神的宏观作用

企业家精神在新时代中扮演着越来越重要的角色。尤其在经济发展新阶段，唯有充分培育优良企业家精神，才能为创新型国家建设奠定坚实的微观基础，不断推动我国经济朝高质量发展目标破浪前行。

1. 企业家精神是经济发展提量增效的动力源泉

一方面，企业家精神能够通过其微观层面的引导、改造等作用，以创新创业活动推动地区经济持续增长，并且形成溢出效应，辐射带动其他地区企业家精神培育及经济发展；另一方面，在技术创新活动之中，企业家精神能够对创新资源进行有效整合配置，不断提升市场资源利用效率，并且通过员工典范形象的树立，引导员工持续发挥"干中学"功效，以此促进经济增长不断向集约型发展转变。

2. 企业家精神是产业结构转型升级的引领力量

在资源有效整合配置过程中，企业家精神的培育和发展进一步助推企业乃至地区价值链地位不断往高端攀升，通过创新精神的不断发挥，企业家不断地在供应商、企业与顾客之间建立信息共享平台及合作交流渠道，资源流动性的提高将大大促成全产业链价值不断增值。在此基础上，产品生产技术流程不断升级，带动原有产业结构合理度和高级度持续提升，进而在社会领域不断催生新兴产业，为产业结构调整升级持续注入新动力。

3. 企业家精神为中小企业发展提供持续生命力

在百年未有之大变局下，中小企业面临的市场环境更加变幻莫测，其生存和发展也面临着前所未有的巨大挑战。在新时代，中小企业若想获得持续发展，创新是其必须遵循的未来道路。企业家能够通过其能力和意愿不断推动中小企业持续创新，创新行为的发展也反之不断丰富企业家精神内涵，两者在相互影响的过程中形成一个自我推演并不断前进的有机系统。

（二）企业家精神的微观作用

在企业内部，企业家精神的发挥更大程度上决定着企业精神的具体走向，进而影响员工的具体工作价值取向及日常工作行为。

1. 典范作用

日本著名企业家松下幸之助指出："一个人的示范作用有强大的影响力，尽管是一个人，只要你把更好的做法向大家耐心地解释，让他人全部理解，你就能发挥强大的影响力。"作为企业决策的核心人物，在企业管理过程中，企业家需要阐明自己的价值观并做出选择，以此作为企业整体的行为准则标准，这个过程正是员工仿效的过程。企业员工从企业领导所信奉的价值观中得到启发，产生激励，受到鞭策，做出正确抉择。倘若企业家能够在组织架构和日常生产经营中努力贯彻创新精神，将其落地成为具体的创新实践，这必将引领员工产生与之相匹配的创新思想，从而实现企业家精神的典范作用。

2. 引导作用

企业家不仅通过自身的创新精神，激励员工跟随其创新的脚步去追求更加优秀的产品和服务，他们还能够创造积极向上的工作氛围和良好的员工关系，不断引导员工为公司未来的成功而努力。与此同时，重视创新的企业家会通过真实行动不断引导员工表达自己的想法和意见，帮助他们培养独立思考的能力和决策能力，从而提升整体团队的创造力与竞争力。

3. 形象塑造作用

具有良好精神风貌的企业家形象是无形的资产。优秀企业家利用其多重角色，通过向社会展示自我的良好精神风貌，不断向外界传递企业良好发展信号，进而扩大企业的影响。能够充分发挥企业家精神的企业家更倾向于关注社会的需要，注重长远成就，把客户端视为合作伙伴，把员工视为公司的核心，这样的思想可以帮助企业建立用户的信任感，同时树立良好的市场声誉。

4. 改造作用

以人为中心的管理特别强调培育全体员工共识的达成。企业家需要借助自身在企业中的权威地位倡导先进工作观念，使员工思想不断得以改造，进而适应现代管理发展的需要。企业家精神的改造作用以企业家的权威地位为基础。若没有企业权威的保障，企业家精神无法在短期内对员工行为实现改造，只有权威的树立才能让员工自觉对自身行为做出实质性调整，确保"劲往一处使"，不断提高企业内聚力。

5. 自控作用

企业家通过自己认定的价值观和行为准则可监督、调节自己的日常行为，从而形成对自我的内在控制。企业家通常会尝试自己的新想法或独特方法以实现目标。但是，创新计划往往存在不确定性和风险控制等问题，优良企业家精神的培育有助于企业家在创新计划实施过程中控制自己的创新决策范围和冒险程度，不断评估风险与回报的比例，从而保证企业的可持续发展。

第二节　企业家精神的培育

在新时代下，面对经济转型下的"经济新常态"，企业家精神更是被赋予崭新的时代内涵，我们必须在充分了解企业家精神新内涵的基础之上，结合广阔的国际视野，探索新时代企业家精神的有效培育路径。

一、弘扬新时代企业家精神

2017 年中央首次发布关于企业家精神的正式文件《中共中央 国务院关于营造企业家健康成长环境弘扬优秀企业家精神更好发挥企业家作用的意见》（中发〔2017〕25 号），第一次对新时代社会主义企业家精神内涵做出概括：爱国敬业、遵纪守法、艰苦奋斗；创新发展、专注品质、追求卓越；履行责任、敢于担当、服务社会。这 36 个字高度概括了新时代中国特色社会主义企业家精神的内涵和实质，为企业家修炼自身精神品质指明了方向。

（一）新时代企业家精神的塑造要素

新时代企业家精神的塑造和培育带有全新的时代印痕，只有让企业家精神不断形成中国特色、富有中国魅力，才能让其在新时代中不断焕发生机。

1. 企业家精神需从中华传统优秀文化汲取智慧结晶

新时代企业家精神培育并不意味着脱离历史传统，其塑造工作仍需深深扎根于中华传统优秀文化的沃土之中。长期以来，儒家传统道德中的以义取利、以德经商、恪守诚信等品质已深刻融入市场活动之中，并逐步延伸到基于儒家文化的"儒商精神"。实践经验已经证明，即使经过数千年的历史推演，儒家优秀传统思想不仅没有因为时代的推进而没落，反而能够对社会主义市场经济体制下的商业活动起到重要的借鉴作用。只有深入挖掘以儒家文化为核心的中华优秀传统文化智慧结晶，不断探索儒商精神在新时代下的现代价值，才能有效为新时代企业家精神塑造提供坚实文化根基[13]。

2. 企业家精神需为推动社会主义市场经济发展服务

市场经济的本质是竞争，竞争也是促进企业家精神发展的关键因素。在稳步迈向高质量发展道路的阶段，我国需要建立一大批具有国际竞争力的知名企业，夯实我国在国际市场竞争中的组织基础和技术基础，而为了切实提升企业核心竞争力，关键便在于培育一批具有优秀企业家精神的新时代企业家。优秀企业家队伍的培育是社会主义市场经济发展的现实要求，也是我国实现经济高质量发展的必要条件。尤其在社会主义市场经济高速发展之际，商业道德滑坡现象频发，极端功利主义导致商业伦理缺失、商品欺诈事件不断发生。只有不断塑造优良企业家精神，才能确保社会主义市场经济系统协调运转，在市场经济高速发展的同时树立与经济发展相匹配的市场经济文明，不断构建商业伦理新时代典范。

3. 新时代企业家精神塑造需坚持党建引领重要抓手

在中国特色社会主义市场经济体制中，坚持党的领导是新时代中国企业发展的独特优势。将党建工作不断融入企业经营管理之中，不仅能够切实提升企业生产力和竞争力，更能凝聚企业全员力量打造企业核心竞争力。作为企业文化的先导人员，企业家能够充分发挥其主观能动性，不断引导企业实现党企融合，从而为新时代企业家精神培育提供一系列便利条件。党企融合是一个双向互动的过程，企业党建工作的展开有助于推动企业的发展，而企业发展又进一步推动党建工作深刻融入企业经营之中。在新时代下，企业家必须不断提升个人和企业理想信念水平，将个体和组织的理想信念与新时代改革开放伟大事业相结合，通过企业家家国情怀的实现，促使我国走上实业兴国的康庄大道。

（二）新时代企业家精神的特征

在社会主义市场经济中，企业家是我国经济发展中最为活跃的微观主体。在新时代下，中国企业家不仅需要坚守创新驱动的永恒精神内核，更应不断培育新时代资源整合能力，积极培养全球化视野，并在市场经济中秉持诚信守法优良品质，在新时代下促进企业家精神迭代升级[13]。

1. 创新驱动

无论在任何年代，创新始终是企业家精神最为本质的内核所在。作为企业发展的灵魂，创新是引领经济发展的主要驱动力。现代企业如若缺乏创新精神，其生存发展将面临极大的存续风险。在国内外市场激烈竞争的背景下，为推动实施创新驱动发展战略，企业家必须不断提高对技术创新、产品创新和组织创新的重视程度，在微观层面推动创新成为产业强国的关键力量。只有通过创新发展，企业才有机会打破行业内固化的技术运营模式，以更为高效的运营变革推动企业乃至行业取得长足发展。值得注意的是，中国特色社会主义事业进入新发展阶段，新常态下市场格局变动更为频繁且剧烈，因而创新失败的概率也陡然增加。在此背景之下，企业家在改革创新的同时也需要懂得接受失败，对创新失败行为给予更多宽容，切忌急功近利，只有宽容对待创新、不断提高企业风险承担能力，才能激励基层员工创新思想和行为的产生，确保企业引领新时代高质量发展浪潮。

2. 资源整合

在全球经济一体化不断加强的今天，专业化分工已成为经济发展的一大时代浪潮，只有强化专业化资源整合能力，才能有效构建企业核心竞争力。自改革开放以来，中国企业规模不断扩大，同时不断"走出去"以扩大全球市场影响力，但在全球产业链、创新链、价值链之中，中国企业的资源整合能力仍与西方企业之间存在一定的差距，这也是限制我国企业全球价值链地位提升的一大关键因素。新时代企业家必须对市场资源、生产力、产品与服务等具有高度敏锐的洞察力，不断进行前瞻性战略布局，通过平台搭建实现资源重组整合，只有如此才能将看似毫无关联的资源进行有机组合，形成具备充足市场价值的产品体系，进而提升产品附加值率，以资源整合指导技术改造升级和创新，为"构链、补链、强链、畅链"提供坚实基础。

3. 全球化视野

随着全球化进程不断加深，企业国际合作已然成为现代企业发展的一大常态，而在新时代下，为提升中国企业国际竞争力和影响力，中国企业必须坚持"走出去"战略，通过"引进来"和"走出去"的深度交融，不断提升企业全球化水平，因此，新时代企业家必须具备广阔的全球化生产经营视野。事实上，全球化视野不仅意味着企业要实现市场全球化，更要实现人才、产品服务、科技等方面的全球化。尤其在信息爆炸时代，全球化视域的打开更是成为应对国内外复杂局势的一大利器，只有不断加强全球化战略思维，才能将中国特色企业家精神不断远播海外，不断激发全球范围的企业家精神塑造，与全世界异质性企业家精神融会贯通，进而推演出全球发展新阶段下企业家精神新的时代要素，共商共筑人类命运共同体。也只有在企业家不断开拓全球化视野的过程中，我国才能逐步提升对外开放水平，以中国企业家的大视野、大智慧推动国内国际双循环格局加速形成。

4. 诚信守法

诚信是市场经济得以良性健康发展的根和魂。优秀企业和企业家不仅遵纪守法，更是诚实守信、遵守契约的典范。诚信和契约精神是优秀企业家精神不可或缺的重要组成部分。不讲诚信的企业和企业家可能取得一时的快速发展，但不可能取得持续成功，相反会面临巨大风险。比如，三鹿集团的"毒奶粉"事件和长春长生生物科技公司的"假疫苗"事件都给所在产业造成巨大损失，造成极为恶劣的社会影响，并危害到消费者的生命健康和人身安全。新时代的企业家在生产经营中必须把诚信守法作为经商第一准则，通过企业运营科学流程体系的构建，将诚信守法内化成为企业家的内在资产。如果企业家无视信誉，在生产经营活动中弄虚作假，不仅需要为此承担法律责任，更可能直接导致企业的灭亡。

二、国际视野下的企业家精神

全球化视野不仅是新时代企业家精神的一大特征，在进行新时代企业家精神研究之时，我们也需要基于国际视野，充分借鉴世界其他国家和地区的企业家精神培育经验，取长补短，进而充分培育中国特色企业家精神。由于不同国家和地区在市场机制、人文环境、教育制度、产业结构等方面都存在明显差异，所形成的社会特征也有所不同，因而许多发达国家都形成了各具国家地区特色的企业家精神。以下我们将着重介绍具有全球代表性的五种企业家精神。

（一）美国企业家精神

奋斗与创新是美国企业家精神的核心。"美国梦"（American dream）是一种"相信只要经过坚持不懈的努力和奋斗便能获得更好生活"的理想，即人们必须通过自己的勤奋、勇气、创新和决心迈向繁荣，而非依赖于特定的社会阶级或他人的援助，美国企业家精神正是在这样的社会背景下逐渐培养形成的。众所周知，美国自由的市场竞争、开放的文化氛围和宽松的政策环境极大地推动了企业的蓬勃发展，并产生了如乔布斯、比尔·盖茨、亨利·福特等一大批在世界范围内具有重大影响力的企业家。一方面，美国推崇英雄主义和个人主义，其政府研发投入力度也远远大于世界其他国家，这使得美国社会的创新创业氛围十分浓厚。在这种背景下，美国企业家更加倾向于创新，鼓励创新行为在企业内发生，敢于打破市场和产业结构常规，善于从创新中获利。另一方面，在美国企业里"鼓励创新、容忍失败""为了发现王子，你必须亲吻无数只青蛙"等理念深入人心，这使得很多美国企业家敢于在险峻的环境中进行前所未有的冒险。

美国是世界上创业最为活跃的国家，个人创业在美国是极为普遍且引以为荣的事，整个美国社会在市场经济发展中逐渐形成了一种极力鼓励创业的社会氛围。在美国，创业不是只属于痴迷于冒险的少数人的活动，它已渗透到人们的日常生活中。美国创业氛围最浓厚的地方当属硅谷。硅谷的成功要归于它所形成的环境特征，包括专业高度分工、创业精神高涨、资金投注集中、资讯与人力充分流动、产学密切融合、企业文化开放、产业创新飞速、竞争策略不断创新等。机会、资源、人才在这一地区可以获得充分自由的流动。

（二）日本企业家精神

合作、敬业与奉献是日本企业家精神的重要内核。受民族文化、自然资源匮乏、自然灾害频繁等影响，日本人天生具有强烈的秩序感、团结精神、群体意识和危机意识，这深深影响着日本企业的发展，也使得日本企业家精神表现出强烈的合作精神、敬业精神与奉献精神特征。合作精神具体表现为企业家甘愿为集体、民族和国家奉献，不计个人得失，注重构建富于凝聚力的企业氛围；敬业精神表现为企业家努力激励员工为适应新技术发展自觉进行再学习，企业家本身也具有强烈的终身学习意识，积极为企业的发展出谋划策；奉献精神表现为日本企业家倡导的终身雇佣制、年功序列工资制、企业工会制，以此确保员工将自身利益与企业的生存发展紧密联系在一起，心甘情愿为企业努力拼搏。在这样的精神特征支撑之下，日本企业家引领日本国内企业在二战后不断发展，并出现了如松下幸之助、丰田喜一郎、本田宗一郎等一大批知名企业家。

（三）犹太企业家精神

重信守约是犹太企业家精神的核心。犹太教具有"契约之宗教"的美誉。被视为"上帝与犹太人的签约"的《旧约》中写道："人之所以存在，是因为与上帝签订了存在的契约之缘。"犹太人在神话时代就已经是重视契约的理性主义者。在犹太人的信仰中，契约是不可毁坏的，因为契约源于神和人的约定，如果违反契约必遭上帝的严厉惩罚；相反，信守约定将得到上帝对自身幸福的保证。犹太人的经商史可以说是一部有关契约签订和履行的历史。犹太人之所以成功的一大原因，就在于他们一旦签订了契约就一定执行，即使有再大的困难与风险也会由企业家自己一力承担。故此，在犹太人经商活动中，几乎不存在"违约"一说。

（四）德国企业家精神

"欲速则不达"是德国的企业家精神，德国的许多企业坚持欲速则不达，坚持稳健第一、速度第二，不因为一时一事动摇初心，注重长期规划，立足时代传承。据统计，德国有1500多家特定领域的"隐形冠军"企业，其中，86%的企业为机械制造、电气、医药、化工等关键工业企业，这些企业抓准行业的"缝隙市场"，踏实潜心深耕，以小博大，发展成为各自领域的"领头羊"。这些企业秉承"欲速则不达""慢工出细活"的工匠精神，成为超级的利基市场占有者，拥有了70%~100%的全球市场份额。

（五）法国企业家精神

保守谨慎是法国企业家的精神特征。第一，法国企业家更希望家族安全，不愿意创新，乐于闲暇而不是工作，这在一定程度上牺牲了企业的成长和现代化。第二，法国企业家有多个目标和多重目的，一方面，具备强烈的发财致富愿望，另一方面，成功的企业家及其后代又希望享受贵族生活，这就阻碍了企业积极创新。第三，法国大多数企业是家族式经营，属于前资本主义性质。第四，法国身负传统文化社会关系和贵族价值观的包袱，这些价值观与积极进取、敢冒风险的企业家精神和商业行为方式并不兼容。

例证 9-3

"知己知彼，更要使彼知己"的犹太哲学[14]

三、如何培育新时代企业家精神

在新时代，打造一支具有中国特色、为国为民的企业家队伍是一项庞大的系统工程。为不断确立企业家在高质量发展中的中坚地位，新时代企业家精神塑造离不开企业家、市场和社会的共同努力，只有集合多方力量，以多方合力助推企业家精神跟随时代步伐转型升级，才能真正激发企业家精神成为经济社会高质量发展的内源动力。

（一）着力培育企业家综合素养与价值观

当今社会已逐步迈入知识经济时代，这要求新时代企业家必须努力提升自身知识水平、道德修养和社会修为。尤其在百年未有之大变局下，企业面临的市场环境波动更加剧烈，企业续存风险水平陡增，这更加要求企业家必须持续进行自我完善和提升。新时代企业家不仅要提高审时度势能力，努力研判宏观经济形势，在经济转型大局中树立坚定的理想信念；还要主动研析党和国家在新时期的重大政策、路线、方针，以新时代中国特色社会主义主线为支撑，合理协调多方关系，将个人理想和国家、社会中长期发展目标紧密结合；更要在新发展格局中树立终身学习思想，以个人知识素养水平的持续提升为保障，争做社会主义市场经济现代化建设主力军。

在新时代，企业家必须把自身价值观培育工作融入社会主义核心价值观之中，这是社会主义核心价值体系建设的必然要求。作为社会主义核心价值观重点培育对象，企业家必须将社会主义核心价值观作为立德树人的根本价值准绳，只有将自身价值观厚植于社会主义核心价值体系的沃土之中，才能有序参与社会主义经济建设，在新时代生产经营活动中不断传递社会正能量。

（二）营造良好的营商环境

政府的作用不是创造企业家，而是创造一种由市场发现企业家的制度环境。只有营造出良好的营商环境，才能为企业发展提供沃土，从而真正激发市场活力。

首先，应积极加强营商环境政策宣传，通过树立优秀企业家典范的形式，不断推广相关工作经验和方法，并强化政府对企业家及企业的服务职能，通过综合窗口、电话咨询、快速审批等渠道快速解决企业家所反馈的突出共性问题，真正在全社会形成重商尊商的良好社会氛围。

其次，在经济转型逐渐深化、数字经济快速发展的今天，市场竞争日益激烈，市场竞争秩序需得到进一步维护。政府必须加强反垄断、反不正当竞争规制工作，加快竞争政策颁布与实施，推动产业政策由"选择性"向"功能性"加速转型，通过公平竞争市场环境的营造，确保市场在资源配置中起决定性作用。

最后，作为社会主义市场经济的重要议题，"亲""清"新型政商关系在新时期常常难以得到广大企业家的深刻理解，政府必须加大宣传力度，让企业家深入理解"亲""清"新型政商关系内核，即政府官员与企业家，尤其是民营企业家在厘清边界、各司其职的同时，又能相互配合、鼎力协作。这种关系既要鼓励领导干部多与企业接触交往，为企业家解决实际经营困难，也要强化权力监督规范，督促企业家遵纪守法办企业，光明正大走正道，以此推动社会主义市场经济健康发展。

（三）保护企业家合法地位与权益

改革开放以来，企业家为社会主义现代化建设贡献良多，保护企业家的合法权益和地位，就是在保护改革开放来之不易的丰硕成果。

第一，必须明确企业家的法律地位，只有建立健全公开透明的法律制度与法治环境，才能使得企业家清楚自身的权利、责任和义务，只有充分认同企业家在市场经济活动中的巨大作用，减少政府对企业的过度微观干预，才能让企业家真实成为市场经济的探索者。

第二，产权保护制度是企业家创新管理的根本保证，通过完善产权保护制度，不仅能够降低企业家在创新创业途中面临的不确定性风险，提高创新创业活动预期收益，更能激励企业家将更多的生产性资源投入创新研发活动之中，助力经济高质量发展。

第三，建立企业家激励与约束有效机制。为实现新时代下企业家市场化和职业化，不断丰富社会企业家人才资源，必须建立健全"向前看"长期激励机制，让企业家成为具有社会吸引力的职业，而不仅仅是"企业创始人"的代名词；不断吸纳具有聪明才干和丰富工作经验的人才加入新时代企业家队伍；同时以内部公司治理约束和外部市场约束对市场化下的企业家加以有效限制，避免企业家向稀缺的市场资源伸出"掠夺之手"。

本章小结

1. 企业家精神是企业家特殊技能（包括精神和技巧）的集合，或是指企业家组织建立和经营管理企业的综合才能的表述方式，它是一种重要而特殊的无形生产要素，是企业成长的优秀基因。

2. 企业家精神的基本内容包括以下五个方面：①创新精神；②冒险精神；③敬业精神；④诚信精神；⑤包容精神。

3. 企业家精神的影响因素包括以下三个方面：①企业家个体的先天及后天因素；②企业类型、发展阶段、发展策略等企业内部因素；③时代背景、文化道德伦理规范、政治经济体制、行业背景等企业外部因素。

4. 企业家精神的微观作用包括：①典范作用；②引导作用；③形象塑造作用；④改造作用；⑤自控作用。

5. 企业家精神的宏观作用包括：①企业家精神是经济发展提量增效的动力源泉；②企业家精神是产业结构转型升级的引领力量；③企业家精神为中小企业发展提供持续生命力。

6. 新时代企业家精神主要特征包括：①创新驱动；②资源整合；③全球化视野；④诚信守法。

7. 新时代企业家精神培育重要路径包括：①着力培育企业家综合素养与价值观；②营造良好的营商环境；③保护企业家合法地位与权益。

 课程思政

1. 企业家要带领企业战胜当前的困难，走向更辉煌的未来，就要在爱国、创新、诚信、社会责任和国际视野等方面不断提升自己，努力成为新时代构建新发展格局、建设现代化经济体系、推动高质量发展的生力军。

2. 开展企业家精神教育，旨在传承弘扬企业家精神，激励、鼓舞、感召学生（员工）的爱国情怀、担当品质、诚信意识和奉献精神，传承爱国精神，砥砺爱国之志，修炼报国行为。企业家精神教育要引导学生（员工）听党话、感恩党、跟党走，坚定"四个自信"，践行"两个维护"。

 读书推荐

《认识管理》

本书原著作者为彼得·德鲁克，由慈玉鹏、周正霞翻译，于2020年由机械工业出版社出版。

本书运用丰富的管理知识和经典的管理案例，帮助读者掌握管理的内在逻辑，思考管理的本质问题。本书具体论述了约瑟夫组织的具体任务及其绩效，协助企业家理解如何使工作富有成效并帮助员工取得成就，在帮助读者理解管理者的工作、岗位和技能的同时，明确阐析了管理组织的社会影响和社会责任。

推荐理由：作者彼得·德鲁克被尊称为"现代管理学之父"，作为管理学科的开创者，他在社会学与经济学界也有着举足轻重的地位。在管理学领域，他是最早对管理规律进行系统总结并促使管理学诞生的管理学家，在目标管理、知识工作者、企业家精神的定义等方面都做出了超前的分析。本书来源于德鲁克本人作为管理顾问的实践经历，并且经过美国课堂的检验，即使是学生也能很容易读懂和理解其思想与见解。

思考练习题

一、选择题

1. （　　）不是企业家精神的内容。

    A. 包容精神　　　　　　　　　　B. 诚信精神

    C. 创新精神　　　　　　　　　　D. 利己精神

2. （　　）不属于新时代企业家精神的主要特征。

    A. 创新驱动　　　　　　　　　　B. 资源整合

    C. 利润导向　　　　　　　　　　D. 诚信守法

二、简答题

1. 简述企业家精神的内涵。

2. 简述影响企业家精神的外部因素。

3. 简述如何培育新时代企业家精神。

 学以致用

选择一个世界 500 强的公司作为案例，运用在本章所学的知识，分析这个公司当前领导人的工作经历和该公司的成长过程，探讨其企业家精神的具体表现。

 案例分析

鲁冠球：新时代民营企业家的榜样[15]

讨论题：

请运用所学知识，结合鲁冠球的示例，分析新时代企业家如何进行企业家精神系统构建。

参考文献

[1] 刘刚，程熙鎔. 任正非的企业家精神与经营管理思想体系研究[J]. 中国人力资源开发，2015（12）：106-111.

[2] 时鹏程,许磊. 论企业家精神的三个层次及其启示[J]. 外国经济与管理,2006(2): 44-51.

[3] 保罗·萨缪尔森,威廉·诺德豪斯. 经济学[M]. 萧琛,译. 北京：商务印书馆, 2014.

[4] 约瑟夫·熊彼特. 经济发展理论[M]. 何畏,易家详,等译. 北京：商务印书馆, 2020.

[5] 吕爱权,林战平. 论企业家精神的内涵及其培育[J]. 商业研究,2006（ 7 ）：92-95.

[6] 郭守贵. 关于新时代企业家精神的几点思考[J]. 新产经,2018（ 5 ）：14-19.

[7] 瞿依贤,王昕. 齐鲁制药李燕：走在创新路上[N]. 经济观察报,2023-07-03（ 3 ）.

[8] 孟华兴,季小江. 企业家的精神发展与企业的创新及其方法[M]. 北京：中国经济 出版社,2012.

[9] 杨俊,张玉利. 基于企业家资源禀赋的创业行为过程分析[J]. 外国经济与管理, 2004（ 2 ）：2-6.

[10] TWOMEY D F, HARRIS D L. From strategy to corporate outcomes: aligning human resource management systems with entrepreneurial intent[J]. International journal of commerce and management, 2000, 10 (3/4): 43-55.

[11] 陈忠卫,郝喜玲. 创业团队企业家精神及其测量[J]. 商业经济与管理,2008（ 9 ）： 23-28.

[12] 王丽敏,肖昆,项晶. 企业家精神理论的演化与新进展[J]. 经济师,2010（ 7 ）： 25-27.

[13] 周亚,袁健红. 新时代企业家精神的塑形要素、内涵特征及构建路径[J]. 学习与 实践,2022（ 12 ）：48-58.

[14] 企业家精神研究组. 犹太人企业家精神[M]. 北京：中国经济出版社,2001.

[15] 吴炯,张引. 中国企业家精神内涵研究：以企业家鲁冠球为例[J]. 管理案例研究 与评论,2019,12（ 3 ）：259-272.

第十章

企业品牌文化

竞争对手可以模仿你的一切，但无法模仿你的企业文化。

——亚马逊集团主要创始人、董事会执行主席　杰夫·贝索斯

 学习目标

➤ 了解企业品牌的含义、本质、特征及价值
➤ 掌握企业品牌文化的内涵
➤ 掌握企业品牌文化塑造的方法

引例

三只松鼠的品牌文化[1]

三只松鼠是由安徽三只松鼠电子商务有限公司于 2012 年在安徽芜湖强力推出的第一个互联网森林食品品牌，主打森林坚果、花茶、干果等系列产品。这是由知名坚果品牌"壳壳果"负责人章燎原新创的一个互联网森林食品品牌。该品牌代表着天然、新鲜以及非过度加工，并且提倡"慢食快活"的品牌理念。

三只松鼠在品牌上注重细节，体现在以下四个方面：（1）在品牌 logo 上，三只松鼠采用漫画式的卡通松鼠形象。首先，坚果是松鼠的主要食物，可以让人第一眼看见就能联想到该品牌的产品类别；其次，松鼠的形象很萌很有趣，买家看到如此可爱的松鼠，怎能不动心？最后也是最重要的一点，它非常便于识别、容易记忆，从而可以在品牌推广中塑造一种活泼可爱并富有亲和力的品牌形象，可以让人对品牌产生美好的想象并留下深刻的印象。（2）在产品层面上，三只松鼠采用人性化萌系包裹以及专利创新坚果包装。（3）在服务模式上，其注重将服务意识融入产品。三只松鼠在每位顾客的包裹里放置了吃坚果所需的果壳袋、湿巾、封口夹等物品，使顾客真正感受到了一对一服务的亲切感。（4）在品牌文化上，三只松鼠融入卖萌文化。这直接拉近品牌与顾客之间的距离，让顾客享受贴心的服务。同时，三只松鼠给产品增加故事以加深顾客的情感体验，浏览其官方旗舰店，就会发现几乎每款产品都配有精心设计的故事和相关配图。三只松鼠带

给消费者的不只是产品，还有感动，这就是三只松鼠的品牌文化。

从上述引例可以看出，三只松鼠的成功得益于独特的企业品牌文化和价值，这说明企业品牌文化对于一个企业的长远发展有不可替代的重要作用。本章将介绍企业品牌的本质及价值、企业品牌文化的内涵和企业品牌文化的塑造。

第一节　企业品牌的本质与价值

当前社会正处于转型发展时期，企业也面临各种风险与挑战，如何适应瞬息万变的社会是每一位企业家应该思考的问题。企业要想抢占市场和赢得广大消费者的青睐就亟须拿出自己的杀手锏——打造企业独一无二的品牌文化。那么到底什么是企业品牌？企业品牌对于一个企业有着怎样重要的作用呢？

一、企业品牌的概念

"品牌"是一种名称、术语、标记、符号或设计，或是它们的组合运用，其目的是借以辨认某个生产者或某个生产者的产品或服务，并使之与竞争对手的产品和服务区别开来[2]。品牌是无形的企业文化与有形的企业产品相结合，是指消费者对某类产品及产品系列的认知程度。企业品牌传达的是企业的经营理念、企业文化、企业价值观念以及对消费者的态度，它为企业差异性较大的产品及服务向外呈现统一的形象与承诺，提升了企业不同产品及服务在消费者心中的形象和知名度。

企业品牌通常与企业所提供的产品和服务相关，一旦确定就不会轻易进行调整，以便客户对其形成清晰且明确的认知。一个优秀的品牌可以成就一个优质的企业，良好的企业品牌可以提升品牌价值，培育忠实的品牌消费者，打造品牌的可持续竞争优势。

二、企业品牌的作用

品牌体现为企业的管理水平、市场影响力，代表着企业的实力和口碑，是企业对消费者的承诺。随着经济蓬勃发展，企业竞争加剧，越来越多的企业选择提供个性化、多元化、能体现企业特色的服务，创建品牌成为企业提升自身竞争力的有效途径[3]。具体而言，创建企业品牌有以下四种作用。

1. 增加企业的凝聚力

企业凝聚力主要指员工在工作过程中相互团结协作的状况，增加企业的凝聚力不仅有利于增强员工对企业的认同感与归属感，培养员工的当家思想与主人翁意识，而且有利于提高员工的工作效率，促进企业的长期可持续发展。

2. 增强企业的吸引力与辐射力

良好的企业品牌可吸引更多优秀人才入驻企业，为企业的发展添砖加瓦，提高企业的品牌知名度。随着企业品牌知名度的提高，外来投资也会增加，这会进一步推动企业的发展，增强企业在目标市场的影响力。

3. 提升企业知名度与市场竞争力

企业品牌与企业的名誉、知名度密切相关，同时也是企业内在文化与综合实力的反映。伴随着经济的蓬勃发展，居民物质生活水平日益提高，消费者在购买时会优先选择质量上乘、品牌信誉良好的产品，因此创建良好的企业品牌有利于提高顾客对品牌的忠诚度，扩大目标顾客群体，增加市场份额，提升企业市场竞争力。

4. 丰富企业文化建设的形式与内涵

企业品牌可准确体现企业的特定特征，企业在文化建设的过程中可将企业品牌作为抓手，拓展企业文化外延，促使企业文化建设更具创新性和个性化。

三、企业品牌的本质及特征

企业品牌的本质可从经营、生命、价值三个方面进行阐述。从经营的角度而言，企业品牌即建立代表企业形象的符号系统；从生命的角度而言，企业品牌的增值是企业品牌形象生命周期的本质特征之一；从价值的角度而言，企业品牌这个无形资产会带来企业产品溢价，从而获得更高的企业利润水平[4]。具体来说，企业品牌有以下五个特征。

1. 品牌具有专属性与排他性

专属品牌可帮助消费者精确识别生产者的销售与服务，有利于培养目标客户群体和建立顾客忠诚度，因此品牌具有专属性。一个成功的品牌往往会给企业带来持续性的巨大的收益，当其他人盗用、仿冒企业品牌时会损害该企业的利益，因此品牌具有排他性，不能与他人共同使用。目前，对品牌的专属性与排他性的保护手段主要有注册商标、申请专利、授权经营等。

2. 品牌具有价值

品牌是企业的一项无形资产，品牌的价值体现在品牌给企业带来的持续性收益，当预计该品牌给企业带来的未来收益较高时，品牌价值较高，反之则较低。品牌的价值短期内较为稳定，但长期会因企业的产品质量、机遇、创新等因素而发生变化。

3. 品牌具有较长的生命周期

品牌的生命周期包括产生、成长、成熟和衰落四个阶段，当品牌处于产生阶段时，知名度较小，品牌美誉度较低；处于成长阶段时，品牌被更多消费者所熟知，知名度提高，企业产品销量增加，企业收益处于飞速增长的阶段；处于成熟阶段时，品牌已经积累一定数量的目标客户，客户群体较为稳定，企业收益处于较为稳定的阶段，品牌知名度与美誉度较高；处于衰落阶段时，之前积累的固定客户群体逐渐流失，企业收益大幅减少。

4. 品牌具有表象性

企业品牌没有具体的物质实体，它通过直接或间接的物质载体表现自己，直接载体通常是指图案、文字、标记和特定的符号，间接载体包括产品的价格、质量等。通过物质载体，企业可向消费者展现其品牌形象及背后蕴含的意义，从而更好地传播企业品牌，树立企业形象。

5. 品牌具有可识别性

品牌代表的是一个企业、一种产品，企业设计品牌形象时主要考虑企业属性和产品属性，企业属性主要包括企业名称、创始人和发展历程等，产品属性主要包括产品造型和产品特征等。当品牌具有较强的可识别性时，企业可借助该品牌开拓新市场和扩张品牌资本。

四、企业品牌的价值

党的二十大提出，我国要继续坚持以推动高质量发展为主题，加快实施创新驱动发展战略，强化企业科技创新主体地位，弘扬企业家精神，加快建设世界一流企业。企业应顺应时代发展潮流，提升自身核心竞争力，实现企业长足发展。无论在国家层面还是企业层面，均要意识到品牌的重要性。品牌对于国家而言是提升国家形象、促进经济高质量发展的重要法宝；对于企业而言是占据市场份额，赢得消费者认可的有力支撑。当前我国的品牌软实力比较薄弱，因而企业走上强企道路需要加强品牌建设、提升品牌价值。企业品牌的价值是其进行营销投资、产品开发、并购决策等的主要依据[5]。

品牌价值是品牌管理中的核心部分，也是品牌区别于其他竞争者的重要标志。品牌资产主要体现在品牌的核心价值上，"品牌价值"源于经济学的"价值"概念，其核心内涵是品牌具有用货币表示的"财务价值"，以利于商品用于市场交换。"品牌价值"的概念表明，品牌具有使用价值和价值。从使用价值的角度看，品牌被更多的顾客认可以及接受，愿意为其付出金钱购买。从价值的角度看，品牌可用货币衡量其财务价值。在如今产品同质化越来越严重的时代，有些企业在经营发展过程中举步维艰，企业能否突破发展的瓶颈主要看该企业的品牌核心价值[6]。

例证 10-1

深圳市航建工程造价咨询有限公司的品牌价值[7]

第二节　企业品牌文化的内涵

在日趋激烈的全球化市场竞争背景下，越来越多的企业选择以品牌取胜。品牌文化是企业独一无二、不可替代的无形资产，彰显着企业追求卓越的精神。优秀的品牌文化能推动企业在市场中占据一席之地，激发消费者的消费欲望。什么是企业品牌文化，它有哪些特质和功能，企业文化和品牌文化两者之间有什么样的关系是本节讨论的重点。

一、企业品牌文化的含义

品牌文化是企业文化与消费者文化的集合体，反映了企业的经营理念、价值观等观念形态和企业在消费者心中的印象，其内容包括名称、包装、广告等有形符号，受众群体包括企业、消费者、竞争者和社会公众等，其影响因素主要有企业精神、愿景、行为规范和个人行为等[8]。

王雯认为品牌应从外层品牌文化、中层品牌文化和深层品牌文化三方面进行理解[9]。其中，外层品牌文化是指消费者最能直接感受到的感官文化信息，如品牌名称、产品商标等外表形式。中层品牌文化是指企业所处的特定社会及国家的主流文化信息，企业的中层品牌文化反映了国家及民族的时代风貌。深层品牌文化是指蕴含在产品中的关于企业经营理念、经营策略和经营方式等的文化信息，消费者可通过了解产品的核心质量信息和售后服务质量信息深入理解企业的深层经营理念并建立品牌信赖。深层品牌文化是品牌文化的核心，是决定产品市场竞争力的关键。

对于品牌文化的认识，何丽认为可从文化现象、消费者和企业价值观念三方面进行理解[10]。从文化现象的角度，品牌文化指的是在品牌培育的过程中企业观念（如价值观、经营观和审美观等）与相关的文化现象的总和；从消费者的角度，品牌文化是指通过建立和传播品牌定位，品牌可获得消费者的高度认同，从而形成消费者忠诚度；从企业价值观念的角度，品牌文化是指企业自身所代表的某种利益认知、情感归属、文化传统和个性形象等价值观念的总和。

企业的品牌可有效彰显企业形象，企业品牌文化作为一种无形资产已经慢慢深入消费者的日常生活，成为打开市场的一把利剑。例如，提到咖啡，大家最先想到的是星巴克，继星巴克以后涌现出众多咖啡品牌，如瑞幸咖啡、福山咖啡、猫屎咖啡等。瑞幸咖啡创立之初的愿景是在门店和杯量上超过星巴克，它以较低的单杯价格推向市场，由于其价格低廉，市场份额迅速扩大。瑞幸咖啡成为众多消费者的首选，并逐渐形成了消费者对瑞幸品牌文化的认可，这也使其在 2019 年成功实现了当初的目标。

二、企业品牌文化的特质

品牌文化不能简单理解为企业文化或消费文化，其本身具有企业文化与消费文化无法比拟的独特性，品牌文化的特别之处在于品牌本身所具备的营销能力和文化共融[11]。总的来说，品牌文化具有以下五个特质。

1. 市场导向特质

品牌植根于市场，成长于市场，具有市场导向的特质。一方面，工厂生产产品，市场产生品牌，品牌的价值是市场所赋予的，是消费者对品牌的认可，市场对品牌是否认可关系到品牌日后走向繁荣还是衰退。另一方面，品牌需要以市场为出发点，以顾客为中心，满足顾客的需求，并以市场竞争获胜为准则，占据更大的市场份额，从而赢取利润，为企业进一步扩张做好准备。

2. 文化表征特质

品牌具有文化表征的特质，该特质通过品牌名称、产品包装、标识、广告等特有的表现方式向消费者传播品牌文化，使其在众多竞争者的产品中易于识别、脱颖而出。消费者的消费过程也是消费者个人感情宣泄的过程。消费者根据个人的好恶进行消费选择，通过选择产品以认识、判断该品牌文化是否与自身价值观相符合。但消费者是感性的，因此消费行为不全是理性的，消费者不可能对所有的消费行为都做出完善的价值判断。品牌的文化表征特质能实现品牌与消费者的双向沟通，实现消费者需求的多样性与品牌的供给相契合。

3. 价值互动融合特质

在品牌的价值互动融合特质中，主要涉及两个概念，分别是品牌资产与品牌文化价值。品牌资产强调的是品牌作为资产对于企业和消费者的积极作用。品牌可为企业创造利润，建立顾客忠诚度，增加企业效益。消费者大多从产品功能和品牌态度两方面评价品牌效用，产品功能即产品在多大程度上可以满足消费者的需求，品牌态度即品牌对待消费者的态度，如售前、售后服务等。品牌文化价值是品牌作为抽象概念时所蕴含的文化价值。通过综合企业和消费者双方的品牌价值观，品牌文化努力寻找双方共同点，并对双方行为不断地进行修正与磨合，逐渐达成共同的价值理念，最后形成一致的品牌文化。

4. 市场竞争特质

品牌需要与其他竞争者竞争才能在市场中生存和发展，因此品牌具有市场竞争的特质。现代的市场竞争不同于以往充满血腥与暴力的商业竞争，企业竞争的艺术性和竞争的双赢模式把企业置于更为注重策略的境地。迈克尔·波特的波特五力模型讲述了综合影响企业吸引力和竞争战略决策的五种力量。品牌在市场竞争中较多采取差异化竞争战略，文化的差异性是无法学习和模仿的，构建具有独特品牌文化属性的品牌能使品牌具有较强的竞争性，从而帮助企业在市场竞争中立于不败之地。

5. 公众传播特质

企业通过品牌这一浓缩了产品、服务、文化和价值观等诸多要素的介质向消费者传播企业文化，宣传企业产品，因此品牌具有公众传播特质。品牌信息传播有深度与广度之分，传播的深度决定了该传播能在多大程度上加深消费者对品牌的认识，广度决定了该传播能在多大程度上提升品牌的知名度。品牌对外代表的是企业在公众心目中的形象，对内代表的是企业的精神价值取向。品牌价值的积累来源于品牌的传播，因此企业必须时刻注意并维护好自身公众形象，注重品牌传播的内容与途径。

三、企业品牌文化的功能

优秀的企业品牌文化是一个企业持续发展的动力，它有利于优化组合企业资源要素、提升品牌价值、使品牌获得更长久的生命力。具体而言，企业品牌文化有以下五种功能[12]。

1. 导向功能

企业品牌文化的导向功能可从企业内部和企业外部两方面展开讨论。在企业内部，通过企业品牌文化建设可以明确企业未来发展的目标与定位，对企业员工的思想和行为起导向作用并引导企业的经营管理与价值取向。在企业外部，通过传播和展示品牌，可以将优秀的企业文化外化为良好的社会形象，吸引更多的消费者并提高消费者对品牌的追随度。

2. 凝聚功能

品牌文化是团队精神建设的凝聚力。品牌文化的传播不仅可以使企业全体员工紧密团结，共同为企业的未来而不懈努力、奋发进取，而且可以吸引新顾客并留住老顾客，提高消费者对品牌的忠诚度，成为品牌的追随者。

3. 激励功能

优秀的品牌文化使全体员工思想统一于企业发展，帮助企业营造良好的工作氛围，从而调动员工工作积极性与主动性，帮助员工实现自身的职业理想，并帮助企业发展以获得超额利润。

4. 约束功能

企业品牌文化作用于道德规范、工作氛围等软性约束，以使企业员工内心与企业核心价值观产生共鸣，约束员工行为，将个体行为从众化，进而塑造企业品牌灵魂，最大限度地发挥品牌文化的作用，使企业获得持续性的发展。

5. 辐射功能

企业品牌文化一旦形成，不仅影响企业内部运行，更能拓展企业对外形象。品牌文化是建设知名品牌的基础，较高的品牌知名度可使企业获得更高的社会认可度，从而助力品牌延伸与品牌国际化，推动企业品牌的发展。

四、企业文化和品牌文化的关系

为了提升企业内部人员的凝聚力和向心力，企业必须建设富有特色的企业文化，通过企业文化这一行为规范和价值指引，促使员工朝共同的目标奋进。品牌文化是企业外部的形象，是消费者认可企业产品的无形资产，企业通过品牌与消费者对话，消费者通过品牌更直观和深刻地了解企业。那么，企业文化和品牌文化之间有什么样的关联，它们之间的区别是什么呢？

优秀企业的企业文化和品牌文化是有机结合、相辅相成、融合发展的。企业文化和品牌文化有以下两种联系。

（1）良好的企业内部文化环境有利于推动品牌外部环境的形成和发展。阿里巴巴集团的使命是"让天下没有难做的生意"，集团立足于维护广大中小企业的利益，让在阿里巴巴数字经济体中的所有参与者都享有成长或获益的机会。企业的业务成功与快速增长的原因主要有两点：一是企业内部尊崇企业家精神与创新精神，敢于创新，勇于尝试；二是企业始终关注与满足客户需求，把客户放在第一位。对内而言，阿里巴巴的成功凝聚了企业内部成员的心血，使内部成员更加团结，最终实现共赢；对外而言，企业的发展关乎着消费者的需求，有利于将企业品牌推向市场。

（2）创造独一无二的企业品牌文化能使企业树立良好的外部形象，激发内部员工的积极性和创造性。华为技术有限公司在 2020 年中国民营企业 500 强中排名第一,其品牌理念是"非极致而不为",其产品从中国香港开始试水,迈向俄罗斯,进军欧美,再到征战亚非拉。华为打造的品牌文化已经走向世界,为其赢得国际声誉。

简单来说,企业文化针对内部员工,品牌文化针对外部消费者。企业文化和品牌文化有以下三种区别。

(1)企业文化与品牌文化的核心含义不同。企业文化是企业长期积淀的、被企业员工广泛接受并共同遵守的价值观、信念和行为方式的总和,它是企业生产与发展的指导思想。品牌文化通过塑造和推广品牌所凝练的价值观念、生活态度、情感诉求、时尚品位等精神特征使品牌兼具人文内涵与企业特征,从而在消费者心中形成对品牌的文化认同与情感眷恋。通过塑造品牌形象和把握消费者心理特征,品牌文化为企业吸引了十分忠实的客户群体,比如瑞幸通过打造便利、低价和新鲜的产品形象吸引有一定消费能力和品位的都市白领群体。

(2)企业文化与品牌文化的作用不同。企业文化是面向企业内部的,主要是明确企业生存与发展的指导思想。企业依据企业文化的指导建立管理制度、提升企业形象、增强企业美誉度和明确公司发展方向。优秀的企业文化不仅有助于企业管理,提升企业管理水平,同时也具有品牌效应。品牌文化是面向企业外部的,主要是通过品牌定位,利用强有效的传播途径打造和营销企业品牌形象,赢得顾客忠诚,从而增强企业的市场竞争力。

(3)企业文化与品牌文化的培育方法不同。在企业中,企业文化和品牌文化培育分别由两个部门负责,而部门员工未必能正确认识企业文化与品牌文化之间的密切关系,从而导致二者培育过程中的思路与方法出现较大差异,因此部门间的沟通与协调工作在其中发挥着重要作用。品牌文化的培育就如同恋爱,消费者选择了某种品牌,使用后如果感觉不好,就会拒绝"与其继续交往";反之,如果该品牌满足或超过了消费者的使用预期,消费者就会逐渐形成对该品牌的忠诚度。而企业文化的培育就如同婚姻,员工是否认同企业文化会直接影响员工的工作热情,如果认同则工作热情高涨,反之则工作情绪低落,影响工作效率。员工做出加入企业的选择可能主要考虑三个方面的因素:一是物质的,即该岗位能给自己带来多少收入,自己的付出能否与收入成正比;二是精神的,即自己是否喜欢这个企业的工作氛围,与领导和同事的关系是否和谐;三是工作层面的,即自己能否得到公司重用,未来的职业生涯发展是否符合自己的职业规划等。员工对于企业文化的感受主要依赖其在实际工作中的体验,如人际关系、公司氛围、奖惩措施等。

例证 10-2

古驰品牌文化内涵建构[13]

第三节 企业品牌文化的塑造

现如今既是知识经济的时代，也是品牌经济的时代。当今社会企业之间的竞争日趋激烈，各企业之间的竞争不再局限于价格、成本、核心技术等方面，而逐渐聚焦于企业品牌文化，充分发挥品牌效应的作用已成为各行业、各企业追逐的热点。企业重视品牌文化的力量不仅能提升企业产品的文化内涵、企业自身的美誉度和企业的形象，还能与消费者产生情感上的共鸣，获得更多的收益，从而使企业永葆生机与活力。那么，为何企业品牌文化塑造如此重要，在塑造过程中需要遵循什么样的原则，以及如何进行企业品牌文化的塑造？这些是本节探讨的话题。

一、企业品牌文化塑造的重要性

我国的经济发展已由高速度增长阶段向高质量发展阶段转变，目前市场竞争日趋激烈，企业传统的经营模式逐渐被淘汰，各企业正在寻找更加适合的生存之道，对内塑造优秀企业文化以增强员工的凝聚力，对外打造企业独有的品牌文化来吸引更多消费者。塑造优秀的企业品牌文化是应对经济全球化的战略需求，成为各企业制胜的关键之道[14]。总的来说，企业品牌文化塑造的重要性表现在以下三个方面。

1. 企业生产和发展的重要基础

随着经济社会的发展，社会对企业生产目标和发展战略都提出了新的要求，因此企业之间的竞争越来越激烈，而企业获得发展的关键是塑造优秀的企业品牌文化，用品牌为企业创造利益。品牌文化作为企业生存与发展的重要根基，贯穿于企业发展的各个方面，直接或间接地影响着企业的生存与发展，也是企业转变发展思路、不断提升自身竞争力的关键所在。

2. 企业适应全球化竞争的关键措施

在经济全球化的背景下，企业面临着机遇与挑战并存的局面。不同地区之间商品与货物有效流通，实现经济协同发展，但消费者可选择产品种类也逐渐增多，同类产品数不胜数，品牌是帮助企业在激烈竞争中立于不败之地的有力武器。企业品牌充分展现了企业文化的内涵与深度，从中体现产品的特点与质量。知名度较高的品牌意味着其产品受到更多消费者的认可，具有更好的口碑，从而在消费者中形成品牌效应，吸引更多的消费者购买企业产品。我国作为经济大国，品牌影响力与一些国家仍存在较大的差距，因此我国需要加大企业品牌文化建设的力度与关注度，激励各企业创建企业品牌，形成自身竞争优势。

3. 新时期国家发展战略的需要

我国经济发展进入新常态，在此重要的转型时期，企业应根据新的发展需求适时转变发展目标与发展战略。面对不断恶化的竞争环境，塑造良好的品牌文化成为企业在新常态下长期健康发展的重要基础。企业应深入认识与分析新常态对企业的影响，充分意识到企业品牌文化对企业生存发展和扩大竞争优势的重要性。借助新常态的发展理念与未来趋势，企业应提升对自身的品牌文化定位，并根据实际采取切实有效的措施以塑造品牌文化。

二、企业品牌文化塑造的原则

企业品牌文化的塑造不是一蹴而就、一朝一夕的，而是需要一点一滴的努力，日积月累的坚持。企业品牌文化塑造应遵循以下四大原则。

1. 以人为本的原则

以人为本是指在企业管理过程中管理者要贯彻人本管理思想，一切以人为中心，倾听员工声音以了解其真实需求，重视员工成长以提高员工工作效率与归属感，从而打造企业与员工双方共赢的局面。塑造以人为本原则下的企业品牌文化主要体现在以下两个方面：首先，确定企业的核心价值观，树立共赢、积极、奋进的价值理念，将员工视为企业最宝贵的核心资产，强调员工应发挥主人翁精神，积极参与企业管理，健全企业管理体制，优化企业管理质量与效率。其次，应多层次、分阶段落实人本管理。企业文化建设需要管理者以身作则，自上而下通过多种宣传途径强化以人为本的意识并贯穿于员工培训、日常管理、员工激励等环节，从而使全体员工达成共识，让以人为本的理念深入人心。

2. 实事求是的原则

企业品牌文化建设需要与企业实际相结合，通过一定的载体体现企业自身特色。首先，应考虑企业内部环境，如企业性质、企业战略与企业产品等，由于不同企业的特点及发展规律不一致，因此建设品牌文化时应一切从实际出发，实事求是，并设立相关的组织机构以保证品牌文化建设的有效实施。其次，应考虑企业外部环境，如政治、经济、文化等方面，这些因素直接影响管理者的想法与行为，从而间接影响企业文化建设。

3. 重在领导的原则

企业领导者的思维、言行、格局与胸怀对构建企业品牌文化具有重要影响，甚至关乎企业的生死存亡。管理者应率先垂范、以身作则，为企业品牌文化的形成提供可见的形象并由此产生良好的示范效应，增强组织的凝聚力。各级领导干部应尊重员工的基本权利，营造良好的工作氛围，给予员工足够权利与空间解决问题，从而形成"自上而下"和"自下而上"相结合的企业文化，有助于增强组织凝聚力和提升企业核心竞争力。

4. 系统运作的原则

企业品牌文化建设是一项长期性、系统性工程，需要高层管理者、中层管理者和基层员工齐心协力，坚持不懈地分层次、分步骤推进品牌建设工作。高层管理者应吸取成功企业的经验，高瞻远瞩，根据企业的发展目标和方向制定完整的企业文化体系。中层管理者应作为高层管理者和基层员工沟通的桥梁，正确理解上级制定的企业文化体系并向下级员工进行相关专业培训。基层员工应积极参与企业文化建设并向上级反馈想法与意见，从而完善企业品牌文化。

三、企业品牌文化塑造的路径

企业品牌文化的塑造可分为三个维度：物质、精神和行为。物质维度是指围绕企业特征创造独特的象征符号；精神维度是指传播品牌传记等；行为维度是指营造仪式化氛围和创建品牌社区等。任慧娟提出企业品牌文化塑造有以下五种路径[8]。

1. 创造独特的象征符号

企业应根据品牌文化内涵创造独特的象征符号，如品牌名称、品牌标识、形象代表、包装、口号等，并通过多种传播方式让大众熟知。企业创造象征符号时，应注意以下五点：一是品牌名称应具有一定的象征意义，以给消费者良好的品牌联想；二是品牌标识应兼具造型独特和内涵丰富的特点，以帮助品牌在市场上被消费者识别。三是形象代表应有助于消费者了解品牌，增加品牌的生动性与趣味性；四是注重包装三要素的特征，文字要简短易读，图案要形象生动，造型要贴合顾客喜好；五是口号要朗朗上口，易于区分。

例证 10-3

苹果公司的商标变化[15]

2. 营造仪式化气氛

企业将产品名称或使用产品的过程仪式化，以营造仪式化氛围，加深消费者对品牌的印象，让消费者在特定的时节或场合想起该产品。例如，旺旺集团的旺旺大礼包以其宣传口号而为人熟知，"人旺气旺身体旺，财旺福旺运道旺"，这使得消费者总在过年等喜庆时节想起它，使得旺旺产品不仅具有实用的功能属性，而且带有祝福的含义。

3. 塑造英雄人物

塑造一位能代表企业形象的英雄人物。这位人物可以是企业内部的管理者，也可以是企业外部的代言人。他们的模范行动和个人魅力对内部的员工起着重要的示范作用，对外部的消费者展示着优秀的企业形象与企业文化。

例证 10-4

褚橙的品牌故事[16]

4. 创建品牌社区

随着互联网的高速发展，新媒体的发展呈现出日新月异的态势，信息技术的发展和线上消费市场的扩大促使企业的营销活动向线上渠道转移，因此许多企业建立了品牌社区，以为消费者提供相互交流的平台。在品牌社区这一重要平台上，消费者围绕品牌展开沟通交流，已经购买产品的顾客主动分享使用产品、购买服务等的经历和体会，进而影响其他消费者的购买决策，这有助于逐步加深消费者对企业的品牌满意度、认同度与忠诚度。品牌社区的产生不仅丰富了消费者与品牌联结的渠道和方式，而且帮助企业有效进行社会化媒体营销，塑造企业品牌文化。

5. 传播品牌故事

每个企业的成长历程是与众不同、无可复制的，宣传品牌故事是企业重要的营销方式之一。品牌故事是企业根据需要，用叙事的方式有选择性地讲述品牌的起源及发展历程。企业应全方位深入挖掘企业特色，凝练品牌文化价值理念，积极运用新媒体传播手段，通过品牌故事建立起与消费者沟通的桥梁，让消费者认识到企业鲜明的品牌文化，从而提高消费者对品牌形象的认知，使企业品牌文化得到更好的宣传。

例证 10-5

传统文化品牌传播的创新——以故宫博物院为例[17]

📝 本章小结

1. "品牌"是一种名称、术语、标记、符号或设计，或是它们的组合运用，其目的是借以辨认某个生产者或某个生产者的产品或服务，并使之与竞争对手的产品和服务区别开来。企业品牌传达企业的经营理念、企业文化、企业价值观念以及对消费者的态度。

2. 企业品牌有以下四种作用：①增加企业的凝聚力。②增强企业的吸引力与辐射力。③提高企业知名度与市场竞争力。④丰富企业文化建设的形式与内涵。

3. 企业品牌的五个特征：①品牌具有专属性与排他性。②品牌具有价值。③品牌具有较长的生命周期。④品牌具有表象性。⑤品牌具有可识别性。品牌价值是品牌管理的核心部分，也是品牌区别于其他竞争者的重要标志。"品牌价值"源于经济学中的"价值"概念，其核心内涵是品牌具有用货币表示的"财务价值"，以利于商品用于市场交换。

4. 品牌文化是指企业自身所代表的某种利益认知、情感归属、文化传统和个性形象等价值观念的总和。它的五个特质分别是：市场导向特质、文化表征特质、价值互动融合特质、市场竞争特质和公众传播特质。它具有以下五种功能：导向功能、凝聚功能、激励功能、约束功能及辐射功能。

5. 优秀企业的企业文化和品牌文化有机结合、相辅相成、融合发展。企业文化和品牌文化有以下两种联系：①良好的企业内部文化环境有利于推动品牌外部环境的形成和发展。②创造独一无二的企业品牌文化能使企业树立良好的外部形象，激发内部员工的积极性和创造性。企业文化和品牌文化有以下三种区别：①企业文化与品牌文化的核心含义不同。②企业文化与品牌文化的作用不同。③企业文化与品牌文化的培育方法不同。

6. 企业对内塑造企业文化以增强员工的凝聚力，对外打造企业独有的品牌文化来吸引更多消费者。企业品牌文化的塑造对企业的生存和发展至关重要，是企业生产和发展的重要基础，是企业适应全球化竞争的关键措施，也是新时期国家发展战略的需要。

7. 企业品牌文化塑造的原则：以人为本、实事求是、重在领导、系统运作。企业品牌文化塑造的路径：创造独特的象征符号、营造仪式化气氛、塑造英雄人物、创建品牌社区以及传播品牌故事。

 课程思政

1. 企业在打造属于自己的企业品牌文化时，一方面需要深刻领悟思想政治的重要内涵，在企业的发展过程中充分领悟并施展思想政治工作对企业发展和员工工作的指导和服务作用，另一方面需要完善企业的思政体系，建立协同联动的线下思政舆情工作网络。

2. 企业品牌文化的塑造离不开与社会中正确舆论的结合。企业的思想政治工作者可以通过强化内部的思想政治教育和培训，在企业内部形成良好的文化氛围，加大企业品牌文化在社会经济发展方面的引导力度，在社会市场中形成良好的舆论导向。通过正确舆论的把握和引导，进一步提高社会层面对企业品牌文化战略的认同，实现企业品牌的高效价值。

 读书推荐

《品牌文化战略与创新》

本书由张雁白编著，于 2011 年由经济科学出版社出版。

本书由三部分构成，第一部分主要论述品牌文化是品牌核心价值的体现，讲述品牌文化的基本概念、品牌特性与品牌文化的关系以及品牌文化的载体。第二部分主要介绍品牌文化基本战略分析，包括品牌文化的定位战略、品牌设计文化战略、品牌包装文化战略、品牌销售文化战略、品牌文化传播战略以及品牌服务文化战略。第三部分主要进行品牌文化战略创新重点分析。

推荐理由：品牌文化可以缩短品牌与消费者之间的距离，建立有效的消费者—品牌关系，让消费者理解品牌、接受品牌、体验品牌，进而喜爱品牌、忠诚于品牌。品牌文化是品牌与消费者价值共融的结果。本书旨在为企业如何构建良好的品牌文化提供有益借鉴和参考，对促进现代企业的发展与繁荣具有重要的意义。

思考练习题

一、选择题

1. （　　　）不是品牌文化塑造的基本原则。

    A. 以人为本原则　　　　　　　　　B. 重在领导原则

    C. 实事求是原则　　　　　　　　　D. 个体运作原则

2. 以下关于企业品牌特征的表述中，不正确的是（　　　）。

    A. 企业品牌是企业独一无二的有形资产

    B. 企业品牌创立后会存在各种风险性因素，对企业发展有利有弊

    C. 企业品牌具有排他性，品牌拥有者享有品牌的专有权

    D. 企业品牌的呈现需要一定的物质载体

二、简答题

1. 简述企业品牌文化的含义及功能。

2. 简述企业文化和品牌文化的关系。

3. 请结合当下企业发展的实际情况，谈谈如何进行品牌文化的塑造。

 学以致用

    选择一个你感兴趣的企业，尝试运用在本章所学的知识，分析该企业品牌文化发展的困境以及如何进行改进，以使企业健康发展。

案例分析

迪奥的时装品牌文化[18]

讨论题：

1. 请运用所学知识，试分析迪奥品牌文化的内涵。

2. 迪奥品牌文化的塑造对其他企业有何借鉴意义？

 **参考文献**

[1] 张景云，王雨藤. 符号学视域下以"卖萌"为核心的品牌建设研究："三只松鼠"的案例研究[J]. 品牌研究，2017（2）：32-38.

[2] 菲利普·科特勒. 营销管理：第9版[M]. 梅汝和，梅清豪，张桁，译. 上海：上海人民出版社，1999.

[3] 程安顺，李鹏惠，邓洪娟. 品牌强国背景下建筑企业品牌建设的路径分析[J]. 安徽建筑，2020，27（9）：254-256.

[4] 金卓. 浅析企业品牌形象的本质功能[J]. 旅游纵览（下半月），2014（3）：255.

[5] 闫明杰. 管理者能力对企业品牌价值的影响研究综述及展望[J]. 财会月刊，2020（17）：99-104.

[6] 许蔚，傅莉，业涛，等. 品牌价值评估的技术方法探讨[J]. 中国农业会计，2019（9）：89-93.

[7] 深圳市航建工程造价咨询有限公司. 深航建：企业品牌的建设与价值[J]. 工程造价管理，2020（4）：71-76.

[8] 任慧娟. 企业品牌文化塑造探析[J]. 现代商业，2020（16）：3-4.

[9] 王雯. 浅析新时代企业品牌文化建设[J]. 经济师，2020（3）：282.

[10] 何丽. 企业品牌文化的培育研究[D]. 北京：首都经济贸易大学，2008.

[11] 朱立. 品牌文化战略研究[D]. 武汉：中南财经政法大学，2005.

[12] 张延斌. 品牌管理[M]. 天津：南开大学出版社，2016.

[13] 谢宏兴. 基于品牌文化视角下的奢侈品艺术营销策略：以古驰Gucci时装品牌为例[J]. 现代营销（经营版），2020（9）：174-175.

[14] 亢晓昉. 新常态下我国企业品牌文化塑造策略研究[J]. 商业经济，2017（10）：61-62.

[15] 雅瑟，萌萌. 乔布斯全传[M]. 武汉：华中科技大学出版社，2011.

[16] 姚小飞. 品牌IP[M]. 北京：中国纺织出版社，2022.

[17] 徐惠孜. 传统文化品牌传播的创新：以故宫博物院为例[J]. 青年记者，2019(26)：98-99.

[18] 郭霄霄. 从迪奥大展谈服装品牌文化的塑造[J]. 服装设计师，2020（9）：56-59.

第十一章
企业的家文化

天下之本在国，国之本在家。

——《孟子》

 学习目标

➢ 了解中国传统家文化的内涵及其发展
➢ 掌握家文化思想在现代企业治理中的体现
➢ 掌握企业的家文化的特征和影响
➢ 掌握家文化与现代企业治理的融合途径及实际应用

引例

民生公司的家文化[1]

民生公司由卢作孚先生于 1925 年成立，经过十余载的发展，民生公司成为长江上最大的民营轮船公司。虽然 1953 年民生公司因政治原因宣布停业，但卢作孚之子卢国纪于 1984 年重新组建公司，经过多年的沉淀，民生公司如今成为集航运、能源、地产、物流多重业务为一体的大型经营集团。民生集团多次成功、经久不衰，靠的是其对中国传统"家"文化的不断超越和发展。

在民生公司创立初期，西方行为科学理论尚未出现，但民生公司已经懂得运用相关管理方法让员工对企业产生"家"的向心力。企业不仅建立了公平的提薪晋升机制，还制定了完备的福利制度以满足员工的物质需求；同时为了保障员工的安全，企业制定了《职工互助保险章程》，并规定只要员工没有严重触犯公司制度规则，事实上都能够享有终身雇佣制，这种做法在当时的中国乃至西方发达资本主义国家都绝无仅有；企业也注重通过定期召开会议、举办团队旅行、组织集体体育活动、举办职工-乘客联谊会等形式，让员工感受到自己在企业大家庭中占有一席之地，确保员工的高层次精神需求在企业家庭氛围中得到满足，努力培养员工的"大家"意识。

除了致力于照顾好"大家"中的"小家"，民生公司在战乱年代的家国情怀更是值得敬畏。在多艘轮船被炸沉的情况下，民生公司花费高达 1.5 亿元打捞并修缮船身，为的就是给国家抗战运输工作做好充分准备；而当 1936 年四川遭遇百年一遇的旱灾，省内物资短缺、物价暴涨的时候，民生公司经研究决定采用三段式航行方案，以水陆两路接力的方式向灾区不断运送紧缺物资，即使这大大增加了公司的运输成本，民生公司也在所不辞。

引例中的民生公司之所以能够长盛不衰，其优秀的家文化思想及对应的企业文化是关键。即使上述例子发生于 20 世纪，但其积累下来的宝贵财富必然是当今民生集团的一大文化财产，这对于现代家族企业的发展至关重要，其家文化建设的成功经验也值得其他现代企业学习借鉴。本章将在介绍中国传统家文化的内涵及发展的基础上，着重向读者展示家文化如何与当代企业治理结合，在洞悉家文化对企业的影响的同时，提出现代企业的家文化建设的相关建议。

第一节　家文化的内涵与发展

在中国传统文化中，家文化一直占据着重要地位。它不仅体现了中国传统文化的突出特征，也早已深入我们日常生活的方方面面。本节将在对"家"这一概念进行溯源的基础上，结合相关事例对家文化的内涵展开深入阐述，并带领读者全面领略家文化的发展历程。

一、中国传统家文化

（一）"家"的溯源

"family"一词源起于拉丁语中的 familia，其本意并非家庭或家族，也并不特指夫妻子女等家庭成员，而是专指某人的所有奴隶。当近代英语中翻译为 family 后，其概念及内涵逐渐拓宽，根据《美国传统辞典》的解释，family 一词具有两层典型含义：第一层含义是指人类最基本的群居单位；第二层含义是指长期居住在一起的、具有共同价值观念的两人或多人。

我国学界对"家"的概念也看法不一，大致上可分为以下四种观点：①许慎在《说文解字》一书中提及的家居说，即"家"是人们的居住场所；②清朝吴大澂提出的家庙说，即家在古代是进行祭祀活动的场所；③罗琨和张永山在家庙说基础上发展得出的社会组织说，即由于氏族的出现时间比宗族早，因此"家"本质上是一种社会组织而不仅仅是祭祀场所；④梁颖的家族说，即"家"事实上是以血缘关系为基础的居住单位和财产单位[2]。

由此可见，对中国人来说，"家"的含义更加丰富，主要包括以下三大内涵。

（1）"家"可以是指我们日常生活起居的物理空间。在"家"的概念出现之前，人类一直过着游猎生活，并没有固定的居所。后来，人类将游猎时抓到的猎物绑在山洞里，为了看守猎物，人类便在山洞中定居了下来，"家宅"的概念开始出现。这里的"家"指的就是人类生存、生活的场所。

（2）"家"也可以表示一种关系网络。在中国这种人情社会中，"家"是一种界限模糊的团体。比如，"自家人"可以指自己的伴侣、子女以及伯叔侄等亲戚，而在有的情况下，"自家人"又可以指那些与自己同乡或者与自己具有相同立场和共同利益的人。

（3）"家"还是我们精神的归属，是我们道德规范和价值标准的主要来源。时至今日，社会生活发生了天翻地覆的变化，而"家"仍然是维系中华民族精神领域的圣地。对大多数中国人而言，他们的性格、人格和价值观等都会受到家庭文化、教育的熏陶。"家"始终是中国人心中的归属，春节过年回家这一传统，成就了世界上最大规模的集体迁徙，也只有"家"才有如此强大的感召力[3]。

"家"在中国人心中占据了一个不可替代的地位。中国人的社会生活也几乎都是围绕"家"来开展的。中华民族在"家"中起居吃喝，繁衍生息，接受初始教育，用勤劳和智慧建设自己的家园，并通过数千年的文化历史演变，形成一套中国传统的家文化。

（二）中国传统家文化的内涵

那么，什么是中国传统的家文化呢？从定义来看，中国传统的家文化是以血缘亲情为纽带，以家庭、家族为其实体存在的形态，以父系原则为主导，以家庭、家族成员之间上下尊卑、长幼有序的身份规定为行为典范，以祖先崇拜和家族绵延兴旺为人生信仰的一整套家法族规，并把这一套家法族规从理论上升华泛化到全社会的各个层面，从而成为人类文化传统中占据统治地位的思想体系[4]。

中国传统的家文化内涵丰富，涉及范畴广泛，其中最为核心的精神与理念在当今仍具有积极作用，值得我们总结与汲取。中国传统的家文化的核心精神主要有修身、勤俭、行孝、和睦四个方面[5]。

1. 修身为本

修身一直是中华优秀传统文化的精髓，也是中国传统家文化的核心思想。"修身齐家治国平天下"，《礼记·大学》不仅指出修身对于"齐家""治国"乃至"平天下"的重要意义，更提出"自天子以至于庶人，壹是皆以修身为本"，显然这已经超越了狭义的大学之道，更多地指向芸芸众生应具备的人生之道。"修身"的根本内涵在于学会做事之前先学会做人，只有在人格上不断完善自己，努力提高自己的思想道德境界，通过"格物、致知、诚意、正心"的方式培养高尚的道德情操，个人才有不断发展的机会，家庭才能获得安定，国家也才有繁荣富强的可能。

2. 勤俭持家

勤俭持家是中国传统家文化精神内涵的重要组成部分，是中华民族几千年来的传统美德。中华民族历来重视勤俭，"勤俭"一词最早可以追溯到先秦典籍《尚书·大禹谟》中的"克勤于邦，克俭于家"，其原意为赞扬大禹既能勤劳地效忠国家，又能节俭地主持家政，后引申为"克勤克俭"来形容一个人既勤劳又节俭。勤俭既是一种个人品德，也是治家治国的重要法宝。对个人而言，勤俭代表着修身养德，体现一个人自我约束的能力，其价值观指导下表现出来的行为显示着个人追求合适而非世俗的品质；对家庭和国家而言，勤俭不仅是对家庭幸福的筹划，更是社会责任的担当，对于减少铺张浪费和树立社会良好风气具有重大意义。

3. 奉行孝道

"百善孝为先。""孝"向来都是中国传统家文化中家庭道德观的核心。中国传统家文化中的"孝"主要包括以下三个层面的含义：①孝养，即奉养长辈，这主要是指在物质生活上对父母进行赡养；②孝敬，即尊敬长辈，这要求人们不仅需要在物质上赡养父母，还需要在精神上给予父母足够的关怀与陪伴；③孝顺，即顺从长辈，对于长辈的志向与爱好要尽可能地给予尊重和顺从。在对自家长辈履行"孝道"的同时，"孝"更要推己及人，老吾老以及人之老，只有对所有长辈都奉行"孝"这一传统美德，才能为营造社会良好道德氛围贡献自己的一分力量。

4. 以和为贵

以和为贵同样是中国传统家文化的基本精神。要想家门兴旺，家庭成员之间必须保持和睦；要想社会得到发展，社会成员之间也需要保持和谐相处。与"孝"类似，"和"可分为以下四大层次：①己和，即保持身心之和，确保自己的身体与思想之间的协调；②人和，这既包括家庭成员之间的和睦，也包括社会成员之间的和谐；③社会之和，即人的发展与社会整体的发展要保持一致；④自然之和，即人类的发展需要遵循自然规律，与大自然保持协调。当然，"和"不等同于"同"，在追求"和"的过程中需要讲究原则，也只有求同存异才能为个人带来真正的发展契机，促进家庭成员乃至社会成员共同进步。

二、中国传统家文化的发展

（一）传统家文化的载体——家训家风

作为中华传统文化的重要组成部分，家文化从诞生之日起便带有浓郁的儒家文化色彩。而在古代，为达到良好的文化继承和传播效果，家文化一般以家训为物质载体进行传播。

作为我国最早的古训，《周公诫子》便是周公向儿子传递礼贤下士、励精图治的家文化的最好例证；而作为儒家学派的集大成者，孔子对儿子的诫言"不学礼，无以立"也是孔氏家族以"礼"为核心的家文化的集中体现。东汉时期，班昭所著《女诫》成为我国最早成体系的家训，其中详细解释了女子应秉持的妇德、妇言、妇幼、妇容四德之仪，而之后颜之推的《颜氏家训》更是中国史上最具代表性的体系宏大的家训，其内容包括子女教育、道德修养、家庭关系、为人处世等，不仅内容翔实，还具备极高的文学价值。

伴随着朝代的更替，中国传统家文化在不同时期表现出不同的时代内涵。但不可否认的是，中国传统家文化始终在儒家思想的指导下发展，家文化中的"家"字在不同时期总承担着以下相同的作用：①"家"回答了"我为何在此"的问题，阐述了个人生存的意义；②"家"中成员不仅包括在世亲人，也包括逝去的亲属，因此祭祀是每个家族的头等大事；③"家"是传统道德规范的起源，儒家思想中的"三纲五常"里的许多内容均来源于此。但是传统家文化中部分内容仍带有封建社会的思想糟粕。因此，当五四运动吹响中国新民主主义革命号角并提出"反帝反封建"口号时，传统家文化中的封建因素便成为主要的批判对象，中国家文化由此迎来新一轮的发展。

例证 11-1

唐朝宰相卢怀慎的廉洁家风[6]

（二）"反帝反封建"时期的家文化

儒家思想的内在矛盾成为反对封建礼教的家文化的根源。儒家思想始终坚持以"仁"和"礼"两字为核心，其中"仁"强调每个人都应具备恻隐之心，培养以天地大德为本的"爱人之心"，也就是说"仁"的精神在于对个人权利的保障，对弱势群体（如妇女、幼童等）给予更多关爱；与此相反，"礼"更多为封建统治者实现专制统治服务，其强调基于"三纲"的等级森严的封建制度，此时，家文化不再是强调人本的思想动力，而是成为旧社会实行剥削压迫的统治工具，尤其是"仁"中的弱势群体在"礼"的思想下不仅得不到更多的关爱，反而失去了社会地位，成为遭受封建剥削的重点弱势人群，因此，"郭巨埋儿"等荒谬故事才会层出不穷。

当原始儒家思想期待的大同社会被现实中以自己为中心的差序社会所取代，家文化的内部矛盾最终转化为社会的外部冲突，导致进步知识分子对中国传统家庭制度的批判，他们主张通过改造家族制度来最终达到推翻封建专制主义的目的。

"走出家庭"是五四运动时最为响亮的口号之一。正如五四运动的思想领袖陈独秀所言，东西方文明的根本差异在于西方世界强调以个人为中心，而东方文明则更加强调家庭的根本地位。他还指出，由于家本位思想的存在，个人的独立人格和思想自由均遭受损坏，公民的法律平等权利被无情剥夺，个人在封建家庭中也会形成巨大的依赖性，因此为了取得真正的自由，青年们需要从"走出家庭"开始做起，勇于批判家本位主义。无独有偶，鲁迅先生、巴金先生在其著作中分别猛烈对"家"进行抨击，认为"家"不仅是毁灭青年幸福之处，更是"哥哥吃了妹妹的肉"的"吃人"场所，曹禺先生更是认为封建家庭关系就是阶级关系的根本反映。可以看出，五四运动期间的家文化发展重点在于对差序等级思想的批判。

但是，这种上层建筑的求变却缺乏一定的经济基础：走出家庭之后，又该去向何方？当时中国仍处于自给自足的自然经济之中，家庭仍是最基本的生产单位，在这种社会生产制度下"走出家庭"只会意味着失去生产资料，失去赖以生存的物质基础。可此时反帝反封建的形式要求中国家文化必须立刻做出改变，在现有的生产力和生产关系下，中国革命队伍发展出独属于中国战争年代的家文化。

（三）革命时期的家文化

在个人无力推翻封建家庭的情况下，中国共产党在家文化范式下，建立了一个有理想、有纪律却又不乏温暖的"革命队伍之家"以代替传统的封建之家。总体上，革命时期的"革命队伍之家"具有以下两个特点。

1. "革命队伍之家"既具有共同的信仰理想，又有强有力的约束机制

如果只有理想信念，没有组织约束机制，容易导致一味追求个人为本，缺乏足够的契约精神，团队成员尤为自由散漫，组织犹如一盘散沙；而如果具备强有力的组织管理，却没有形成共同的信仰理想，便会向传统的封建之家靠拢，难以形成真正的内部凝聚力。"革命队伍之家"设置军事和政治两种领导的方式，前者负责下达命令，后者负责思想教育工作，达到刚柔并济的效果，使得革命队伍成员既具备充足的纪律性和执行力，也能感受到来自组织的殷切关怀，实现共同信仰，达成理想与组织约束管理的真正统一。

2. "革命队伍之家"很大程度上消除了儒家思想中"仁"与"礼"的内在矛盾

这是"革命队伍之家"最具革命性的一大特点。在革命队伍中，"礼"的意识在很大程度上得到淡化，军民一家亲、领导干部身先士卒、同志之间相互照顾，为的便是共同的革命理想；"天下为公"的大同理想在革命队伍中得到了真正体现，每个人都能在组织中找到情感寄托，传统"家"的各种功能在革命队伍中几乎都能被代替，甚至还能做得更好，"大家"的意识也在此时根植于每个革命成员的心中。

但是，随着革命取得胜利，情况也发生了巨大的变化。由于"革命队伍之家"是针对旧社会而形成的特殊时期的"家庭"形式，当外部压力消除时，其性质便会发生翻天覆地的变化：传统家文化开始以"革命队伍之家"为寄主谋求复活，"特权家庭""普通家庭""黑五类家庭"等家庭分级的出现，宣告着传统等级之家的回归以及"革命队伍之家"的结束，如何在经济迅猛发展的新时期孕育新的健康家文化需要进行新一轮的思考。

（四）改革开放年代的家文化

随着经济社会的快速进步，改革开放年代背景下的家文化更加注重个人与家庭之间的平等互动，具体表现为物质层面的"走出家"以及精神层面的"回归家"的并存[7]。

1. "走出家"

在人民公社制度下，原有"革命队伍之家"的意识使得个人具有户籍制度、档案关系、票证制度等一系列家庭束缚，改革开放后经济的迅速腾飞使得这些束缚失去原有意义。随着社会主义市场经济的建立，个人越来越多地选择外出务工、经商，而非只有在家务农这种单一的发展选项，再加上东西方文化交融速度加快，越来越多的年轻人受到西方个人本位观念影响，这使得个人在思想和物质上都具备了"走出家庭"的条件。与此同时，科技的迅速发展也使得家庭长辈的各种经验迅速过时，对家庭的控制力大大削弱，个人与家庭的关系更加平等。

2. "回归家"

如果说"走出家"更多的是人们为了满足物质需求，那么"回归家"更多的是人们关注精神层面的需要。市场经济的发展固然满足了现代人丰富的物质生活需要，但与此同时也带来了一系列前所未有的不确定性，人际关系也在各种物质风险之下变得更加错综复杂。在这种情况下，基于血缘的亲情关系仍是最为可靠的人际关系，"家"往往成为个人最后能够依赖的对象。我们能够看到，近些年来翻修祠堂的现象越来越普遍，这其实也是为了加强"家"的认同感，让家族成员能够在瞬息万变的现代社会中找到穿越时空的情感寄托和依靠。

三、家文化的当代价值

在中国特色社会主义新时期，逐渐发展成形的新时期中国家文化对中国特色社会主义文化建设具有重大意义。在倡导构建人类命运共同体的今天，家文化对于协调国家关系、构建和谐世界也具备充分借鉴价值。

（一）家文化与中国特色社会主义文化建设

中国特色社会主义文化既起源于中华民族五千年历史长河，又在中国特色社会主义伟大实践中不断发展，是促进当代中国经济政治发展的重要助推剂。而作为中华优秀传统文化的重要组成部分，家文化的建设对于中国特色社会主义文化建设的重要性不言而喻。

首先，家文化是培养家国情怀的重要路径。在中华文化中，"家"永远是"国"的"基因"，家文化是中国文化体系的基础，而国文化则是家文化的积淀与扩展。由于家庭与国家在组织形式与结构上存在许多共同之处，因此这种纽带关系能把家庭、家族与社会联系在一起，对家国情怀的孕育和发展起到至关重要的作用。

其次，中国特色社会主义家文化建设有利于家庭幸福与社会和谐。现代社会在进步，与此同时产生的家庭问题也在急剧增加，孝道衰落、代际冲突、离婚率攀升等种种问题告诫我们：在快速发展的时代更要重视家庭小集体的建设。只有形成良好的家庭风尚，才能确保邻里和睦，国家的稳定繁荣才有保障。

最后，中国特色社会主义家文化建设助推社会主义核心价值观落地生根。价值观念看似虚无缥缈，但其实都是对现实生活实践的深刻提炼。社会主义核心价值观也是如此。深刻描绘家庭生活画卷的家文化以生动形象的家庭故事为载体，其具体内容与社会主义核心价值观元素相互契合。家文化的融入使得培育和践行社会主义核心价值观更具亲和力，这种"接地气"的文化建设也能增强人们对社会主义核心价值观的认同感[8]。

（二）家文化与人类命运共同体

家文化的一大要点便是告诫人们在家庭中如何处理好"个人与集体"以及"权利与责任"的关系，这对于推动构建人类命运共同体具有重大借鉴意义。在家文化中，群体权利凌驾于个体权利之上。作为"家"这棵大树上的枝叶，家庭成员的最终目标是通过个体的繁衍发展实现"家"的整体价值，为了家的繁荣，成员在必要时需要牺牲个体的利益，反过来，家庭成员又可以通过承担这种责任而获得安全归属和个人价值实现这两个方面的权利，这对于旨在推动世界朝多极化方向发展的人类命运共同体理念具有重要参考价值。

由于历史、资源等多方面条件的影响，当今世界各经济体之间的发展极不平衡，与此同时，二战之后的世界秩序主要基于西方大国单边主义进行构建，因此其责任和权利分配以大国优先为原则。在这种情况下，家文化的核心理念为构建人类命运共同体提供相应参考：只有建立平等对话的协商机制，确保弱势经济体在国际上具备充分话语权，避免超级大国一家独大，才有利于人类社会的未来发展，只有在政治上相互尊重、在经济上相互扶持，才能真正实现国家秩序乃至世界秩序的革新[9]。

在资源日益短缺的今天，家文化中"天人合一"的思想值得我们重新思考。虽然我们已经步入工业时代，社会形态已与孕育中国传统家文化的农耕时代相去甚远，但人类命运共同体的构建仍要求我们讲究经济、自然、社会发展的统一。采取扩展式的国家发展模式追求征服自然，片面追求经济效益的同时忽视对社会效益的保障，这样的发展模式在现代社会必然不能持久。只有采取内联式发展模式，确保人类在认识自然规律的基础上更好地利用自然，在发展经济的同时确保与自然和谐相处，才能保证人类命运共同体的可持续发展。

第二节　企业的家文化的特征和影响

任何一个国家的本土文化都会或多或少地影响其本土企业的管理模式和企业文化。因此，作为在中国传统文化中占据重要地位的传统家文化也必然会对中国本土企业（特别是对家族企业）的发展和管理方式产生一定的影响。提到家文化的企业践行，人们可能首先想到的就是家族企业。家族企业通常以血亲、姻亲、乡亲等关系为纽带维系内部结构和管理秩序，因此家族企业管理模式和经营活动具有浓厚的传统家文化特征，这也导致人们有时候会将企业的家文化直接看作家族企业的企业文化。而随着时代的发展，家文化的企业践行从家族企业扩展到了非家族企业，一些非家族企业也开始呈现出明显的中国传统家文化的治理特征。当前企业的家文化更多是指将企业看作一个大家庭，将中国传统家文化中的一些有利于企业发展的价值观和行为方式应用于企业的一种文化管理方法[10]。

一、家文化思想与企业治理的融合

无论是家族企业还是非家族企业，由于长期受中国传统家文化氛围的熏陶，中国许多企业的治理理念从创立之初便受到家文化核心思想的无形影响，集中体现在企业财产继承与分配和企业治理权分配两个方面。

（一）企业财产继承与分配

受家文化影响的企业财产继承与分配方式主要针对中国家族企业而言。西方企业的财产继承主要基于契约文化进行，强调个人财产所有权。不同于此，根植于传统自然经济的中国家文化建立在土地财产基础之上，每个传统家庭不仅是生活单位，更承担着巨大的生产职能，因此在传统家文化影响下，中国家族企业财产继承与分配的根本目标不在于继承上任的个人财产，而更多把注意力放置在保护家族共同财产上，以完成"家族延绵兴旺"的神圣使命[11]。

与此同时，传统家文化的影响使得中国传统家族企业一贯秉行"诸子均分家产，传亲不传贤"的理念进行代际传承，通过平分家产的方式降低共同财产被挥霍一空的风险，但是这种做法也存在一定的不足。伴随着文化融合进程的加快，中国企业也开始采纳外国企业的"择优而传"理念，即可以剥夺无法为家族兴旺而努力的后代的财产继承权，而主要继承者的选择范围也不再仅仅局限于长子，而是扩展到所有后代，在其中选择有能力者居之。

总体上，中国家族企业如今仍保留着"子承父业"的主流继承方式，但是这种企业财产继承方式也存在一定弊端。由于选择范围有限，即使家族企业秉持"择优而传"原则进行企业传承，也不一定能在所有后代中找到具有充分管理能力的"少帅"来保护家族已有"共财"，是否能将家族企业做大做强更是尚未可知；同时，即使有一代或几代的"少帅"是完全契合企业的管理人才，也不能保证代代"少帅"能做好企业的领头羊，因此"富不过三代"绝非空穴来风[12]。

例证 11-2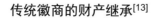

传统徽商的财产继承[13]

（二）企业治理权分配

不同于西方的单传式，中国家文化更加倡导企业在实际治理中实行家长式领导，企业领导在企业中不仅扮演领导者的角色，更会像父亲一般展示家长式权威。在企业内部，员工根据长辈次序、血缘关系、私人感情被划分为内外团体。一般而言，与领导具有血缘关系且对组织具有较高忠诚度的员工会被纳为内团体，而与领导没有特殊连带关系且忠诚度、能力均较低的员工则归属于外团体。这种差序式管理在中国家族企业中更加突出，其原因主要在于，生理遗传导致的形体相近性及生活习惯的高度相似性，使得拥有特殊连带关系的员工未来行为具有相对确定性，更容易实行企业管理。

作为公司治理权的第一层，决策权在西方企业中一般按"一股一权"的原则进行分配，但在中国家文化的影响下，中国家族企业常会根据伦理顺序加权后再进行决策权的分配，而在不存在血缘关系的非家族企业之中，由于受"家"伦理思想的影响，决策权分配常常也会基于情感加权后进行。因此，中国家文化下的中国企业差序化管理更多偏向于"人治"，即权利的分配经常不单单依赖于客观的工作能力或工作绩效，而是根据领导与部署的关系进行治理权分配（即使两者并不存在亲戚关系）。

诚然，差序格局下的家长式领导可能会导致企业决策缺乏一定的科学性，也可能因为权、责、利分配的混乱而阻碍企业发展，但这种管理模式也可能使得领导对下属的各个方面了解得更加全面，而不仅仅考察员工的工作能力，有利于上级综合考虑员工性格、特长和能力后，将其安排到合适的岗位上，充分发挥每一位员工的才能，提高人岗匹配程度，因而应辩证地看待家文化下差序格局对公司治理权分配的影响。

例证 11-3

方太集团的家文化[14]

二、企业的家文化的特征

在当代中国企业中，传统家文化与中国企业治理深度融合，但并不意味着企业的家文化是对传统家文化的一味复刻。随着时代的发展，企业的家文化需要在面向市场的基础上对基于农耕文明的传统家文化进行不断改良，以崭新的文化姿态引领企业发展。那么，与中国传统家文化相比，企业的家文化又具备哪些特征呢？从企业管理的角度来看，企业的家文化对传统家文化的继承与发展主要有以下四点[15]。

（一）凝聚向心力：血缘关系与组织认同感

在中国传统家文化中，人与人、人与家族之间以血缘或亲缘纽带进行联结，形成一种强关系。血缘关系使各成员有着先天的情感认同和亲情寄托，造就了人们强烈的家族荣誉感和向心力，使得家族成员能在危难面前倾尽所用人力物力保护"共财"，确保家族繁衍生息。而在现代企业，尤其是非家族企业之中，员工与企业通过契约进行关系的缔结。在这种情景下，唯一能够与血缘纽带作用相当的则为员工的组织认同感。家文化营造的氛围下的公司，管理者和员工不再是死板严苛的上下级关系，员工不仅在物质层面获得满足，互相关爱、真诚对待、温暖和谐的企业氛围也满足了员工的情感需求。

在现代企业中，组织认同是指员工内心自我认定自己和企业已经成为一个整体，对企业展示出高度的认同与信任，对外表现为员工对企业的忠诚度、自豪感和归属感。现代企业只有不断提高员工的组织认同感，才能从根本上激发员工的工作热情，增强员工之间、员工与企业之间的凝聚力，提高员工个人绩效的同时减少企业人才流失，保持企业人员整体结构相对稳定以减少频繁人事变动带来的不必要成本支出。

（二）行为规范基础：传统家训家风与企业经营管理制度

在传统家文化中，家训、家风、家规及家教是家庭成员最基本的行为基础规范。传统家庭通过家中自然形成和制定的规则、制度来明确家庭成员关系，规定家庭成员应遵循的行为准则，告诫成员在"家"这一特殊环境下"何为可为，何为不可为"。其中，作为家训家风的重要内容，"长幼有序"从根本上确定了传统家庭的差序格局，通过规定家庭长幼次序以维持家庭稳定，促进家庭和谐。

传统家训家风常常以不成文的形式在日常生活中宣扬其重要思想，且以需要家庭成员共同保护家庭"共财"的意愿作为情感基础。而对于现代企业而言，由于管理范围更为广泛，管理内容也更为复杂，相对于不成文的传统家训家风，现代企业经营管理制度的制定更强调科学性与系统性，尤其需要对其中的奖惩制度、晋升制度等做出明确阐述，以达到告诫员工"何为可为，何为不可为"的效果。

（三）目标与行为之间的协调："共财"与利益相关者理论

传统家文化背景下个人依附家庭而存在，而"共财"的存在使得家庭成员具有共同的利益。这促使每个家庭成员自发采取行动以保护家庭的共有财产，维护家庭整体利益成为家庭成员主动进行一系列活动的内在动机。

而对于现代企业管理来说，企业人力资源管理工作的一大重要目标便是引导员工个人利益与企业整体利益朝同一方向前进。事实上，为保持员工目标与企业整体目标一致，主要需要考虑如何在实现企业整体发展目标的同时尽可能保障员工的个人利益，这有别于传统家文化中"舍小家，为大家"的思想。利益相关者理论认为，任何企业的发展壮大都离不开各利益相关者的参与，只有充分保障各利益相关者的切身利益，企业才能得以长期发展。作为企业直接利益相关者，只有这个"大家庭"中的员工相关利益得到充分保障，企业才具备发展壮大的群众基础。

（四）和谐人际关系："互助友爱"与企业文化活动

中国文化具有内敛的特征，因此当个人产生情绪时，家庭成员往往会成为主要的情绪分享对象。正是家庭成员日常生活中看似平常却积少成多的互助友爱行为使得成员间产生巨大的相互吸引力，促成家庭中产生巨大的情感磁场，使得人们愿意把家庭作为心灵休憩的港湾。

在企业中，企业要想留住优秀人才，单单靠薪酬、发展空间等物质激励是远远不够的，为员工营造一个良好的人际交流与情感沟通环境，满足员工更高层次的情感需求也是团队建设的另一重要内容。只有通过开展相关企业文化活动，促使成员在活动中展示自我、了解他人，加强员工之间的接纳与交流，企业才能像传统家庭一般形成情感磁场，以此成为留住员工的重要法宝。

例证 11-4

九州通集团的家文化[16]

三、企业的家文化的影响

无论是在哪种类型的企业中，中国企业治理总会受到传统家文化的影响，但其具体影响也会因企业类型而异。本部分将针对家文化对家族企业和非家族企业的各自影响展开具体阐述。

（一）家文化对家族企业的影响

家文化可以给家族企业带来一定程度的积极影响。从纵向上看，家文化背景下，家族企业中的家长式领导可以保证企业快速做出决策，提高企业经营生产效率，固有的差序导向也有利于企业节约交易成本，家族成员在大家长的带领下对企业也会具有更强的向心力和归属感，从而更加投入工作。从横向看，家族企业可利用亲缘、族群等形成庞大的社会关系网络，降低企业搜索信息成本以及制定合同成本的同时，提高家族企业的外部社会资本[17]。当然，在奉行家文化的家族企业中，权力的过度集中及对"人治"的过度强调也可能为企业发展带来不可忽视的威胁与挑战。

1. 家文化对家族企业的积极影响

企业文化与家族文化的结合使得奉行家文化的家族企业管理兼具企业式管理和家族式管理的双重特征，人情管理和制度管理的共同发展也使得家文化对家族企业内部管理具有独特润滑作用[18]。

（1）家文化提升家族企业人才选拔灵活度。家族企业的建立基于紧密的人际关系之上，这使得其内部人才选拔、任用深受亲缘关系的影响。为谋求企业在市场上的快速立足和迅猛发展，家族企业在创立初期必须知人善用，秉持"不拘一格降人才"的思想，通过选择合适的管理者和领导者引领企业破浪前行。家文化恰恰为家族企业人才工作提供了极其适宜的文化氛围。在泛家族的人才进入渠道中，家族企业对于其内部人员十分了解，在明确重点岗位的任职要求基础之上，家族企业领导能够通过原有的紧密关系迅速发掘适合关键岗位的重点人才，并且基于密切的联系确保人才能够迅速投入使用，对于人才充分的认识和了解是家文化在人才选拔机制中为家族企业提供的独特优势。

（2）家文化提高家族企业人才培养稳定性。在现代企业中，非家族企业往往担心在对人才进行大规模培养之后，企业员工可能存在逆向选择行为，在完成培训且掌握相关工作经验和技巧后迅速离开公司，这将导致企业前期高昂的培训成本付诸东流，人才的流失也将使得企业面临高昂的沉没成本。而在强调"伦""理"等家文化精神内涵的家族企业之中，以亲情为纽带的价值观念使得员工能与企业在价值取向上保持高度一致，员工尤其重视个人对组织的贡献，其工作的内在动力更多来自共同利益的提升，合作共生的契约关系成为维系企员关系的紧密纽带，企业也会在人力资本投入方面形成"投资共赢"的意识，这些都将大大提升家族企业的人才培养稳定性。

（3）家文化有助于形成家族企业"命运共同体"。根据社会认同理论，当员工个体和组织之间形成高度身份共享的时候，两者将更多考虑对方的利益，进而形成"命运共同体"认知。家族企业的特殊性便在于它是"家族"和"企业"的统一，因此在其创立之初便注定企业发展和员工自身利益存在高度关联。不仅如此，"大家庭"的存在使得企员之间在精神层面形成了精神共同体，两者不单单在经济利益上紧密相连，这一扩大的家庭组织在精神上也始终处于同一战线之中，物质与精神双重"命运共同体"的形成，也为企业勠力同心打下良好的基础。

2. 家文化对家族企业的消极影响

（1）两权合一和家长式领导严重削弱家族企业的决策科学性。"两权"是指企业所有权和经营权，"两权合一"意味着企业领导集董事长和总经理两职于一身，由一个人完全掌控企业的所有权和经营权。这种家族企业的大家长在组织中具有至高无上的权威，其他家族成员对大家长的决策必须绝对服从，这诚然有利于提高企业的决策效率，同时创业初期的成功也会让家庭成员十分相信大家长的直觉判断，这使得企业的制度规范经常难以对企业大家长产生实质性的约束作用。

但企业领导的能力总是有限的，企业创立初期的成功不仅仅受创办者的个人能力影响，较小的企业规模和市场竞争程度在其中也扮演着重要的角色。随着企业规模不断扩大，市场竞争不断加剧，单凭大家长决策的形式完成企业各项重大事务决策往往使得企业缺乏民主和自由，一些科学的管理方法即使适用于企业，也会因为集权制度而无法被引入内部，家族企业往往在发展中逐步掉入了独裁专制的陷阱。

在这种氛围之下，员工有可能因为亲密的血缘关系而盲目跟从，看似团结一致的组织氛围却将引致更多个体在错误的方向上越走越远；而如果员工无法忍受这样压抑且无从施展拳脚的环境，则必然会选择离开，企业就此损失大量人才，现实中，家族企业中层管理者的高流失率也就不足为奇[19]。

（2）封闭性阻碍企业发展。传统中国家庭十分讲究血脉传承，排斥非家族成员进入，因此传统家文化具有较强的封闭性。受该传统文化影响，家族企业主要表现出以下两种封闭性。

①产权封闭。在家族企业创立初期，其股权高度集中于家族手中，甚至有相当多的家族企业为个人独资企业，而为了保证家族对企业的控制权，家族企业更多采取债务方式筹措资金，这使得企业承担由高负债率带来的高度财务风险。而部分家族企业规模扩大到一定程度后会选择上市成为公众公司，虽然会对外出售企业部分股份，但始终由家族掌握企业大多数股份以保证家族的话语权，这样单一的投资主体模式使得企业无法筹集到足够的资金和资源，不利于企业未来发展壮大。

②管理封闭。企业管理决策权一般由家族成员承担，外人一般无法在家族企业中身

担要职。根据差序格局理论，各家族成员关系网络的核心圈由企业大家长及其继承者组成，具有血缘关系的亲属组成亲人圈，其他人员组成网络的熟人圈或外人圈。这种关系在企业的方方面面均有所体现，也使得家族企业时常采取任人唯亲的用人制度。同时，靠亲情作为纽带来管理企业容易造成赏罚制度难以执行，常会出现对内对外不公平的现象，这使得企业规章制度变成一纸空文，家族内外部成员缺乏沟通甚至相互猜忌，合力的缺乏也将导致企业发展举步维艰[20]。

（3）"人治"约束企业创新。相对于西方的个人本位，中国人坚持以伦理为本位，在集团生活相对缺乏的同时，十分注重家庭生活，由此产生的员工结构二元性使得"人治"在家族企业中大行其道。企业在做出决策及日常生产活动中更多考虑"人"的因素，评判是非多以"理"而不是"法"为标准，即使部分规模较大的家族企业会建立相对完备的企业制度，但在实际治理中总是以"情"字当头，诸如监事会、董事会等部门的设置仅仅是"人治"下的法治，难以发挥其实质作用，"论功行赏""就事论事"的缺乏必然削弱员工的创新意愿。而在全球化加速发展的今天，由"人治"延伸出来的家族性使得许多家族企业宁愿扎根本土，而不愿融入国际市场，导致企业创新必备的知识来源十分匮乏，家族管理者也会由于维持族间关系稳定而避免风险较大的研发投资，致使企业创新水平不尽如人意[21]。

例证 11-5

力帆集团的陨落[22]

（二）家文化对非家族企业的影响

事实上，不止家族企业中存在家文化，中国许多非家族企业的创立和发展潜移默化中都会受到家文化的影响。不同于强调血缘关系的家族企业，非家族企业更多基于契约关系而建立并发展，在这种前提下，家文化会更多地为非家族企业带来积极作用[23]。当然，我们还应保持一分为二的观点看待非家族企业中的家文化，了解家文化对非家族企业发展的潜在威胁，才能真正刻画非家族企业家文化的全面画像。

1. 家文化对非家族企业的积极影响

（1）家文化可使企业员工产生认同感。由于现代非家族企业与员工更多基于契约建立关系，因此经济利益关系是契约双方首要的考虑重点，员工不仅像家族企业员工一般需要提高企业经营效率，还需要实现自身利益最大化的目的。如果在企业中缺乏家文化氛围，员工可能只会为了提升自身工作效率而奋斗，员工间的合作可能会被个体视为浪费时间而做出对公司不利的行为。在这种情况下，企业员工之间乃至部门之间缺乏有效的配合，直接拖累企业整体运作效率，导致企业绩效降低，个体绩效也必将受到严重影响，员工将无法实现个体利益最大化，企业和员工面临"双输"局面。

与此相反，如果企业能够在内部营造良好的家文化氛围，员工将会意识到只有提高企业整体绩效才能使自己的利益得到充分保障，企业也会有意识地充分满足员工需求以提升员工工作热情，以期促进组织发展。在契约双方劲往一处使的前提下，上下级关系不再严苛死板，在物质要求被满足的同时，员工也会努力寻求与他人合作，相互关爱，因为他们明白只有如此才能达到企业最佳绩效，个人利益最大化也才有实现的可能。而企业不仅会满足员工的物质需求，在家文化的熏陶下，企业更会想方设法使得员工感受到自身精神需求获得迎合，通过满足员工更高层次的需要提高员工对企业的认同感，为员工注入更强劲且持久的工作动力。

（2）家文化可有效降低员工道德风险。由于市场竞争日趋激烈，企业与员工之间契约关系的不稳定性逐步攀升，这大大加剧了企业内部员工的焦虑感和不安全感，员工时常会因担心企业经营不善而被裁员而严重影响自身工作效率。基于道德风险理论，员工在此时将首先考虑自身利益最大化而做出某些不利于企业的行为。如果企业能够在内部建立良好的家文化氛围，这种文化类型传递的价值观将使员工感受到明确的承诺，即企业会与员工同进退、共患难，不会对员工采取始乱终弃的处理方式，这有利于消除员工的不安情绪，从而增强其内心对企业的信赖。这种信赖来自家文化带给员工的内心约束，它能够保证时刻对员工发挥作用，且不需要任何人监管，能够帮助企业以最低的成本降低员工的道德风险。

（3）家文化能形成良好的员工关系。作为经济活动主体，由于需要实现自身利益最大化，当自我利益与他人利益冲突时，员工会首先选择维护自身权益，在互不相让的情况下，员工之间必然会出现恶性竞争等偏差行为，因此如何控制员工行为偏差也是提升企业核心竞争力的一大重要议题。而家文化的一大核心精神便是以和为贵，在家文化的互助关爱价值观引导下，员工会倾向于相互信任、相互体谅，而不是为了片面维护自身利益而与同事展开恶性竞争，企业内员工的行为偏差得以一定程度的纠正，因此家文化在形成良好的员工关系、营造和谐企业氛围方面具有重要意义。

（4）家文化能促进企业创新。"人治"下的家族企业创新工作会受到传统家文化的阻碍，与此相反，现代企业却能从家文化中觅得创新的良机。一方面，正如上文提及的一般，家文化促使全体员工为企业整体绩效共同奋斗并在相互之间形成融洽的员工关系，这使得员工创新不单单出于个人发展的目的，更多的是为了企业成长而考虑。因此，员工不必担心自己的创新思维甚至成果被其他同事盗用，员工之间也会积极交流各自的创新想法和相关资源，这使得现代企业员工异质性的积极作用在创新工作中得以充分体现，所有员工的知识和技能能够被创新活动充分利用，知识培训和转化的时间也将大大缩短，这在很大程度上提高了企业的创新效率。

另一方面，创新本身就是一项具有高度不确定性和风险性的活动，如果员工没有从企业方面得到足够的信任，那么在创新活动中必然会缩手缩脚，担心不仅完不成预期的创新成果，还有可能因为浪费企业相关资源而失去已有工作。企业家文化的建立在一定程度上解决了员工的后顾之忧，让员工知道企业与员工是站在一起的，在企业可承受范围内的创新失败都是被允许的，同时家文化下和谐的员工关系也将带给负责创新工作的员工更多安全感与归属感，并且能够在创新遇到阻滞时为其提供建设性意见，这更加促使创意在组织内充分流动。

深圳百果园实业发展有限公司的家文化[24]

2. 家文化对非家族企业的潜在威胁

家文化对非家族企业而言并非百利而无一害，事实上，这种文化类型在内部信任、监督体系、人才培养方面将给非家族企业带来一系列潜在而又不可忽视的威胁[25]。

（1）规模扩大致使关系信任受到挑战。家文化的形成往往建立在高度信任的人际关系之上，这诚然有助于提升企业员工凝聚力，督促员工劲往一处使。然而，当企业规模不断扩大，员工人数不断增加时，企业层级往往不断叠加，企业内部员工关系逐渐趋于复杂化。在多重线条交织的人际关系网络之下，企业内部不仅存在"强关系"网络，"弱关系"的存在更是大规模企业的一大特征。在此基础上，员工之间往往难以直接形成基于情感的紧密联系，此时如果没有形成配套的健全信任机制，家文化在非家族企业中的关系纽带作用将大大受损。

（2）大家长权威滋生舞弊威胁。自上而下的决策机制是家文化在企业中贯彻执行的一大现实特征。然而，在企业不断发展的同时，这样的决策机制虽然能够帮助企业不断提升生产运营效率，但也存在着明显弊端。如果领导者过度强调家文化的培育，则有可能折射出其权威强化动机，在此情况下，大家长权威反而成为管理层产生代理问题的垫脚石，管理者极有可能运用其高度的组织权威开展徇私舞弊行为。而由于家文化的存在，组织员工可能无法很好地对管理者行为进行监督，这将进一步引致官僚主义在组织内部不断蔓延。

（3）内部人才培养封闭排他。家文化在内部人才培养方面带有较高的封闭性和排他性色彩。以海底捞人才培养机制为例，海底捞形成"店长带学徒"的内部培养机制，这种人才培养模式虽然能够让员工快速掌握工作要领，减少工作培训时间，但其适用范围往往仅限于专业化较低的重复性工作，而难以对高技能人才形成强有力的吸引。与此同时，紧密联系的存在也使得部分非家族企业尤为重视内部推荐的招聘形式，进而在组织内部形成紧密的"强关系"网络，网络的过度联结并不利于新思想、新技术在组织内部产生，关系网络的过度重叠将对企业创新工作产生抑制作用。

第三节　企业的家文化的建立

在明晰家文化如何影响现代企业治理的前提下，企业应着重思考如何引导家文化在逐步演进的过程中与企业管理顺利融合，以为企业发展保驾护航，同时避免家文化中的潜在弊端成为企业前进道路上的绊脚石。本节将在介绍如何引导传统家文化与现代企业治理有效融合的基础之上，具体提出企业的家文化在各层次的建设建议。

一、家文化与现代企业治理的融合途径

由于现代企业是市场经济的产物，如果传统家文化不随着时代的推移而做出相应改变，那么孕育于农耕时代的家文化对企业治理来说更可能是糟粕，无法为后者带来帮助。为促使家文化与现代企业治理更好融合，现代企业治理必须实现由家族延绵向团体社会、由家长专制向民主决策、由差序信任向制度依赖、由"人治"向理性科学精神的家文化转变[26]。

（一）由家族延绵向团体社会转变

该转变更多针对家族企业而言。由于特殊的时代背景，传统家族企业创立者的主导作用对于企业的成功创办功不可没，但是现代企业无法保证家族中每个继任者都能清楚认知时代发展规律、顺应社会发展潮流对组织进行相应改革，要想实现家族的延绵兴旺，单靠自家后代的方式在现代经济环境下越来越难以为继。随着社会分工的不断细化和现代科技的快速发展，纯粹的家族企业向公民社会演化已经成为必然，在这样的社会组织中，只顾"小家"利益而不顾企业可持续发展事业的家族，嫡传子孙并不能担负起领导家族企业的重任，而任何深刻洞悉企业发展规律、能真正为"大家"理想信念而努力奋斗的人，即使不是家庭内部成员也应该被委以重任。只有将延续家族生存的信念转化为建设团体社会的共同理想，只有让血缘关系逐渐向泛家族过渡，企业才能真正遵从发展规律以实现长远可持续发展。

（二）由家长专制向民主决策转变

在传统自然经济条件下，由于社会形态带有较强的封闭性，因此传统家庭面临的不确定性和风险性相对较低，秉持独断专制的家长作风有利于避免家庭成员间不必要的纠纷而耽误农时。随着自然经济的瓦解，社会生活步伐逐渐加快，企业面临的内外部环境剧烈变化，建立于市场经济基础上的现代企业需要综合各种情境因素才能科学地做出组织的各项重大决策。通过制定的规则和程序进行民主决策，建立完备的信息收集系统以确保相关决定能够广泛集中各方智慧，并健全方案讨论机制以促使最终方案充分体现各方利益，同时建立健全决策纠错机制及责任追究机制以对决策方案进行事中监控及事后监督，只有通过这一系列的行动才能确保企业真正从专制领导向民主决策转型。

（三）由差序信任向制度依赖转变

中国传统企业中的信任主要建立于差序格局之上，人们只愿意相信与自己关系亲密的人，而对陌生的外人多数持保留意见。由于人类活动带有明显的自利性，因此信任机制需要受到两个方面的限制：①对方所处的情境决定了行动迫切性以及共同目标认可程度；②对方不合作情况下对自身造成的损害程度。如果对方面临不合作而产生的成本极高，那么对方更可能采取合作的姿态。在市场经济条件下，随着环境不确定性的急剧上升，信任危机出现的概率大大提高，为了避免信任危机给企业带来巨大损失，现代企业必须基于契约关系建立科学信任机制，一旦有人违反先前界定且相互认可的契约，则将受到契约的明确惩罚。这将促使企业和员工双方都严格按照契约规定内容履行应尽义务，市场经济下的制度依赖取代传统差序信任也就成为必然。

（四）由"人治"向理性科学精神转变

不管是家族企业还是非家族企业，中国企业管理均侧重情感，在家文化影响下采取以道德导向为主的管理模式，制度往往成为管理者实行企业管理的辅助工具。事实上，情感与价格类似，其变化总以价值为基础，围绕价值上下波动。但是，情感毕竟是人的主观反映，这种反映或多或少会与价值存在一定偏差，有时两者甚至出现完全颠倒的状况。在现代企业重大决策面前，情感的过多运用无疑不利于企业的健康发展。而科学精神则是实践活动中产生的共同信念、价值规范和行为标准的总和。现代企业更应倡导理性科学精神，既不过分依赖"人治"，也需要避免过度注重科学精神而漠视人情的倾向，在管理实践中做到"人法结合"、处罚有度，结合个人能力长短处、工作岗位实际需求乃至员工个人情感需要进行工作安排，明确每一个岗位的绩效指标，根据员工实际工作情况肯定员工工作成果，不针对超过员工实际能力范围的绩效缺口对其进行莫须有的惩罚。

二、企业的家文化建设实务

与普通企业文化的设计和建立类似，企业家文化的设计和建立同样可分为三个层次进行，即观念层、制度层及符号层，只有通过多层次的科学文化设计，企业内部才能形成真正的"家"氛围，让员工感受到企业家文化的真正意义。

（一）企业的家文化观念层建设

观念层的建设永远是企业的家文化建设的核心所在，只有通过有效的设计和建设手段，在企业中形成良好的"家风"，才能真切通过耳濡目染的方式促使员工形成共同的理想信念和价值观念。

在家族文化中，观念层的建设尤其要注意树立正确的权威家长形象，以引领共同价值观的形成，避免专制独裁的倾向。家族企业中的家长权威容易形成领导核心，并且使组织具有较强的执行力，但如果不善引导，家长权威很可能走向专制独裁的穷途末路。因此，如果企业中的家长权威缺乏广泛的员工认同，那么领导倡导下的企业价值观将很难得到员工的普遍认可。为培育家族企业良好的企业文化，观念层中的企业精神、企业价值观、企业哲学等方面的设计工作需要动员企业全体员工参与，只有如此才能增强员工的认同感。

家族企业观念层设计重点在于防止家长权威走向极端，而在非家族企业之中，家文化观念层建设侧重于切实树立"兼顾小家，建设大家，贡献国家"的家风。其中，"兼顾小家"体现企业对员工的关爱，不仅需要满足员工的物质需求，照顾好各个员工的小家，还需要帮助员工树立良好的道德风尚，提升员工道德境界；"建设大家"则需要重点强调员工对企业的反哺，员工之间、员工和企业之间需要建立良好的互动关系，共同为企业出谋出力，把企业这个"大家"建设好；"贡献国家"意在向员工传达企业的社会担当，在"小家"得到安稳、"大家"得到发展的基础之上，员工应尽自己所能回馈社会，让企业成为国家最具活力的经济细胞，共同把国家建设得更加美好。

（二）企业的家文化制度层建设

在传统家文化影响下，企业常常会自觉形成等级层级清晰的管理结构，这为进一步进行企业家文化制度层设计提供了良好的组织架构基础。但是，等级分明的原则也会使得员工和管理者之间形成无形的障碍，同时面临着较长的决策时间及较高的决策成本。因此现代企业管理需要首先建立适合企业长远发展的组织结构，倡导管理环节方便高效。

在此基础之上，企业需要着重进行家文化制度建设，即"家规"的制定。完善的"家规"制定很大程度上能够减轻企业倾向于"人治"的弊端，企业成员都以"家规"为明确标准，树立正确工作规范和日常行为规范，营造和睦民主的企业氛围。"家规"的制定需要全员参与，同时需要不断进行多轮修改，以确保最终制定出来的制度规范得到员工的广泛认同。具体而言，"家规"的制定重点包括以下三个方面。

1. 建立完善的员工培训与开发制度

"兼顾小家"不仅需要照顾好员工的小家，还需要促进员工的全面发展，只有完善相关培训开发制度，逐步提高员工知识技能和精神境界，才能不断降低员工对未来环境变化的不确定性感知，增强员工对企业的认同感和向心力。

2. 建立员工交流和沟通制度

由于传统家文化背景下员工与管理者的距离被越拉越远，因此，建立员工交流和沟通制度尤为重要。只有通过制度鼓励员工勇于向上级进言，企业才能获取更多基层信息。这有利于企业了解员工的真实工作情况，并获取多方面的新颖建议，助力企业创新发展。

3. 对各项制度执行效果进行考察

很多企业虽然建立了看似完备的制度规范体系，但在实际执行过程中，许多管理制度的执行仍常常靠情感驱动，缺乏一定的机制约束。只有建立健全制度权力约束机制，通过监事会、董事会等监管机构对各项制度执行效果进行实时考察，才能明确得知制度执行是否落到实处、制度执行人员是否再次落入"人治"的怪圈之中。与此同时，现代企业更应该在基层设立相应监事机构，将防范过度"人治"工作从基层管理者做起，避免小错酿成企业未来发展的绊脚石。

（三）企业的家文化符号层建设

企业家文化的符号层建设主要包括企业家园建设及家文化宣传渠道建设。

家园是企业的人居环境，也是家文化建设最外在的显现，故企业家园是员工对企业家文化最直观的感受。因此，企业家文化符号层建设首先要从员工工作环境入手，确保将"安全第一"放在工作环境建设第一位，保证工作环境安全干净，保障员工的身体健康，以增强员工在组织工作中的安全感。同时，企业还需要对员工娱乐、健身场所等进行精心设计，这个方面经常被企业所忽视，却对员工和企业都至关重要。只有让员工在忙碌的工作后找到适合的地方放松自我、锻炼身心，员工才会以充沛的精力投入第二天的工作之中，企业整体效率因而有所保障。

家文化的熏陶不仅可以是潜移默化的，也可以是企业"有意为之"。企业需加强企业网站建设、企业员工手册设计、企业期刊书籍设计、宣传栏建设等，不仅能时刻向企业员工输送企业倡导的家文化价值观念，也能起到向外界传达企业家文化建设成果的作用。

例证　11-7

中国石化镇海炼化分公司的"家激励"模型[27]

本章小结

1. 中国家文化的核心精神包括修身为本、勤俭持家、奉行孝道、以和为贵，但其具体内容及侧重点在各个时期有所不同。在当代，家文化建设对于中国特色社会主义文化建设及人类命运共同体构建具有重要意义。

2. 传统家文化对企业财产继承与分配及企业治理权分配产生深远影响，而在继承传统家文化的基础上，现代企业在凝聚向心力、行为规范基础、目标与行为之间的协调及和谐人际关系等方面均形成了鲜明的文化特征。

3. 家文化对家族企业和非家族企业的影响有所差异。对于家族企业而言，家文化带来的积极影响包括：家文化提升家族企业人才选拔灵活度，家文化提高家族企业人才培养稳定性，家文化有助于形成家族企业"命运共同体"；消极影响包括：两权合一和家长式领导严重削弱家族企业的决策科学性，封闭性阻碍企业发展，"人治"约束企业创新。而对于非家族企业而言，家文化带来的积极影响包括：家文化可使企业员工产生认同感，家文化可有效降低员工道德风险，家文化能够形成良好的员工关系，家文化能够促进企业创新；潜在威胁包括：规模扩大致使关系信任受到挑战，大家长权威滋生舞弊威胁，内部人才培养封闭排他。

4. 要促成家文化与现代企业治理的和谐融合，其思想需完成由家族延绵向团体社会转变、由家长专制向民主决策转变、由差序信任向制度依赖转变、由"人治"向理性科学精神转变。

5. 在建设企业家文化的实际过程中，企业需要从观念层、制度层和符号层进行多层次科学设计。其中，在进行观念层设计建设时，家族企业尤其要注意树立正确的权威家长形象以引领共同价值观的形成，避免专制独裁的倾向，而非家族企业则需要切实树立"兼顾小家，建设大家，贡献国家"的家风；制度层方面，企业首先需要建立适合企业长远发展的组织结构，在此基础之上着重进行家文化制度建设，即"家规"的制定；企业的家文化的符号层建设则主要包括企业家园建设及家文化宣传渠道建设。

 课程思政

1. 传统家国天下情怀有助于推动形成爱国爱家、相亲相爱、向上向善、共建共享的社会主义家庭文明新风尚。家国天下情怀饱含着个体对家庭、国家、民族以及全人类共同价值的认同、维护，体现个体责任自觉与担当意识。传承中华家文明关乎创造人类文明新形态和推进中国式现代化的家庭根基，也是实现中华民族伟大复兴的必然要求。

2. 天下之本在国，国之本在家。"家"文化是中国传统文化和现代企业管理有机结合的产物，是对民族精神的敬畏与寻根，也是对传统文化的呵护与传承。"家"文化不是空谈口号，是需要企业落地落实，内化为精神生产力的。只有加强人文关怀、促进情感互动、实现思想共鸣，才能让员工真正把企业当成自己的"家"，进而唤醒主人翁意识，激发自身的积极性和创造性，为企业发展贡献力量。

 网站推荐

江苏师范大学中华家文化研究院：jiawenhua.jsnu.edu.cn。

 读书推荐

《家文化与人力资源社会化：家族企业成长研究》

本书由周鸿勇编著，于 2009 年由上海财经大学出版社出版。

本书从文化视角出发，深刻探究家族企业内涵，并对家族企业的成长阶段进行科学划分及判定，解释了家族企业人力资源社会化，指出文化、人力资源社会化和家族企业成长之间的关系，提出一系列有利于企业基业长青的可行性对策，对于企业可持续发展具有极高的研究价值。

推荐理由：中国家族企业治理受传统家文化的深远影响，如果家族企业在其成长过程中不及时进行人力资源社会化，企业发展将受到家文化固有封闭性的严重阻滞。在对已有研究进行系统梳理的基础上，本书以浙江家族企业的产生和发展为例，全面分析了

家族企业人力资源社会化的过程，为家族企业的成长提供相关参考。

 思考练习题

一、选择题

1. 现代企业的家文化中，（ ）是对传统家文化的家训家风的深刻改良。
   A. 企业组织结构 　　　　　　B. 领导团队构成
   C. 团队成员多样化 　　　　　D. 经营管理制度
2. 以下关于企业的家文化建设的表述，错误的是（ ）。
   A. 坚持大家长的单独领导 　　B. 完善企业制度建设
   C. 建设企业家园 　　　　　　D. 兼顾小家，建设大家

二、简答题

1. 简述家文化对现代企业的影响。
2. 简述家文化与现代企业治理的融合途径。
3. 简述如何进行企业的家文化的符号层建设。

 学以致用

选一个你较为熟悉的家族企业，运用在本章所学习的知识，分析这个企业当前文化建设存在的问题，并提出你认为可行的改进意见。

 案例分析

中国人民银行安庆中心支行的家文化建设[28]

讨论题：

请运用所学知识，分析安庆中心支行在家文化建设方面的成功经验。

 参考文献

[1] 李非，邹婷婷. 基于民生公司的传统"家文化"思想研究[J]. 管理学报，2018，15（10）：953-961.

[2] 戚璇. 中国传统家文化及其在组织中的泛化研究综述[J]. 中国劳动关系学院学报，2016，30（6）：104-108.

[3] 赵郝锐，童辉杰. "家"的研究述评[J]. 宁夏大学学报（人文社会科学版），2015，37（4）：172-176.

[4] 储小平. 中国 "家文化" 泛化的机制与文化资本[J]. 学术研究，2003（11）：15-19.

[5] 周尚义. 中国家文化论纲[J]. 武陵学刊，2017，42（4）：1-7.

[6] 顾易. 字说道家[M]. 广州：广东人民出版社，2020.

[7] 何丽野. "家文化" 在马克思主义中国化百年进程中的嬗变与展望[J]. 浙江社会科学，2013（7）：12-21.

[8] 陈延斌，张琳. 建设中国特色社会主义家文化的若干思考[J]. 马克思主义研究，2017（8）：56-66.

[9] 南宏宇. "家文化" 内涵的人类命运共同体意识[J]. 人民论坛，2020(Z1)：158-159.

[10] 吴茜. 中国非家族企业的 "家" 文化治理格局浅析[J]. 现代营销（下旬刊），2019（2）：16-17.

[11] 胡方，吴照云. 中国家文化与现代公司治理的融合性研究[J]. 经济研究参考，2016（22）：78-81.

[12] 万俊毅，欧晓明. 基于家文化视角的中日家族企业比较[J]. 学术研究，2005（6）：42-47.

[13] 刘建生，燕红忠，张喜琴. 明清晋商与徽商之比较研究[M]. 太原：山西经济出版社，2012.

[14] 蒋睿楠. 论企业文化和人力资源管理的互动关系：以华为和方太对比分析为例[J].商业文化，2021（2）：70-73.

[15] 阳金萍，钱鑫，袁美勤. "家文化" 视野下的物业企业人力资源管理探讨[J]. 现代物业（上旬刊），2015，14（1）：73-75.

[16] 刘宝林. 看九州通集团的 "家文化"[J]. 企业管理，2009（10）：49-52.

[17] 张弛. 家文化背景下的家族化企业[J]. 商场现代化，2007（20）：310-311.

[18] 张凤玲. 文化视角下的家族企业人力资源管理分析[J]. 湖北经济学院学报（人文社会科学版），2018，15（7）：71-73.

[19] 许叶枚. 家文化视角下家族企业治理评析[J]. 经济问题，2011（5）：100-102.

[20] 张颐. 传统家文化对家族企业管理风格的影响[J]. 宁波教育学院学报，2014，16（3）：89-90.

[21] KAMMERLANER N, GANTER M. An attention - based view of family firm adaptation to discontinuous technological change: exploring the role of family CEOs'noneconomic goals[J]. Journal of product innovation management, 2015, 32(3): 361-383.

[22] 文炳洲. 家族企业信任困境溯源：以力帆和国美为例[J]. 产经评论，2013，4(3)：149-160.

[23] 林冠颖，占超杰，高崇艳，等. "家" 文化对企业人才稳定的作用机理研究：以

江西邮政储蓄银行为例[J]. 经济研究导刊，2019（9）：115.

[24] 李晶晶，王永春，吴正锋. 连锁经营行业"家文化"建设措施研究：以深圳百果园实业发展有限公司为例[J]. 现代营销（信息版），2019（11）：113.

[25] 吴茜. 中国非家族企业的"家"文化治理格局浅析[J]. 现代营销（下旬刊），2019（2）：16-17.

[26] 胡方，魏巍. 中国家文化与现代公司治理的融合途径[J]. 经济研究参考，2016（38）：74-76.

[27] 黄仲文. "家激励"模型在国有企业人力资源管理实践中的运用：以中国石化镇海炼化分公司为案例[J]. 中国人力资源开发，2014（20）：30-34.

[28] 宜宣. 打造"家文化"谋求新发展[J]. 中国金融，2009（12）：28-29.

第十二章
数字经济时代的企业新文化

> 我们无法左右变革。我们只能走在变革的前面。
>
> ——"现代管理学之父"   彼得·德鲁克

 学习目标

➢ 掌握数字经济的含义和发展

➢ 了解数字经济时代的商业模式变革

➢ 了解数字经济时代企业组织形态的变革

➢ 了解数字经济时代企业文化新特点及发展新方向

引例

娃哈哈的"中年危机"[1]

成立于1987年的娃哈哈以儿童营养口服液起家,经过数十年的产品研发与渠道铺设,娃哈哈逐渐构建起自己的"饮料帝国",在2010年突破500亿元销售大关之后,又于2013年以783亿元营业收入正式进入企业巅峰时期,其董事长宗庆后也曾多次问鼎中国内地首富。在线下为王的时代,娃哈哈曾凭借"渠道+联销体"的模式大规模抢占国内市场。然而,自2014年后,中国主流营销渠道发生了深刻变化,线上营销成为众多厂商极力开拓的崭新销售渠道。在消费者观念不断升级之时,娃哈哈未能做出及时调整,导致其营业额在2014—2017年不断缩水,"中年危机"的来袭逼迫娃哈哈必须即刻做出改变。

在数字化转型的背景下,娃哈哈于2020年正式成立两家电商公司和四个电商平台,而为了拥抱新一代消费者,娃哈哈的大健康垂直电商平台在上线的同时便与浙商银行合作,招募十万人共同成为社交零售商,这一平台的启动正式宣告娃哈哈电商征途的开启。而在六年前,宗庆后曾在高峰论坛上痛批网店模式,认为线上模式是对既有价格体系的严重破坏。然而,在线上销售浪潮疯狂袭来之际,宗庆后对电商的态度发生了180度的大转变。2020年5月,一向对电商"不感冒"的宗庆后从幕后来到台前,在抖音开始了自己的直播首秀。与其他直播带货不同的是,宗庆后这次亲临屏幕更多的是以送货的形式开展，当次直播共送出了价值逾 300 万元的大健康新产品，成功为娃哈哈大健康垂直电商平台上线造势。

除了大力拥抱互联网，竭力摆脱"中年危机"的娃哈哈因为前代言人"年龄大"，而与其结束了长达 20 年的合作，并宣布新晋人气演员许光汉成为企业产品新代言人。为迎合新一代消费者的新兴消费需求，娃哈哈更与知名盲盒品牌泡泡玛特合作，推出全球首款"盲水"产品，实现了继 2020 年与钟薛高合作之后的又一次跨界营销。

数字化作为行业的突破者、变革时代的突破点，改变了人们的生活方式、人的社会属性和社会资源的价值。从娃哈哈由"不屑于电商"到"积极拥抱互联网和新消费模式"的巨大转变中可以看出，数字化时代同时是快速变化的时代，唯有以变应变，企业才能屹立不倒；在这个属于知识和信息的时代，唯有"打破一切铁律"才是唯一的铁律。对于数字经济时代的企业文化建设而言，唯有以积极求变，确保企业文化适应数字化时代新要求，才能确保企业文化赋予企业新的时代活力。

第一节　数字经济概述

人类文明的演进推动着社会发展的不断向前。在经历了农业革命、两次工业革命后，现在我们正经历着信息时代的巨大变革。当下互联网和信息技术的发展深刻影响着社会经济形态的不断重构，以数据和知识作为生产要素的数字经济时代已经悄然来临。数字经济催生了大量新产品、新技术，改变或塑造着企业的治理模式和发展业态。只有充分了解数字经济的发展沿革和深刻内涵，明晰数字经济为企业带来的机遇与挑战，才能有针对性地开展数字经济时代下企业文化的变革工作。

一、数字经济的含义

（一）数字经济的概念和内容

数字经济是继农业经济和工业经济之后出现的一种新经济活动形态。在工业经济时代，资本是主要的生产要素代表，而在数字经济时代，知识与信息成为新型生产要素代表。无论是在农业时代抑或是工业时代，经济增长可以通过传统生产要素的纯粹增加而形成粗放增长，也可以通过技术进步不断提升全要素生产率，达成更有效率的经济增长模式。在粗放型增长模式受到限制、知识技术进步发展遇到瓶颈之时，经济增长将面临极其有限的发展空间，此时，信息在产业结构优化等方面的作用便显得至关重要。在农业和工业时代，信息主要依赖传统方式传播，而在数字化网络出现之后，信息传递效率大大提升，数字化信息的出现极大提高了传统要素生产率，也使得知识和信息成为数字经济的重要代言词。

事实上，数字经济的概念由塔普斯科特于 20 世纪 90 年代首次提出，但在这之后，数字经济并没有得到明确的概念界定。而随着云计算、大数据等数字技术不断赋能各国经济发展，明悉数字经济的概念和内涵成为大力发展数字经济的首要工作。2016 年 G20 杭州峰会指出，数字经济是以现代信息网络作为重要载体、以信息通信技术的有效使用作为效率提升和经济结构优化的重要推动力的一系列经济活动，并将数字经济分为数字产业化和产业数字化两个部分，其中数字产业化是数字经济发展的产业基础，包括信息通信业、互联网行业和软件业等，而产业数字化是利用互联网等信息技术赋能传统行业。本次峰会给出的关于数字经济的定义也得到了广泛认可，该概念实际上明确了数字经济的两大特征：其一，数字化信息是数字经济时代最为关键的生产要素；其二，现代信息网络和信息通信技术深刻改变了经济结构与生产方式。

在随后几年中，数字经济得到了长足的发展，其概念和内容也出现了一定程度的扩展。《中国数字经济发展白皮书（2020 年）》认为，数字经济是以数字化的知识和信息作为关键生产要素，以数字技术为核心驱动力，以现代信息网络为重要载体，通过数字技术与实体经济深度融合，不断提高数字化、网络化、智能化水平，加速重构经济发展与治理模式的新型经济形态[2]。

从上述概念来看，数字经济已经不再局限在"产业"之中，而是从产业的层面逐渐拓宽到组织治理和社会治理层面。在这个基础上，中国通信研究院提出了数字经济的"四化"框架，认为数字经济的内容不仅包括数字产业化、产业数字化，同时涵盖数字化治理，并将数据价值化纳入其中。具体而言，数字经济的"四化"框架如下：①数字产业化是指信息通信产业，这是数字化的先导产业，具体包括但不限于 5G、集成电路、软件、人工智能、大数据、云计算、区块链等技术、产品及服务；②产业数字化是数字经济发展的主阵地，其中涵盖了工业互联网、两化融合、智能制造、车联网、平台经济等融合性新产业、新模式、新业态等；③数字化治理事实上是以"数字技术+治理"为典型特征的技管结合，同时包括数字化政府公共服务，其典型特征是多主体参与和多元智力集合；④数据价值化则包括但不限于数据采集、数据标准、数据确权、数据标注、数据定价、数据交易、数据流转、数据保护等。

数字化的概念和内容仍在随着经济与科技的发展不断演进和丰富，但是归根结底，互联网经济、知识经济、网络经济等这些新的社会经济形态都包含于数字经济之中，只是内容上各有侧重。具体来看，互联网经济、网络经济是从网络连接方式的角度描绘经济形态，而知识经济则更加强调"知识要素"的作用。

（二）数字经济的特征

根据中国信息通信研究院发布的《中国数字经济发展白皮书（2020 年）》，数字经济主要有以下三个方面的特征：①数字经济是当今发展的主流趋势，是拉动经济增长的重要驱动力；②数据信息和知识创新是新社会经济形态中关键生产要素，数据越开发越有价值；③数字经济是对传统经济的革新，它重塑了市场格局，助推平台化企业模式兴起，使得供求双方的地位发生转变。

与传统经济相比，数字经济在产业、技术、应用、治理等方面均存在较大差异：①在产业层面，数字产业化和产业数字化是数字经济产业发展的最大特征，在充分发挥数字技术进行技术创新并由此衍生 ICT（信息通信技术）等新产业的同时，数字技术能够对传统产业进行有效改造，促进传统产业转型升级；②在技术方面，数字化本质上是信息化，数据在信息技术化的过程中成为促进经济发展的重要驱动力，数字化与信息化对经济发展起协同促进作用；③在应用方面，数字经济的产生大大改变社会互动方式，数据化和信息化水平的提升使得生产消费环节的信息不对称性大大降低，平台经济由此获得巨大的成长空间，进而促成了物流服务、互联网零售、共享服务等新业态蓬勃发展；④在治理方面，数字技术不仅可以在市场上发挥巨大功能，数字治理同样是数字经济的重要组成部分，政府可在发展数字经济的同时，运用信息化数字技术手段，不断提升政策补贴、税收优惠等政策执行效率，以信息技术运用提升政府治理效能[3]。

如前文所述，数字经济塑造的数字时代孕育出一系列新企业、新业态和新模式，平台化、共享化的模式取代了工业时代大规模的集中化的企业模式而成为未来发展的一种新趋势。不仅如此，传统企业尤其是传统制造业也开始被迫进行数字化的转型升级，将数字化运营和管理融入生产、经营和企业治理当中，数字化不仅仅局限于产业发展中，更是渗透在企业生产经营管理的各个环节与阶段。

二、数字经济的兴起和发展

（一）国际范围内数字经济的兴起和发展

许多发达国家很早就意识到数字经济的重要性及其巨大的发展潜力，因此以美国为代表的一些发达国家较早便将数字经济发展提升至国家战略地位。

美国自 20 世纪 90 年代便启动"信息高速公路"战略，从大数据、人工智能、智能制造等领域布局推动数字经济发展。而为了打破各成员国之间的市场壁垒，欧盟运用数字信息技术建立起统一的数字市场，着力于数据的保护与开放共享工作，并大力推进人工智能的发展。在欧盟内部，德国也积极推进"工业 4.0"，致力于升级高科技创新战略，推动中小企业的数字化转型。英国政府则于 2009 年发布了"数字英国"计划，随后不停升级数字经济战略，并增强网络安全治理能力，竭力打造"数字政府"。自 2001 年出台"e-Japan 战略"后，日本持续发布"u-Japan""i-Japan""ICT 成长战略""智能日本 ICT战略"等战略声明，为日本数字经济信息化、网络化、智能化发展提供战略指引。而发展中国家对于数字经济的发展布局则相对滞后。2015 年，印度推出"数字印度"计划，其内容主要包括普及宽带上网、建立全国数据中心和促进电子政务。2016 年巴西颁布《国家科技创新战略（2016—2019 年）》，将数字经济和数字社会明确列为国家优先发展的 11个领域之一。2017 年，俄罗斯编制完成《俄联邦数字经济规划》，并于 2018 年进入实施阶段。

可以看出，自 2008 年金融危机以来，各国经济与金融增长乏力，数字经济已成为各国促进经济发展的重要驱动力量，各国政府均试图通过数字技术推动相关产业恢复并发展，从而抢占经济发展新高点。当然，从发达国家的数字经济发展战略可以看出，各国的数字经济战略主要集中于信息通信技术这一数字经济狭义层面，如英国主要在以互联网为核心的游戏、音乐等领域持续发力；澳大利亚国家数字经济发展战略也主要集中于流媒体服务、互联网内容管理与制作[4]。事实上，各国虽然对数字经济发展尤其是信息技术领域发展做出详细阐述，但并未指明数字经济发展的具体方向与目标，只有明确数字经济未来发展的潜能发挥领域，进行针对性提前布局，才能充分释放数字经济的完全动能。

（二）我国数字经济的兴起和发展

近年来，我国的数字经济蓬勃发展，数字经济总量不断登上新台阶。党的十八大以来，我国数字经济规模从 11 万亿元增长到 35.8 万亿元，占 GDP 总量达 36.8%，已经成为经济高质量发展的重要支撑，不断成为推动国民经济持续稳定增长的关键动力。

我国从十八大以来重点推进数字经济发展。2013 年，国务院出台《国务院关于印发"宽带中国"战略及实施方案的通知》，首次提出将宽带网络作为国家战略性公共基础设施，对数字经济发展做出全面部署；同年，国务院出台《国务院关于促进信息消费扩大内需的若干意见》，支持信息领域新产品、新服务、新业态的发展。2015 年，《国务院关于积极推进"互联网+"行动的指导意见》出台，大大推动互联网创新成果与经济社会各领域深度融合。2016 年，针对制造业领域出台的《国务院关于深化制造业和互联网融合发展的指导意见》推动制造业与互联网企业在发展理念、产业体系、生产模式、业务模式等方面全面融合。2019 年，《数字乡村发展战略纲要》的颁布则明确要求需逐步将数字经济布局至农村地区，发掘信息化在乡村振兴中的巨大潜力。

在数据价值领域，以"数据"为关键要素的经济社会发展新形态成为近年来中国经济发展工作的一大重点。2017 年年底，我国政府出台系列文件，提出促进平台数据开放和共享，强化互联网平台的资源集聚能力。而在 2020 年，《中共中央 国务院关于构建更加完善的要素市场化配置体制机制的意见》首次将数据纳入要素领域改革一大方向，提出推进政府数据开放共享、提升社会数据资源价值、加强数据资源整合和安全保护，充分强调了数据作为生产要素的重要性。

诚然，我国的数字经济发展尚处于起步阶段，与发达国家相比还存在一定的差距。然而，经过多年的战略布局与深耕发展，中国数字经济发展水平已于近年取得了长足的进步。根据《2022 年全球数字经济发展水平评估报告》，中国数字经济发展指数仅次于美国，高居全球第二，尤其在数字消费领域，中国数字消费水平远远领先全球各国，电商销售额占居民消费总额的 38.9%。而在数字创新领域，中国数字创新水平虽然仍与欧美国家存在一定差距，但已经跨越创新鸿沟，成为唯一跻身数字创新排名前 30 的中等收入经济体，充分彰显中国数字经济发展的强劲势头。

三、数字经济带来的发展机遇

新一轮全球信息技术革命浪潮不断袭来，目前全球数字经济竞争日益激烈，然而激烈的市场竞争也大大拓展了数字经济发展空间，这为数字经济发展乃至整体经济运行提供了更多的发展机遇。近年来，我国数字经济迅猛发展，数字经济发展大国地位逐步凸显，数字经济核心竞争力不断加强。当前，数字经济已成为我国经济发展的重要引擎，其催生的新型消费使得经济发展与人民福利"红利"不断释放。

1. 数字消费的形成

数字经济正不断影响着消费者的消费习惯。在数字技术不断迭代的时代，线下消费活动逐步向线上转型已成为一大新趋势，消费者在线消费习惯也于近年来不断形成，线上消费市场潜力不断被发掘。由数字经济催生的共享经济、人工智能、移动支付等新业态正使得消费方式逐步趋于"在线化""云端化"，数字金融、数字贸易、数字零售等数字经济新业态更是使得线上消费更加便捷，进一步拓宽数字消费新版图。

例证 12-1

上海"五五购物节"促进消费回暖和潜力释放[5]

2. 促进就业

《中国数字经济发展与就业白皮书（2019）》显示，我国 2018 年数字经济就业人数为 1.91 亿人，占当年就业总人数的 24.6%。《阿里巴巴全生态就业体系与就业质量研究报告》同样显示，2019 年阿里巴巴经济生态共包含就业机会 6901 万个。一方面，数字经济带来的新业态催生了许多新职业，增加了众多崭新就业机会，如伴随大数据中心、人工智能、工业互联网、智能物流、网络直播等的推进发展，网络主播、数字化管理师、人工智能工程技术人员、物联网工程技术人员等就业岗位也持续增加。同时，随着数字经济的发展，第三产业就业比重不断上升，这也对就业结构起到进一步优化作用。另一方面，数字经济创造了大量灵活就业职位以及共享员工的灵活用工方式[6]。这些灵活就业职位以及共享员工的用工方式，在帮助企业缓解薪资与人力资源压力的同时，也对社会就业起到强烈的稳定作用。

3. 推动产业融合

当前，由数字经济推动的产业融合已然是经济发展的大势所趋，并且将成为我国经济新的增长点。从数字经济的内涵看，数字经济包括以下三大维度。

（1）价值创造维度，即以数据资源作为关键生产要素。数据要素的增值效应不仅能够催生新兴大数据产业，更能够诱导上下游市场和消费者相关数据有效对接，通过数据融合增值形成新业态和新模式。

（2）发展动力维度，即以信息通信技术的融合应用推动经济发展。数字技术主要发挥信息壁垒破除功能，通过与传统技术融合，打破生产者与消费者的横向壁垒和行业内垂直壁垒，从而形成互联互通的产业新生态。

（3）载体支撑维度，即以现代信息网络作为数字经济发展的重要载体。现代信息网络是数据要素和数字技术赋能经济的物质基础，它能够有效放大数据要素的增值效应，增强数字技术互联互通能力，从而提升产业融合速率与绩效[7]。

第二节　数字经济重塑企业文化的基础

数字经济不仅影响人与人、人与物之间的连接，也对社会与商业组织产生深远影响。大数据、物联网驱动下的新经济所影响的绝不仅仅是技术，更重要的是商业模式、企业组织架构、业务流程、管理方式等的全面变革[8]。

一、数字经济下的商业模式变革

在数字经济的时代，企业的商业经营模式发展将呈现以下三大特征：①互联为魂，即"互联、互享、互动"；②用户为王，即一切从用户的需求出发；③数据为源，即利用数据进行科学的决策和管理。在数字经济背景下，企业运营的商业模式正在悄然改变，新的商业模式应运而生。

（一）智能商业

商业行为伴随着人类社会的发展而产生，从一定意义上来讲，商业行为的本质在于交易，而影响交易的一大重要因素就是信息的不对称。因此商业发展无论处于哪个阶段，都需要解决信息不对称问题，以确保商业交易顺畅进行。现代商业交易大体上可分为线下交易、线上交易和智能交易三种模式[9]。与线下交易和线上交易不同，智能交易以在线交易为基础，通过网络协同与数据算法，实现业务环节的自动化，从而让参与交易的多方角色通过多个层次的互动来实现商业目标。在这一过程中，数据信息的准确介入使得交易双方信息不对称的状况得以大大缓解，交易流程也得到大幅优化。

智能商业事实上是网络协同和数据智能的集合。其中，网络协同主要是指通过大规模、多角色的实时互动和协作的方式来解决特定问题；而数据智能是机器取代人直接进行决策，是企业迅速并自动改善机器学习技术的能力。在客户至上的时代，只有根据用户需求进行精准的立体化分析，才能够确保产品生产满足消费者需求，这便需要通过网络协同和数据智能进行持续互动、数据自动分析、产品迭代，不断挖掘并匹配用户的需求，进而通过网络的自主协同去中心化、低成本并灵活高效地服务海量用户的个性化需求。

例证　12-2

"智能淘宝"[9]

（二）平台经济

平台经济是指利用互联网、物联网、大数据等现代信息技术，围绕集聚资源、便利交易、提升效率，构建平台、产业生态，推动商品生产、流通、配套、服务高效融合的新兴经济形态。随着数字经济时代的不断发展，传统上被视为最典型的平台——传媒行业，实现了"需求方规模经济和供给方范围经济的有机统一"[10]，诸如亚马逊、谷歌、阿里巴巴、京东等都已经成为知名的平台代表。

平台的出发点或关注点源自于人，"以用户为始，并以用户为终"，将客户的需求与解决客户的问题放在第一位，为其连接产品和问题解决方案。作为互联网平台协调资源配置的新经济形态，平台经济具有规模经济、高效连接、网络效应、锁定效应等重要特征[11]。其中，规模经济主要由平台经济不受时空和环境等条件限制而引发，这使得平台经济用户数量能够高效连接而急速增加。在用户增加的过程之中，产品服务为用户带来的好处也会水涨船高，从而形成"用户产生用户"的网络效应。然而，不同于其他传统组织形式，平台企业由于软件学习、系统构建与升级等，其转移成本相对较高，因而平台存在较强的自我强化机制，这也促成了平台企业具有高度的锁定效应特征。

（三）共享经济

随着近年来信息技术的高速发展，共享经济成为社会经济发展的又一新增长点，其核心是"价值共创"。具体来说，共享经济是指个体、组织、机构利用互联网、移动互联网等现代信息技术，将社会上的闲置或盈余资源在社会化平台上进行整合，向社会提供优质、高效、低成本的产品和服务，从而形成满足人类多样化需求的新经济活动形态的综合生态链。

共享经济的参与者包括资源所有者、使用者和资源整合平台，共享经济企业通过资源整合平台将社会上的闲置资源整合起来，并通过市场化方式让渡给需要者。这不但提高了资源的使用效率，减少了对资源能源的消耗，而且使资源拥有者和消费者都获得了实惠。在共享经济商业模式下，人们依靠团队协作力量，发挥共享精神，借助互联网技术实现社会资源再分配，实现了使用而无须占有的目标。与此同时，共享经济更加注重满足消费者个性化定制需求，其以"个性化、去中心、小批量"为主要特征，更加注重满足分散化、精细化的市场需求，为消费者提供个性化定制的产品和服务[12]。

例证 12-3

优步——共享出行龙头[13]

二、数字经济下企业组织形态的变革

数字经济对企业跨界融合、市场驱动、信息共享以及业务协同等方面的要求越来越高，这使得传统的组织形态已经难以满足企业的发展要求，信息传播去中心化的新时代特征和互联网与多重产业的快速融合更是倒逼着企业不断进行组织形态的变革与转型。鉴于企业组织形态是影响企业文化生成的重要组织基础，我们很有必要深入了解数字经济背景下企业组织形态的变革趋势和新兴组织类型，以为数字时代新型企业文化塑造奠定坚实的组织根基。

（一）企业组织形态的变革趋势

1. 组织结构扁平化

信息技术的迅速发展使得社会和企业活动各个层面上的活动量明显增加，知识流动速度的加快迫使企业组织必须做出快速的市场反应和决策，才能保持企业的市场竞争力。然而传统的多层次、职能式、金字塔形的等级体制严重限制了企业的反应速度，组织结构扁平化便成为企业提升竞争优势的必然选择。组织结构扁平化可以打破原有的部门界限，绕过原有的管理层次，使得职能部门的职责也随之淡化。与此同时，纵向管理层系的简化使得企业资源和权力直接下放到基层，员工能够进行自主决策并以最快的速度响应上级指示和顾客需求。而根据权责统一原则，在将决策权下放给员工的同时，员工也需要为自己所获得的权力负责，因此，结构扁平化也使得员工成为企业的主人，有助于个人利益和组织利益的有效统一。

2. 组织关系网络化

随着企业对管理软件、企业数据信息系统和网络技术运用的进一步深化和加强，传统职能管理部门的许多重复性管理工作均可由企业管理软件完成，职能部门的任务只是制定和修改控制程序、处理例外事件等，其工作方式不再是传统的等级命令型，而是共同协商、相互帮助。在企业内部网络平台的帮助下，员工之间的纵向分工不断减少，而横向分工和协作不断加强。企业组织过去以控制命令为核心的组织关系逐渐变成了一个相对平等、自主和富于创新的网络关系。组织关系网络化的最大益处就是缩短了企业决策与行动之间的延迟，加快了对市场和竞争动态变化的反应速度，从而使组织的能力变得柔性化，反应更加灵敏。

3. 组织边界柔性化

在新经济条件下，信息技术，尤其是电子商务的应用，使得企业的交易费用大大降低。同时，外包业务的发展也使得组织可将非核心业务剥离而集中于核心业务生产。这使得不论组织内部边界还是外部边界都变得更加模糊，更具有柔性和灵活性。组织边界柔性化更易于企业的资源信息传递和扩散，资源信息能够快捷便利地穿越传统组织的边界，促进各项工作在组织中顺利展开和完成，确保组织整体功能远远超过各个组成部分的功能之和。

（二）新型组织的出现

在移动互联网时代，市场交易成本逐步下降，知识也日益成为现代企业最为器重的生产要素，知识型员工也随之成为企业发展的重要动能所在。在此背景下，企业的管理重心和职能不断发生变化，这也促成了现代组织形式发生了重大变迁，一大批新兴组织形式随之出现。

1. 自组织

数字技术所驱动的工业 4.0 时代是"小批量"和"单件生产"的价值创造的时代，这带来的个性化和定制化需求对企业经营管理提出了新的挑战，而自组织的出现正是对这一挑战的有效回应。自组织是组织成员自发、自动、自主地为实现组织目标努力工作的一种组织形态。自组织以价值观分享、能力分享、财富分享为基础，以精准严格流程、全面合作文化为支撑，在组织内部形成自我更新的机制。自组织的管理目的在于提高企业的外部适应性以及自适应性，具有开放性、整体性与目的性[14]。

在自组织中，高层管理者可以"无为而治"，实现"零管理"的最高管理境界，这是因为企业各级所有员工和部门都实现"自我导向、自我激励、自我约束、自我发展"，使得许多问题在基层或中层就得以妥善解决。从个体看，组织的每一个成员都是自主经营体，而从整体上看，组织所有成员共同组成了利益共同体，通过模块化的运行，实现"自转"和"他转"的统一。因此，自组织必须以价值网络体系作为载体，才能真正实现有效的自管理、自增长乃至自循环[15]。

2. 敏捷型组织

数字经济时代下，信息的快速流动也使得企业面临的商业环境变得更加不确定，因而需要企业在面对各种要求和需求时能够快速做出反应，并在适当的时机及时采取行动。因此那些具备更强灵活性和适应能力的企业，能够快速执行战略并不断开拓进取，敏捷性的提升也将成为企业的一大核心竞争力。而对于员工而言，同样需要具备快速学习的能力，并共同营造适应能力强的企业文化。

在传统的商业组织中，工作专门化、组织部门化、有序的命令链条、管理宽度的控制、集分权的设计、工作的正规化是传统商业组织的六大要素。然而在敏捷型组织之中，这六大要素均受到极大的颠覆[16]。其一，越来越多的"斜杠青年"正在主导着敏捷型组织，这些人具有不同的行业背景，其工作多元化程度极高，因而在敏捷型组织中并非必须恪守"专业的人做专业的事"这一原则；其二，项目型的工作方式是敏捷型组织的工作常态，零工经济也是敏捷型组织中的常见现象，这使得敏捷型组织之中部门间的边界逐渐模糊；其三，不仅工作临时性增强，在敏捷型组织中，上下级的关系也经常是多变且临时的，这对于敏捷型组织的绩效管理是一大挑战；其四，数字技术的不断应用使得敏捷型组织结构不断趋于扁平化，管理宽度不断增加；其五，敏捷型组织能够根据市场需求快速做出决策，其决策灵活性并非传统组织可比，但是这种优势的发挥必须以中后端高度统一和复用机制的建议为前提。

3. 虚拟组织

正如赫拉利在《人类简史》中所说的，"人类文明建立在'虚拟的概念'之上"。一系列的科学与技术的革命使得组织不断跨越时空的局限，虚拟组织也成为科技发展的最新产物。虚拟组织是建立在网络传播技术基础上，通过密集且平等的信息交流，整合利用跨越组织边界人员的智慧，以实现核心组织特定目标的各种人才的集合[17]。

虚拟组织可以被理解为一种类似实体组织的"数字形式"的现实，虚拟组织与实体组织有着千丝万缕的联系。但是与传统组织相比，虚拟组织突破了组织边界、时间和空间的限制，在这个基础上，虚拟组织通过灵活的内部组织结构、规章制度，整合各成员的核心能力和资源核心能力，成员彼此相互信任和依赖来降低时间费用并提高运行效率。事实上，虚拟组织包括以下四个方面的特征：①虚拟组织可实现跨越边界的沟通，确保信息资源和人才能够宽松进出组织边界；②虚拟组织内部存在密集的信息沟通，信息沟通频率的大幅提升确保了组织成员乃至组织整体的工作效率，这是其区别于传统组织的最大特征；③虚拟组织需要具备强网络技术能力，因为网络传播工具是实现密集信息沟通的重要基础；④虚拟组织能够通过网络平台整合不同类型的人才，充分发挥个体的主动性和创造性，真正挖掘人力资源的巨大潜能[17]。

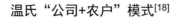

例证 12-4

温氏"公司+农户"模式[18]

第三节　数字经济时代企业文化的新发展

在数字经济时代下，企业若想顺利完成数字化转型，则必须持有以下观点：数字化转型不仅仅是技术问题，数字化转型实际是企业文化顺应时代变迁而变革的体现。在数字化进程中，企业必须首先对企业文化和思维进行重塑，只有以文化驱动数字化建设转型，以文化要素减少数字化转型所带来的组织摩擦，才能使数字化转型的价值得以真切体现。在本节中，我们将首先介绍数字经济时代下企业文化的新特点，以此为基础，帮助读者明悉数字经济时代下企业文化发展的新方向，以期为数字经济时代的企业文化建设工作提出新思路。

一、数字经济时代企业文化的新特点

数字经济不仅重塑企业经营模式，还推动企业文化发生重大变革。与传统经济相比，数字经济能够极大提升资源整合与配置效率，促进要素协同渗透与融合，大大促进企业全要素生产率提升[19]。在数字经济背景下，企业管理出现了去中心化、扁平化、柔性化、平等化和精英化等新特点，企业文化只有充分适应这些新变化，坚持企业价值创造向无形价值创造方向转变，才能有效提升企业的核心竞争力。

（一）管理去中心化和多目标管理

数字信息技术的不断普及应用促使信息、技术、人力资源流通速率大幅提升，这大大降低了企业的信息不对称程度，也极大提高了企业推出新技术、新产品、新服务的速度与质量，同时使得"跨界经营"现象层出不穷。在数字经济时代下，企业核心竞争力的高低往往取决于其拥有的数据量级以及对数据的挖掘和计算能力，这使得原来的非数字化企业要想在短期内实现数字能力量级提升的难度日益增大。为此，许多企业越发认识到技术互补的重要性，不断通过合作策略形成商业生态圈，通过跨界合作扩大企业的市场规模，在弥补企业技术空缺的同时形成规模经济效应和网络经济效应，以交叉补贴、联合经营等市场策略不断获取市场新用户。

事实上，数字经济时代的跨界经营不仅仅是行业领域、知识技术等的跨越和融合，还包括企业价值观的"跨界"和"融合"。企业跨界需要经历原有价值主张拆解、渗透、融合以及新价值主张产生四个阶段。企业首先需要将各自的价值主张拆解为不同的知识和技能，随后通过理解、学习的方式尝试运用另一价值主张的知识和技能，实现价值主张之间的彼此渗透；当价值渗透能够促使相关企业开始产生新知识和新技能的时候，企业间的跨界合作便进入价值主张的融合阶段，结果往往是一种新价值主张的产生。当然，在这一过程中，往往会产生数种异质化的新价值主张，此时各企业需要参照各自原有的企业价值观，对新产生的候选价值主张进行过滤筛选，才能产生"跨界合作"共同遵循的价值方向。

由此可见，数字经济时代下的企业往往不仅需要凝练自身内功，还需不断拓宽企业"朋友圈"，通过与其他企业进行产品设计、合作研发、市场营销等多方面的联合，不断降低企业生产经营风险并提升企业核心竞争力。

在这种情况下，企业管理往往不单单局限于在自身企业内部进行经营决策，商业生态圈的出现更使得企业管理呈现去中心化的趋势。企业不仅需要确保内部员工对个体企业文化产生高度认同，更需要确保生态圈中众多企业的所有员工能够对新产生的生态圈价值观具有高度一致的认同感。与此同时，商业合作在数字经济时代下的生态圈中已不仅仅局限于企业内部部门与部门之间的合作，企业间不同部门的合作更是成为培育商业生态圈新兴增长点的重要保障。在这种特殊的合作模式下，企业内部员工不仅要接受自身所在企业的领导与管理，更要服从企业联合体下的合作项目组的工作安排。员工不仅需要为企业利润增长考虑，更要为商业生态圈的长期合作发展而奋斗，因此，多目标管理也成为数字经济时代企业管理文化的一大新特点。

不可否认的是，在多目标管理模式下，企业个体目标与企业联合体共同目标在某些情境下并不能达到完全协同，面对这种多目标管理而导致的企业文化困境，企业更要引导员工不断进行自我调适，合理权衡企业个体价值与联合体共同价值。

（二）从"企业"文化到"人"文化

企业文化的出发点和落脚点都是"人"，员工是企业文化建设、传播和执行的主体。在传统经济模式中，企业文化很多时候被理解为企业的文化或者企业家的文化。因此，在企业文化的宣读过程中，企业主要强调员工要对企业感恩、要对自己所承担的企业工作负责，员工必须通过潜移默化或强制的形式"自愿"接受企业所制定的文化价值体系。

而在数字经济时代下，员工之于企业的价值越发重要。作为当今时代的关键生产要素，信息知识技术作用的发挥必须以员工主观能动性和创造性的提升为前提，员工个性的发挥也就成了数字经济时代企业生存和竞争的核心动力。企业必须坚持以人为本，将员工的个体行为整合到企业目标中去，构建以"人"文化为基础的企业文化体系也成为必然。在大数据的推动下，企业必须学会与员工彼此尊重和信任，从而实现共生共成长，并将员工视为企业的一部分，不断提供各种机会以实现员工的自我成长。

在以人为本的管理前提下，企业必须重视以员工发展驱动企业发展。首先，数字经济时代下市场变化日新月异，产品更新换代速度非传统经济可比，在这种情况下，企业应帮助员工制订长期发展计划，避免员工拘泥于短期发展的局限之中，根据员工优势、经验和兴趣，协助员工绘制职业发展蓝图，确保员工将目光置于更为长久的职业机会之上。

其次，网络经济是数字经济的一大重要体现，在当代企业管理实践中，网络化信息更是替代了传统的规章条例，成为员工采取具体生产经营行为的明确规范。企业应协助员工培养网络意识与协作意识，帮助员工建立联系牢固的知识合作网络或专业团体，使员工能从团队知识溢出中充分受益，以提升员工专业数字知识水平。

再次，随着大数据的不断发展，企员之间的信息不对称程度大幅降低，员工能够充分了解各企业的真实生产经营情况及具体文化环境，其信息甄别能力也大大提升，信息流动速度的提高使得企业未能像以往一般从信息不对称中获得众多招聘和保留人才优势。为提升对高科技人才的吸引力，企业必须确保员工参与企业文化建设工作，尤其是激励制度建设，通过有效匹配员工自我实现需求以应对竞争日益激烈的商业市场。

最后，信息更新速度的提升迫使企业须不断进行新产品或新服务的推出，以不断迎合市场消费者日益丰富且个性化的消费需求。为确保产品更新具有坚实的人力资源基础，企业须建立成体系的员工学习机制，鼓励员工在运用人工智能和互联网等数字技术进行自我学习的同时，不断提升其团队学习能力，以高质量的团队协作学习实现企业数字化水平能级跃迁。

（三）从单向信息传递到信息交互影响

在数字经济时代的背景下，传统的企业运营模式受到极大的挑战，企业文化建设所受到的外界影响因素也变得多样且复杂，企业高层不再是企业文化建设的主导者，更多的人员和信息不断借助各种数字信息技术渠道融入企业文化建设路径之中。在互联网建设运营水平不断提升的背景下，客户能够通过各种渠道直接参与到企业运营当中，能够将自身诉求更加直接地嵌入企业价值追求中，从而为企业文化内容建设提供更多的支撑。

因此，企业文化建设和发展不再是企业向员工传递的单向主导，而是在消费者乃至所有利益相关者共同影响下所构建的多方价值观和行为模式整合而成的系统体系。

数字经济时代的重要特征之一就是信息传递方式和沟通互动模式的变革。而信息交互传递所带来的影响便是企业文化数字化建设成为必然。

从个体角度而言，企业文化数字化建设要求充分培育数字化员工个体。在数字时代下，企业不仅需要员工的创造力推动企业创新不断向前，更需要培育员工数字化创造力新形态，培养员工运用数字技术实现其自身应有的创新能力。

从团体角度而言，数字化敏捷团队的打造同样关键。通过组织数字化平台系统，组织成员与组织内部其他成员产生高效合作行动，进而形成数字化敏捷团队，以线上、线下协调合作促成团队乃至组织价值目标实现。尤其是在后疫情时代下，数字化敏捷团队更能够凸显组织内部响应效率和企业文化价值。

从管理角度而言，数字化领导是企业管理层在信息快速交互下必须着重培养的管理技能。管理者只有充分培育自身的数字化领导能力，拥抱数字时代为企业管理所带来的颠覆性变革，坚持长期的战略承诺和投入，注重基层数字化人才培养，才能让管理文化成为促进企业加速数字化转型的有效催化剂，有效营造企业数字文化氛围。

（四）从追求稳定到寻求变革

在企业过往发展之中，由于利润最大化是企业经营的最终目标，因而在环境不确定性程度不断提升之时，企业为确保短期内在竞争激烈的市场之中生存下来，往往倾向于追求稳定经营，而非针对高风险、高不确定性的项目进行投资，尽管这些项目可能具备较高的投资回报率，但其高风险属性可能致使企业陷入巨大的存续危机。然而，在数字经济时代下，数字信息的快速流动使得市场竞争日益加剧，企业必须持续创新、不断提升数字化能力，方能充分塑造企业核心竞争力，以在激烈的市场竞争中立足，这使得寻求数字化战略变革成为现代企业的必然选择。

在数字化技术发展的早期，数字化战略变革往往作为一项职能战略从属于企业使命。然而，随着数字技术的快速升级及其对传统商业模式的日益颠覆，数字技术已不断打破传统商业模式的时空壁垒和功能壁垒，逐渐培育企业强大的动态能力和数字应用能力[20]。新一代的数字技术发展促使数字化战略变革与企业使命的关系由"从属"走向"融合"[21]，企业必须通过不断积累数字资源，提升数字信息应用敏捷能力，构建敏捷性、适应性与无边界性的组织结构和形成技术支撑的管理决策模式[22]，方能促进企业使命持续达成。

（五）平等化和精英化趋势

一方面，在数字化转型中，塑造数字化文化是企业家的第一要务，企业家是数字化文化的第一推动力。随着数字化的发展，企业文化越来越呈现平等化趋势。比如，美的集团进行了数字化转型，打破企业内部员工的阶层感，将企业文化氛围转变为平等的环境，其进一步取消了几乎所有人的个人办公室，也取消了电梯和餐厅里为管理者提供的特殊待遇，在决策方面，兼收并蓄每个管理者的意见和建议，塑造了平等化的企业文化。此外，ChatGPT 等人工智能的快速发展，为每个员工提供了同等获取信息资源的机会，也加快了企业文化平等化的进程。

另一方面，数字时代加剧了贫富差距，企业不太可能再像富士康那样拥有百万级员工，而是像精锐特种部队一样，更需要精英和专家人才，这就要求企业具有不拘一格的人才标准和独具慧眼的筛选渠道。随着各个企业持续引入精英人才，不断提升内部人员的质量，企业文化慢慢呈现出精英化发展的趋势。

二、数字经济时代企业文化发展的新方向

数字经济时代下，企业数字化转型已成为企业文化发展的一大共识，企业文化建设也应随着数字化转型进程的加快，不断从员工文化、领导文化、制度文化、商业文化等细分文化维度入手，以数字化转型推动企业文化不断向崭新的方向发展，真正为企业数字化发展赋能。

（一）员工文化

在当今信息爆炸的时代，价值观多元化的倡导使得企业文化不可避免地与每个员工的个人价值观产生偏离。尤其地，当前"80后""90后"是企业发展的主力军，该员工群体自我意识更加强烈，思维方式更加多元，这也使得企业文化认同工作更加任重而道远。在此前提下，企业更应思考如何在企业文化中切实体现人本因素，不断提升员工幸福感，方能真正提升员工对企业的向心力与凝聚力。

在数字经济时代下，企业必须首先认识到人力资源管理的价值，不仅应加强人力资源管理环节把控，加强员工数字化技术和信息技术应用培训工作，还应着重提升员工的数字技术应用能力，不断更新员工信息知识库，切实提升员工工作效率。与此同时，现代企业尤其是平台型企业应以信息技术为科技支撑，发挥数字资源的最大潜能，在构建学习型组织的同时，推动组织扁平化、虚拟化发展，以员工自主决策权的提升激发员工的工作积极性和创造力。

（二）领导文化

数字化转型是一项由上至下的深层次变革，这要求作为数字化转型的驱动者，企业领导者或管理者必须具备数字领导力和数字化思维，这也是数字经济时代领导文化的最重要特征。作为信息化领导力在数字经济时代的新诠释，数字领导力要求管理者能够在数字技术的帮助下，充分培养促使个体、团体乃至组织在情感、行为及绩效方面发生变化的社会影响过程和持续实现群体或组织目标的能力，这将成为企业在数字化转型中与其他竞争对手区别开来的关键。只有充分具备数字领导力和数字化思维，管理者才能积极拥抱数字时代下的颠覆性变革，在洞悉数字技术价值的同时把握合适的转型节奏，注重数字化人才培养与数字化团队构建工作，通过顶层设计加快企业数字化转型实践行动。

（三）制度文化

企业文化必然要迎接数字化技术的不断浸入。在现代企业中，随着即时通信技术、数据库技术和大数据技术的不断发展，企业横向沟通和纵向沟通中的不确定性和不稳定性大大降低，这使得企业具备充分的制度结构变革的技术基础。数字化技术提供了即时、

可追溯、高效且便于信息穿透的通信方式，使得整个沟通过程的系统性和完备性大大提升，这极大颠覆了依赖多层级、严苛等级制度的传统信息传递模式，使得现代企业尤其是数字化企业内部层级逐步减少、等级制度逐渐松动。在数字时代下，企业制度框架设计逐步灵活，信息化平台建设也使得企业规章制度日益信息化、透明化。

（四）商业文化

员工文化、领导文化与制度文化主要聚焦于企业内部文化革新，而企业文化边界远不止于此。在数字时代背景下，企业和消费者的关系被数字化技术重新定义，两者的关系由原先的"买卖关系"进一步上升为"服务关系"，企业所创造的产品利润远远不如后续为客户提供的服务所得到的超额利润。因此，追求与用户产生价值共生是数字经济时代企业的一大商业文化特点。企业处理用户关系的侧重点应从原有的获取外部新用户和留存已有用户，转向对已有用户关系深度经营与人均用户价值创造[23]。尤其地，信息流动的加速使得企业与用户之间的信息不对称程度大幅降低，消费者能够通过互联网的共有属性迅速获得企业相关市场信息，信息透明化的提升使得其拥有准确决策的信息基础，这也使得依赖于产品质量和服务的口碑式营销重要性日益增加[24]。

而针对企业与竞争对手的关系，在数字经济的推进下，"在竞争中合作，在合作中竞争"的共生关系理念应成为当代新型组织的新市场意识，企业需要增强组织内外不同利益相关者的协同有效性，整合价值链上下游合作伙伴与竞争者的资源和信息，协调价值网络不同主体的分布和利益，以满足各方生存与发展的需要，进而获得更大的增值。

例证 12-5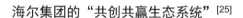

海尔集团的"共创共赢生态系统"[25]

📝 本章小结

1. 数字经济是以数字化的知识和信息作为关键生产要素，以数字技术为核心驱动力，以现代信息网络为重要载体，通过数字技术与实体经济深度融合，不断提高数字化、网络化、智能化水平，加速重构经济发展与治理模式的新型经济形态。

2. 数字经济是当今发展的主流趋势，是拉动经济增长的重要驱动力；数据信息和知识创新是新社会经济形态中的关键生产要素，数据越开发越有价值；数字经济是对传统经济的革新，它重塑了市场格局，助推平台化企业模式兴起，使得供求双方的地位发生转变。

3. 数字经济带来的机遇包括数字消费的形成、促进就业与推动产业融合。

4. 数字经济催生了以下商业模式变革，即智能商业、平台经济与共享经济。

5. 数字经济下企业组织形态的变革特征包括：组织结构扁平化、组织关系网络化、组织边界柔性化。自组织、敏捷型组织、虚拟组织等新兴组织形式也在数字经济的推动下不断壮大。

6. 数字经济时代企业文化的新特点包括：①管理去中心化和多目标管理；②从"企业"文化到"人"文化；③从单向信息传递到信息交互影响；④从追求稳定到寻求变革。企业员工文化、领导文化、制度文化、商业文化也在数字经济时代产生了新的发展方向。

课程思政

1. 在数字经济时代，企业应创新思想政治工作观念，从理论观念上进行积极探索和突破，探索企业思想政治工作的创新观点，努力打造高质量的企业形象，以在诸多企业中凸显出独具一格的企业文化。

2. 当前，互联网已经成为思想政治教育的前沿阵地，成为当代青少年不可或缺的生活方式、成长空间、"第六感官"。利用"互联网+"的优势，可以大大缩小思政教育的地域性差异，减少青少年对于思想政治教育的心理阻抗，提升传播覆盖率和信息抵达率，从而实现思政教育的供给侧改革。

读书推荐

《协同：数字化时代组织效率的本质》

本书由陈春花、朱丽编著，于2019年由机械工业出版社出版。

我们正经历前所未有的发展和变化，迅速扩张的新领域、未来已来的迭代、人工智能的渗透、层出不穷的新商业模式、融入生活的数字技术、超出想象的变革步伐……而数字化带来的改变使得组织的增长逻辑也发生了改变，那些依然能获得成长空间，甚至量级增长的企业，就在于它们用了新逻辑，做了广泛的协同和联结。

推荐理由：此书立足于数字经济时代技术创新与技术创新普及速度加快的背景，指出驾驭不确定性已成为组织管理的核心，在这个变化下，组织不再具有"稳态"结构，"共生"将会成为未来企业组织发展的进化路径。

思考练习题

一、选择题

1. 数字经济为企业带来的机遇不包含（   ）。

    A. 数字消费的形成　　　　　　　B. 线下消费的萎缩

    C. 促进就业　　　　　　　　　　D. 推动产业融合

2. 数字经济时代，企业形态的变革趋势不包括（ ）。

    A. 组织结构扁平化   B. 组织关系网络化

    C. 组织规模大型化   D. 组织边界柔性化

3. 数字经济时代，企业文化的新特点不包括（ ）。

    A. 管理去中心化和多目标管理   B. 从"人"文化到"企业"文化

    C. 从单向信息传递到信息交互影响   D. 从追求稳定到寻求变革

二、简答题

1. 简述数字经济的含义和特征。

2. 简述数字经济时代下企业组织形态的变革趋势。

3. 简述数字经济时代下企业文化的新特点。

 **案例分析**

宗申集团的平台化转型[26]

讨论题：

在数字经济背景下，宗申集团的平台化转型经验能够为现代企业文化转型带来哪些启发？

 参考文献

[1] 梁伟，石丹. 宗庆后直播秀，娃哈哈急欲摆脱"中年危机"[J]. 商学院，2020（7）：34-36.

[2] 中国信息通信研究院. 中国数字经济发展白皮书（2020 年）[R/OL].（2020-07-03）[2023-10-10]. http://www.caict.ac.cn/kxyj/qwfb/bps/202007/P020200703318256637020.pdf.

[3] 韩凤芹，陈亚平. 数字经济的内涵特征、风险挑战与发展建议[J]. 河北大学学报（哲学社会科学版），2022，47（2）：54-61.

[4] 逢健，朱欣民. 国外数字经济发展趋势与数字经济国家发展战略[J]. 科技进步与对策，2013，30（8）：124-128.

[5] 央广网. 上海五五购物节促进消费回暖和潜力释放[EB/OL].（2020-07-08）[2023-10-10]. http://www.cnr.cn/shanghai/tt/20200708/t20200708_525160552.shtml.

[6] 刘思涵. 数字经济新机遇：助力长三角高质量发展[J]. 上海企业，2020（8）：60-63.

[7] 王佳元. 数字经济赋能产业深度融合发展：作用机制、问题挑战及政策建议[J]. 宏观经济研究，2022（5）：74-81.

[8] 刘凤委. 数字经济改变了社会和组织[J]. 中国会计报，2020（8）：1-2.

[9] 张敬文. 智能商业：从模式变革到战略组织管理[J]. 行政与法，2020（6）：26-34.

[10] 林翔. 新媒介经济发展逻辑的理论破题：平台概念和运作分析框架[J]. 新闻界，2014（17）：70-73.

[11] 尹振涛，陈媛先，徐建军. 平台经济的典型特征、垄断分析与反垄断监管[J]. 南开管理评论，2022，25（3）：213-226.

[12] 陈显中，陈岩. 共享经济视角下众创空间云孵化平台的构建[J]. 财会月刊，2020（22）：144-149.

[13] 唐伟宸. 共享经济引领中国经济新常态：理论与案例分析[J]. 环境与可持续发展，2016，41（4）：125-126.

[14] 侯静文. 自组织视角下企业组织形式创新研究：以华为公司"铁三角"小组为例[J]. 北京化工大学学报（社会科学版），2018（2）：40-44.

[15] 李海舰，田跃新，李文杰. 互联网思维与传统企业再造[J]. 中国工业经济，2014（10）：135-146.

[16] 饶晓谦. 敏捷型组织与敏捷型领导力之路[J]. 清华管理评论，2020（5）：56-64.

[17] 胡邵阳. 虚拟组织概念沟通及探讨[J]. 新闻与传播研究，2015（4）：110-117.

[18] 李君，邱君降，成雨. 数字经济时代的企业创新变革趋势[J]. 中国信息化，2018（4）：12-14.

[19] 裴长洪，倪江飞，李越. 数字经济的政治经济学分析[J]. 财贸经济，2018，39（9）：5-22.

[20] PAVLOU P A, El SAWY O A. The "third hand": IT-enabled competitive advantage in turbulence through improvisational capabilities[J]. Information systems research, 2010, 21(3): 443-471.

[21] 戚聿东，杜博，温馨. 国有企业数字化战略变革：使命嵌入与模式选择[J]. 管理世界，2021，37（11）：137-158.

[22] 李海舰，李燕. 对经济新形态的认识：微观经济的视角[J]. 中国工业经济，2020（12）：159-177.

[23] 刘源，李雪灵. 数字经济背景下平台型组织的价值共创[J]. 人民论坛，2020(17)：84-85.

[24] 戚聿东，蔡呈伟. 数字化企业的性质：经济学解释[J]. 财经问题研究，2019（5）：121-129.

[25] 王文倩，肖朔晨，丁焰. 数字赋能与用户需求双重驱动的产业价值转移研究：以海尔集团为案例[J]. 科学管理研究，2020，38（2）：78-83.

[26] 杜勇，曹磊，谭畅. 平台化如何助力制造企业跨越转型升级的数字鸿沟？[J]. 管理世界，2022，38（6）：117-139.